LITIGATION GUIDELINES AND
PRACTICAL ANALYSIS OF
REAL ESTATE DISPUTES

房地产纠纷
诉讼指引与实务解析

王　勇／著

法律出版社 | LAW PRESS
北京

图书在版编目(CIP)数据

房地产纠纷诉讼指引与实务解析 / 王勇著. -- 北京：法律出版社, 2022
ISBN 978 - 7 - 5197 - 6871 - 3

Ⅰ. ①房… Ⅱ. ①王… Ⅲ. ①房屋纠纷—民事诉讼—研究—中国 Ⅳ. ①D925.104②D922.384

中国版本图书馆 CIP 数据核字（2022）第 119875 号

房地产纠纷诉讼指引与实务解析
FANGDICHAN JIUFEN SUSONG ZHIYIN YU SHIWU JIEXI

王 勇 著

责任编辑 李 群 陈 熙
装帧设计 汪奇峰

出版发行 法律出版社
编辑统筹 法规出版分社
责任校对 张红蕊
责任印制 耿润瑜
经　　销 新华书店

开本 710 毫米×1000 毫米 1/16
印张 19　　字数 275 千
版本 2022 年 8 月第 1 版
印次 2022 年 8 月第 1 次印刷
印刷 三河市兴达印务有限公司

地址：北京市丰台区莲花池西里 7 号（100073）
网址：www.lawpress.com.cn
投稿邮箱：info@lawpress.com.cn
举报盗版邮箱：jbwq@lawpress.com.cn
销售电话：010 - 83938349
客服电话：010 - 83938350
咨询电话：010 - 63939796

书号：ISBN 978 - 7 - 5197 - 6871 - 3
定价：68.00 元

目　　录

第一章　商品房买卖合同

《城市房地产管理法》① 第37条规定，房地产转让，是指房地产权利人通过买卖、赠与或者其他合法方式将其房地产转移给他人的行为。第41条规定，房地产转让，应当签订书面转让合同，合同中应当载明土地使用权取得的方式。根据《商品房销售管理办法》第3条的规定，我国商品房销售包括商品房现售和商品房预售。同时，根据《最高人民法院关于审理商品房买卖合同纠纷案件适用法律若干问题的解释》（以下简称《商品房买卖合同司法解释》）第1条的规定，商品房买卖合同，是指房地产开发企业将尚未建成或者已竣工的房屋向社会销售并转移房屋所有权于买受人，买受人支付价款的合同。司法解释实际上将商品房现售和预售统称为商品房买卖合同。

商品房买卖涉及标的重大、金额较大，事关群众安居乐业及社会和谐稳定。近年来，随着房地产业的迅速发展，商品房买卖纠纷急剧上升，围绕着商品房买卖合同的订立、履行及违约责任承担等方面产生了诸多纠纷和争议，实践中需要作进一步梳理和论证。

第一节　商品房买卖合同的订立

一、要约与要约邀请

（一）要约与要约邀请的概念

要约、承诺是最为典型的合同订立方式。《民法典》第471条规定，当事人订立合同，可以采取要约、承诺方式或者其他方式。实践当中，要约和要约邀请往往存在一定混淆情形，乃至对双方当事人实体权利产生重大影响。

要约是希望与他人订立合同的意思表示，根据《民法典》第472条的规

① 为方便阅读，本书所涉法律法规均使用简称。

定，该意思表示应当符合下列条件：（1）内容具体明确；（2）表明经受要约人承诺，要约人即受该意思表示约束。商品房买卖中的要约一般指开发商或潜在买受人直接向对方要求订立商品房买卖合同的意思表示。要约邀请是希望他人向自己发出要约的表示。根据《民法典》第473条第1款的规定，拍卖公告、招标公告、招股说明书、债券募集办法、基金招募说明书、商业广告和宣传、寄送的价目表等为要约邀请。商品房买卖中的要约邀请一般指开发商发布的、面向不特定对象的销售广告和宣传资料等。

从上述法律规定及其列举情形可以看出，要约是旨在订立合同的具有法律意义的意思表示行为，行为人在法律上须承担责任；而要约邀请则是当事人订立合同的预备行为，行为人在法律上无须承担责任。因此，要约邀请在性质上是一种事实行为，本身不具有法律意义。[①] 要约邀请和要约的主要区别在于，要约邀请面向不特定对象，不以直接缔结合同为目的；而要约面向特定对象，以直接缔结合同为目的。

（二）要约的效力

要约的效力在于一经受要约人承诺，合同即可成立。因此，为了规避要约的约束，商品房销售领域，开发商往往在商业广告和宣传上作虚假宣传、不实广告，诱导消费者购房，而一旦发生纠纷，即以法律规定及要约邀请为由，不予承担责任。对此，《民法典》第473条第2款明确规定，商业广告和宣传的内容符合要约条件的，构成要约。《商品房销售管理办法》对商品房销售的广告作了原则性的规定，房地产开发企业、房地产中介服务机构发布商品房销售宣传广告，应当执行《广告法》《房地产广告发布规定》等有关规定，广告内容必须真实、合法、科学、准确。房地产开发企业、房地产中介服务机构发布的商品房销售广告和宣传资料所明示的事项，当事人应当在商品房买卖合同中约定。《城市房地产开发经营管理条例》第25条规定，房地产开发企业不得进行虚假广告宣传，商品房预售广告中应当载明商品房预售许可证明的文号。《房地产广告发布规定》第3条规定，房地产广告必须真实、合法、科学、准确，不得欺骗、误导消费者。第4条规定，房地产广告，房源信息应当真实，面积应当表明为建筑面积或者套内建筑面积，并不得含

① 参见韩世远：《合同法总论》，法律出版社2008年版，第66页。

有下列内容：（1）升值或者投资回报的承诺；（2）以项目到达某一具体参照物的所需时间表示项目位置；（3）违反国家有关价格管理的规定；（4）对规划或者建设中的交通、商业、文化教育设施以及其他市政条件作误导宣传。

因此，根据上述法律法规规定，如果开发商在商业广告和宣传资料中对其开发的商品房和配套设施的说明非常具体、明确，买受人也基于上述广告宣传才签订合同的，则该广告内容构成要约。此亦符合《广告法》第4条规定的精神，即广告不得含有虚假或者引人误解的内容，不得欺骗、误导消费者。对此，《商品房买卖合同司法解释》第3条作出了进一步的规定，商品房的销售广告和宣传资料为要约邀请，但是出卖人就商品房开发规划范围内的房屋及相关设施所作的说明和允诺具体确定，并对商品房买卖合同的订立以及房屋价格的确定有重大影响的，构成要约。该说明和允诺即使未载入商品房买卖合同，亦应当为合同内容，当事人违反的，应当承担违约责任。此规定，亦延续了《广告法》的规定精神，该法第8条中规定，广告中对商品的性能、功能、产地、用途、质量、成分、价格、生产者、有效期限、允诺等或者对服务的内容、提供者、形式、质量、价格、允诺等有表示的，应当准确、清楚、明白。广告中表明推销的商品或者服务附带赠送的，应当明示所附带赠送商品或者服务的品种、规格、数量、期限和方式。因此，开发商在售楼广告中作出许诺后，一旦购房人与之签订买卖合同，开发商应当毫无选择地履行广告许诺的义务。司法实践中，主流观点亦认为，在商品房开发预售中，宣传资料及鸟瞰图就签订合同的标的的位置及外观所作的说明和允诺具体确定，对商品房买卖合同的订立以及房屋价格的确定有重大影响的，该宣传资料及鸟瞰图应当视为要约。若此，该宣传资料及鸟瞰图即使未载入商品房买卖合同亦应当视为合同内容。如违反，则应当承担相应的违约责任。①

【法官提示1】

商品房的销售广告和宣传资料为要约邀请，但如果内容符合要约条件的，则构成要约，即开发商的说明和允诺内容具体明确，且对合同的订立以及房屋价格的确定有重大影响的，构成要约。

---

① 参见黄大鹄：《商品房预售中宣传资料及鸟瞰图系要约或要约邀请的确定》，载《人民司法（案例）》2009年第2期。

综上所述，销售宣传广告作为商品销售行的一种有效的手段，广泛存在于商品房交易市场。为获取最大利润，开发商在进行销售时往往作出一些虚假、夸大不实的宣传，导致纠纷出现，扰乱了商品房市场秩序。为维护市场秩序，保护合同双方特别是购房者合法权益，司法实践中，对商业广告原则上应认定为一种要约邀请，一般情况下不能将未订入合同中的宣传广告内容作为合同内容。但出卖人在销售广告和宣传资料中，如果就其开发出售的商品房及相关设施所作的说明和允诺具体确定，并由此对买受人决定订立合同以及房屋价格的确定有重大影响的，在买受人就此内容提出订立合同时，该销售广告内容的对象就已特定化。在这种特定的情形下，即使该说明和允诺没有明确订立在合同之中，也应当认定为合同内容，当事人违反该内容的，应当承担违约责任。

案例索引裁判文书

案例索引1

最高院（2021）最高法民申3405号张某春与宇新公司房屋买卖合同纠纷民事裁定书

【法官提示2】

认定一项商业广告是否符合要约的条件，需要根据实际情况进行判断。[①]

人民法院认定出卖人在商品房销售广告中所作允诺视为要约的，应当同时具备以下几个条件：（1）广告涉及的内容应在商品房开发规划范围之内；（2）广告内容针对的是房屋及其相关设施；（3）所作的说明和允诺必须具体确定；（4）承诺的内容必须对合同的订立以及房价的确定具有重大影响。

二、预约和本约

预约，是指约定将来订立一定合同的合同。基于该预约而订立的合同称为本约。[②] 一般认为，预约合同应具备下列特征：第一，预约合同是诺成合同。诺成合同不受要物约束，强调当事人主观意志在合同成立中的决定作用的特征，对于预约尤其明显和重要。第二，预约是谈判期间对未来事项的预先规划。第三，预约之标的是当事人为将来订立本约而谈判。第四，预约必

---

① 参见最高人民法院（2021）最高法民申 3405 号张某春与宇新公司房屋买卖合同纠纷民事裁定书。

② 参见韩世远：《合同法总论》，法律出版社 2008 年版，第 66 页。

须具备书面形式。第五，有效的预约应当是有约束力的法锁。[①]

（一）认购书的性质认定

预约合同最本质的内涵是约定在将来一定期限内订立合同。预约合同和本约合同既相互独立又相互关联，两者最显著的区别就是将来是否要另行订立合同，预约的目的在于订立本约。随着经济社会的发展，预约合同在实践中的适用越来越广泛。最高人民法院在买卖合同领域曾对预约合同作出了有益的探索。《民法典》在实践基础上吸收司法解释规定，明确将预约合同作为一项基本的民事制度予以规定，该法第 495 条第 1 款规定，当事人约定在将来一定期限内订立合同的认购书、订购书、预订书等，构成预约合同。因此，只要双方就将来一定期限内订立合同达成合意，即可构成预约合同，实践中，预约合同常以认购书、订购书、预订书等形式出现。但是，当事人签订的认购书、订购书、预订书并不是确定无疑一定构成预约合同，其是否构成预约合同，关键还是要看当事人是否对在将来一定期限内订立本约合同达成合意。如果认购书、订购书、预订书等不符合预约合同的这一本质内涵，就不能构成预约合同。[②]

商品房因其特殊性，为保障购房者权益，维护正常市场交易秩序，法律对其交易形式、合同内容作了较为详细的规定，根据《商品房销售管理办法》第 16 条的规定，商品房销售时，房地产开发企业和买受人应当订立书面商品房买卖合同。商品房买卖合同应当明确以下主要内容：（1）当事人名称或者姓名和住所；（2）商品房基本状况；（3）商品房的销售方式；（4）商品房价款的确定方式及总价款、付款方式、付款时间；（5）交付使用条件及日期；（6）装饰、设备标准承诺；（7）供水、供电、供热、燃气、通信、道路、绿化等配套基础设施和公共设施的交付承诺和有关权益、责任；（8）公共配套建筑的产权归属；（9）面积差异的处理方式；（10）办理产权登记有关事宜；（11）解决争议的方法；（12）违约责任；（13）双方约定的其他事项。

在商品房买卖领域，当事人双方签订认购书、订购书、预订书的情形较为常见，但如果认购书、订购书、预订书中具备了上述商品房买卖合同的主

---

① 参见最高人民法院民事审判第一庭编著：《最高人民法院关于审理商品房买卖合同纠纷案件司法解释的理解与适用》，人民法院出版社 2003 年版，第 56 页。

② 参见黄薇主编：《中华人民共和国民法典释义》，法律出版社 2020 年版，第 949 页。

要内容的，则应认定为预约还是本约？对此，司法实践中存在以下观点：一是不能得出如果预约合同内容具备了商品房买卖合同的主要内容，就可以认定为商品房买卖合同。根据合同意思自治原则，判断当事人之间订立的合同系本约还是预约的根本标准应当是当事人的意思表示。[①] 二是最主要的是看此类认购书是否具备了《商品房销售管理办法》第 16 条规定的商品房买卖合同的 13 项主要内容。这类认购书只要具备了双方当事人的姓名或名称、商品房的基本情况（包括房号、建筑面积）、总价或单价、付款时间、方式、交付条件及日期，就可以认定认购书已经基本具备了商品房买卖合同本约的条件。[②]

典型案例1

浩洋公司、浩丰公司、丰洋公司与金融街中心房屋买卖合同纠纷案[③]

典型案例裁判文书

典型案例1
北京高院（2021）京民终609号民事判决书

案情简介：金融街中心（甲方）与浩丰公司、丰洋公司（乙方）、浩洋公司（丙方）签订《协议书》，主要内容有：甲乙双方就甲方向乙方转让所持有的丙方 100% 股权事宜，已签订《产权交易合同》，乙方受让丙方股权的前提为：同意将浩洋大厦的八层整层商品房出售给甲方或甲方指定的第三方。经友好协商，三方就有关回购事宜订立协议，其中第 2 条内容为：回购商品房销售价格按每建筑平方米 17,000 元计算，回购价暂定为 11,706.2 万元。甲方应为回购商品房而支付的上述款项已经直接抵减产权交易对价，因此三方确认，本协议签订的同时，甲方已经付清全部回购价款。第 3 条内容为：丙方办理并取得浩洋大厦项目《商品房预售许可证》后 3 个工作日内，应当书面通知甲方可以办理

---

① 参见李超主编：《法院审理房屋买卖案件观点集成》，中国法制出版社 2018 年版，第 39 页。
② 参见谭波等编著：《中国合同库（房屋买卖、租赁）》，法律出版社 2018 年版，第 48 页。
③ 参见北京市高级人民法院（2021）京民终 609 号民事判决书。

回购商品房签约手续，并向甲方提供拟与回迁安置购房人签订的《商品房预售合同》及补充协议。甲方收到《商品房预售合同》及补充协议后10个工作日内，对合同及协议内容提出修改意见或确认，确认后10个工作日内，向乙方、丙方和回迁安置购房人出具购房通知单。乙方、丙方收到甲方出具的购房通知单后10个工作日内，严格按照甲方出具的购房通知单、确认的《商品房预售合同》及补充协议文本，由丙方与甲方或甲方指定的回迁安置购房人签订《商品房预售合同》。后来，几方当事人发生争议，金融街中心主张《协议书》系本约，浩丰公司、丰洋公司、浩洋公司主张《协议书》系预约。

裁判规则：《协议书》明确约定回购商品房为浩洋大厦地上八层整层，销售价格为每建筑平方米17,000元，建筑面积预测为6886平方米，如果实测面积与预测面积存在误差，则在房屋交付后30日内按照实测建筑面积办理房款结算支付手续，并且约定了逾期交房违约金。可以看出，《协议书》对于房屋基本状况、总价款、面积差异处理方式、违约责任等内容均有约定，且金融街中心以产权交易对价折抵的方式实际支付了全部购房款，三方当事人对于房屋买卖合同应具备的要素均进行了明确具体的约定，故《协议书》应为本约。《协议书》应为商品房买卖合同，金融街中心与浩丰公司、丰洋公司、浩洋公司之间成立商品房买卖合同关系。

对此，笔者认为，当事人的约定，究竟属于预约拟或本约，理论上虽容易区别，但实际中往往不易判断，应探求当事人的真意来认定。订立预约在交易上系属例外，有疑义时，宜认定为本约。[①] 因此，对于预约或者本约的判断，除了依据合同内容以外，还应当兼顾实际履行之事实。对此，《商品房买卖合同司法解释》第5条规定，商品房的认购、订购、预订等协议具备《商品房销售管理办法》第16条规定的商品房买卖合同的主要内容，并且出卖人已经按照约定收受购房款的，该协议应当认定为商品房买卖合同。该条款实际上与《民法典》规定精神一致，该法第490条规定，当事人采用合同书形式订立合同的，自当事人均签名、盖章或者按指印时合同成立。在签名、盖章或者按指印之前，当事人一方已经履行主要义务，对方接受时，该合同成

---

① 参见韩世远：《合同法总论》，法律出版社2008年版，第57页。

立。法律、行政法规规定或者当事人约定合同应当采用书面形式订立，当事人未采用书面形式但是一方已经履行主要义务的，对方接受时，该合同成立。

根据上述法律和司法解释规定，将商品房认购书认定为商品房买卖合同，即将该预约合同认定为本约，应当具备两个条件：一是认购书具备《商品房销售管理办法》第16条规定的商品房买卖合同的主要内容；二是出卖人已经按照约定收受购房款。尤其是“出卖人已经按照约定收受购房款”，意味着认购书已经实际得到履行。该购房款的收取既包括全款，也包括部分支付。因此，虽然双方签订了所谓的商品房认购书等预约合同，但已经按照内容履行了主要义务的，应当认定双方之间成立本约合同。

案例索引裁判文书

案例索引2

最高院（2021）最高法民申6440号沈某梅与华融公司、金中海公司等案外人执行异议之诉民事裁定书

【法官提示3】

商品房买卖合同纠纷中，认定双方签订的认购书等为预约还是本约，不仅要结合当事人的意思表示、协议内容，还要研判是否存在法律或事实上的障碍，如果存在并导致合同部分条款缺失或不确定的，一般应认定为预约合同。[①]

典型案例2

吴某铭与万良公司商品房预售合同纠纷案[②]

典型案例裁判文书

典型案例2

广东高院（2020）粤民再428号民事判决书

案情简介：吴某铭、万良公司签订《商品房认购书》及《〈商品房认购书〉补充协议书》，吴某铭向万良公司购买商品房，用途为商业、金融、信息，总价款401，680元。《商品房认购书》约定自签订本认购书之日起5日内，买卖双方应签订

① 案例索引2：参见最高人民法院（2021）最高法民申6440号沈某梅与华融公司、金中海公司等案外人执行异议之诉民事裁定书。

② 参见广东省高级人民法院（2020）粤民再428号民事判决书。

正式的房地产买卖合同。上述《商品房认购书》《〈商品房认购书〉补充协议书》签订之后，吴某铭按照万良公司的签约指引规定支付了全部购房款。之后，吴某铭先后两次前去签约，但因万良公司要求缴纳律师服务费和装修改造费，吴某铭未予缴纳而没有签约，后双方发生纠纷，截至法庭调查结束，吴某铭、万良公司未签订《商品房买卖合同（预售）》合同文本。

裁判规则：本案的主要争议焦点为双方签订的《商品房认购书》《〈商品房认购书〉补充协议书》的性质问题。《商品房买卖合同司法解释》第5条规定："商品房的认购、订购、预订等协议具备《商品房销售管理办法》第十六条规定的商品房买卖合同的主要内容，并且出卖人已经按照约定收受购房款的，该协议应当认定为商品房买卖合同。"根据查明事实，吴某铭与万良公司签订的《商品房认购书》《〈商品房认购书〉补充协议书》已经具备当事人名称、商品房基本情况、总价款、付款方式、付款时间、装修标准等主要内容；吴某铭于签约当日向万良公司支付了全部购房款，万良公司亦予收受。依照上述规定，吴某铭与万良公司签订的《商品房认购书》《〈商品房认购书〉补充协议书》应当认定为商品房买卖合同。

（二）预约合同的效力

实践中，有的开发商急于回笼资金，在未取得商品房预售许可证明的情形下，即签订预约合同，此时，该预约合同是否有效？此处应当注意商品房预约合同与商品房预售合同的区别。商品房预售是指房地产开发企业将正在建设中的房屋预先出售给承购人，由承购人支付定金或房价款的行为，双方当事人由此签订的合同即为商品房预售合同，亦为商品房预约合同的本约。

《城市房地产管理法》第45条规定，商品房预售，应当符合下列条件：（1）已交付全部土地使用权出让金，取得土地使用权证书；（2）持有建设工程规划许可证；（3）按提供预售的商品房计算，投入开发建设的资金达到工程建设总投资的25%以上，并已经确定施工进度和竣工交付日期；（4）向县级以上人民政府房产管理部门办理预售登记，取得商品房预售许可证明。《城市商品房预售管理办法》第6条规定，商品房预售实行许可制度。开发企业进行商品房预售，应当向房地产管理部门申请预售许可，取得商品房预售许可证。未取得商品房预售许可证的，不得进行商品房预售。《商品房买卖合同司法解释》第2条规定，出卖人未取得商品房预售许可证明，与买受人订立的商品房预售合同，应当认定无效，但是在起诉前取得商品房预售许可证明的，可以认定有效。

由于商品房开发的特点，开发商既可能在取得预售许可证后签订认购协议，也可能在未取得预售许可证的情况下签订认购协议。根据上述规定，对于未取得预售许可证而签订的预售合同本约的效力，法律和司法解释均认为无效，但在起诉前取得许可证明可以认定有效。但如果双方当事人签订的是商品房预约合同，此时效力如何认定？笔者认为，法律并未对此情形作出效力否定性评价，预约合同并非预售合同，也非正式的预售行为，预售许可是对商品房预售行为的规范，并非签订预约合同的前提，因此，双方签订的认购书等预约合同不受是否取得预售许可证明的影响。

【规范指引】

《山东省高级人民法院关于印发全省民事审判工作会议纪要的通知》（鲁高法〔2011〕297号）

（七）未取得商品房预售许可证明的商品房认购书的效力问题

依据城市房地产管理法和最高人民法院相关司法解释的规定，出卖人预售商品房必须取得商品房预售许可证明，未取得预售许可证明的商品房买卖合同应依法认定为无效。商品房认购书是一种预约合同，是双方当事人为将来签订作为本约合同的商品房买卖合同所作出的一种承诺，并非正式的商品房预售行为。由于商品房认购书并非商品房买卖合同，故出卖人未取得商品房预售许可证明，不影响商品房认购书的法律效力。

《北京市高级人民法院关于审理房屋买卖合同纠纷案件若干疑难问题的会议纪要》（京高法发〔2014〕489号）

二、预约合同的效力和履行

当事人以出卖人在签订预购书、购房意向书等预约协议时未取得商品房预售许可证明为由，要求确认预约协议无效的，不予支持，但预约协议被认定为商品房预售合同的除外。

（三）违约责任的认定

违约责任是指违反合同的民事责任，也就是合同当事人因违反合同义务所承担的责任。预约合同是以订立本约为目的的独立合同，当事人违反约定，应当承担相应违约责任。《民法典》第 495 条第 2 款规定，当事人一方不履行预约合同约定的订立合同义务的，对方可以请求其承担预约合同的违约责任。因此，如果当事人双方签订了认购书等预约合同的，一方事后反悔不同意继续签订本约的，则应当根据法律规定承担违约责任。同时，关于违约责任的承担，根据《民法典》合同编第 8 章的规定，包括了违约金责任、定金责任、继续履行和赔偿损失等。

1. 违约金、定金和赔偿损失。

违约金是当事人在合同中约定的或者由法律直接规定的一方违反合同时应向对方支付一定数额的金钱。《民法典》第 585 条规定，当事人可以约定一方违约时应当根据违约情况向对方支付一定数额的违约金，也可以约定因违约产生的损失赔偿额的计算方法。约定的违约金低于造成的损失的，人民法院或者仲裁机构可以根据当事人的请求予以增加；约定的违约金过分高于造成的损失的，人民法院或者仲裁机构可以根据当事人的请求予以适当减少。当事人就迟延履行约定违约金的，违约方支付违约金后，还应当履行债务。因此，在商品房预约合同领域，如果当事人违反预约合同义务，可以适用违约金责任。

典型案例3

李某祥与庄和公司房屋买卖合同纠纷案[①]

案情简介： 李某祥（买受人）与庄和公司（出卖人）签订《商品房预售合同》，合同约定李某祥购买庄和公司开发的不动产，建筑面积 65.62 平方米，房屋单价 8134.7 元/平方米，总价款 533,799 元。合同约定出卖人逾期交房超过 30 日

典型案例裁判文书

典型案例3

青海高院（2021）青民再4号民事判决书

① 参见青海省高级人民法院（2021）青民再 4 号民事判决书。

后，买受人要求继续履行合同的，合同继续履行，出卖人自本合同第8条规定的最后交付期限届满第二日起至实际交付之日止按日向买受人支付已付房价款万分之四的违约金。合同签订后，李某祥按约付清了全部购房款，并支付了办理产权手续所需要的测绘费、维修基金、契税等费用23,637元，至今案涉房产尚未竣工验收合格，未交付李某祥。本案的争议焦点之一为李某祥主张庄和公司按照合同约定的每日万分之四的标准支付逾期交房违约金的诉求是否成立。

裁判规则：李某祥与庄和公司签订的《商品房预售合同》系当事人真实意思表示，合同内容不违反法律、行政法规的强制性规定，为合法有效的合同，双方均应按约定履行各自的义务。合同履行中，李某祥依约支付了全部购房款，同时支付了办理产权手续所需要的测绘费、维修基金、契税等费用，履行了支付全部购房款的合同义务；庄和公司亦应按约定的期限将验收合格的房屋交付给李某祥，但截至目前仍未交付，其应承担违约责任，李某祥诉求违约金及利息的主张应予支持。一审法院采信庄和公司适当调整违约金标准的请求，从平衡双方当事人利益，依照情势变更原则等，考虑疫情的影响因素后酌定调整违约金标准按年利率6%计算；二审法院从庄和公司因受市场、资金等影响可能长期存在违约，为平衡各方利益，确认了一审法院对违约金标准的适当调整。一、二审法院明显违反了当事人意思自治原则和诚实信用原则，故一、二审法院对案涉违约金标准酌定调整不当，应予纠正。

定金是指当事人约定的，为保证债权的实现，由一方在履行前预先向对方给付的一定数量的货币或者其他代替物。《民法典》第586条规定，当事人可以约定一方向对方给付定金作为债权的担保。定金合同自实际交付定金时成立。定金的数额由当事人约定；但是，不得超过主合同标的额的20%，超过部分不产生定金的效力。实际交付的定金数额多于或者少于约定数额的，视为变更约定的定金数额。《民法典》第587条规定，债务人履行债务的，定金应当抵作价款或者收回。给付定金的一方不履行债务或者履行债务不符合约定，致使不能实现合同目的的，无权请求返还定金；收受定金的一方不履行债务或者履行债务不符合约定，致使不能实现合同目的的，应当双倍返还定金。实践中，当事人就预约合同约定定金的，如果当事人违反预约合同义务，可以适用定金责任。对此，《商品房买卖合同司法解释》第 4 条规定，出卖人通过认购、订购、预订等方式向买受人收受定金作为订立商品房买卖合同担保的，如果因当事人一方原因未能订立商品房买卖合同，应当按照法律关于定金的规定处理；因不可归责于当事人双方的事由，导致商品房买卖合同未能订立的，出卖人应当将定金返还买受人。

赔偿损失是指行为人违反合同约定造成对方损失时，行为人向受害人支付一定数额的金钱以弥补其损失，是实践中运用较为广泛的一种责任方式。《民法典》第 584 条规定，当事人一方不履行合同义务或者履行合同义务不符合约定，造成对方损失的，损失赔偿额应当相当于因违约所造成的损失，包括合同履行后可以获得的利益；但是，不得超过违约一方订立合同时预见到或者应当预见到的因违约可能造成的损失。因此，在商品房预约合同领域，如果当事人违反预约合同义务，可以适用赔偿损失责任。关于违约损害赔偿范围，实践中观点众多，立法者对此预留了空间，并同时认为，预约合同的损害赔偿范围不等同于本约合同的损害赔偿范围。理由是，预约合同约定的义务是订立本约合同，而本约合同成立于本约合同履行是两个不同的阶段，因此预约合同的履行利益与本约合同的履行利益是不同的。[①]

2. 继续履行。

关于违约金和定金责任的适用，实践当中已经达成共识，结合相关法律和司法解释规定即可准确把握。但对于商品房买卖领域是否可以适用继续履行和赔偿损失违约责任，实践当中尚有争议。从司法解释规定来看，似乎也是有意回避了该问题，仅规定了定金责任的承担，而没有规定其他责任。

商品房买卖领域，由于房价上涨或下跌，签订了认购书的当事人，不管是开发商还是购房者，均容易发生不履行认购书义务的情形，且要求解除认购书。关于当事人不履行认购书等预约合同义务，拒绝签订本约合同时，法院是否可以判决要求继续履行预约合同或者强制订立本约，实践当中存在较大争议。笔者认为，是否判决继续履行，应当根据预约签订内容及实际履行情况酌情判断。理由如下：

一是继续履行是《民法典》规定的违约救济方式之一，商品房预约合同

① 参见黄薇主编：《中华人民共和国民法典释义》，法律出版社 2020 年版，第 951 页。

作为独立合同，并未排斥继续履行作为其违约救济方式。

二是司法解释虽然仅有定金责任的规定，但《民法典》第495条第2款规定了完整的“预约合同的违约责任”，并未限制其他违约责任的适用。

三是立法者为司法实践预留了适用空间。如果当事人在预约阶段就对整个交易的主要内容通过谈判达成一致，本约的内容不需要再作过多协商，那么对于预约合同，要求当事人承担“继续履行”的违约责任，即订立本约的责任也就有实现的空间。[①] 综上，如果商品房认购书等预约合同就商品房买卖合同相关权利义务约定明确，内容完整，本约不需要双方再作过多协商的，则该预约合同就具备了继续履行的条件。但根据法律规定，继续履行的适用也是有条件的，《民法典》第580条规定，当事人一方不履行非金钱债务或者履行非金钱债务不符合约定的，对方可以请求履行，但是有下列情形之一的除外：（1）法律上或者事实上不能履行；（2）债务的标的不适于强制履行或者履行费用过高；（3）债权人在合理期限内未请求履行。有前款规定的除外情形之一，致使不能实现合同目的的，人民法院或者仲裁机构可以根据当事人的请求终止合同权利义务关系，但是不影响违约责任的承担。

因此，对于不具备继续履行条件的认购书，当事人起诉要求继续履行的，人民法院应当主动进行释明，告知其变更诉讼请求，当事人不变更的，应当驳回其诉讼请求。

三、商品房预售合同

商品房预售是指房地产开发企业将正在建设中的房屋预先出售给承购人，由承购人支付定金或房价款的行为。根据《城市商品房预售管理办法》和《城市房地产开发经营管理条例》的规定，商品房预售应当符合下列条件：（1）已交付全部土地使用权出让金，取得土地使用权证书；（2）持有建设工程规划许可证和施工许可证；（3）按提供的预售商品房计算，投入开发建设的资金达到工程建设总投资的25%以上，并已确定施工进度和竣工交付日期；（4）已办理预售登记，取得商品房预售许可证明。

国家对商品房预售实行许可制度。开发企业进行商品房预售，应当向房

---

① 参见黄薇主编：《中华人民共和国民法典释义》，法律出版社2020年版，第949页。

地产管理部门申请预售许可，取得商品房预售许可证。未取得商品房预售许可证的，不得进行商品房预售。开发企业未取得商品房预售许可证预售商品房的，依照《城市房地产开发经营管理条例》第36条的规定处罚。开发企业预售商品房所得款项应当用于有关的工程建设，开发企业不按规定使用商品房预售款项的，由房地产管理部门责令限期纠正，并可处以违法所得3倍以下但不超过3万元的罚款。开发企业进行商品房预售，应当向承购人出示商品房预售许可证。售楼广告和说明书应当载明商品房预售许可证的批准文号。《城市商品房预售管理办法》第10条规定，商品房预售，开发企业应当与承购人签订商品房预售合同。开发企业应当自签约之日起30日内，向房地产管理部门和市、县人民政府土地管理部门办理商品房预售合同登记备案手续。

（一）关于预售合同效力问题

实践中，存在开发商在尚未取得预售许可证的情形下即进行营销，并与购房者签订预售合同的情况，此时该预售合同的效力如何？

《商品房买卖合同司法解释》第2条规定，出卖人未取得商品房预售许可证明，与买受人订立的商品房预售合同，应当认定无效，但是在起诉前取得商品房预售许可证明的，可以认定有效。该条是关于商品房预售合同效力和补办商品房预售许可证明对合同效力影响的解释。依据该规定，在签订预售合同时，开发商虽然没有取得预售许可证，不符合预售条件，但只要在起诉之前取得预售许可，预售合同的效力即得到补正，应当认定该预售合同有效。

为什么规定商品房预售许可证是商品房预售合同的条件，这是因为预售合同订立时，买卖的房屋尚在建设之中，房屋的所有权还没有经登记设立，为了维护交易的秩序，保护消费者的利益，防止国家在国有土地上的利益受到非法侵害，损害国家利益，所以，国家对商品房预售行为有特殊的要求和规定，建立了商品房预售的行政许可制度。①

关于预售许可方面，尚有争议问题，即签订商品房预售合同时已经取得商品房预售许可证，但之后该许可证被撤销或者超期失效，此时，商品房预售合同是否有效？有观点认为取得商品房预售许可证是商品房预售的法定条

---

① 参见最高人民法院民事审判第一庭编著：《最高人民法院关于审理商品房买卖合同纠纷案件司法解释的理解与适用》，人民法院出版社2003年版，第26页。

件，预售许可证被撤销或者超期，说明开发商违法预售，此时应认定预售合同无效。笔者认为，预售许可是国家对商品房销售的一种管控手段，也是加强房地产市场管理的重要措施。签订预售合同时，开发商已经取得预售许可证，说明该预售符合法律规定，不能因为在合同履行期间被撤销或者超期即认为该预售违法，并导致预售合同无效。

【法官提示4】

开发商在签订商品房预售合同时取得预售许可证的，在合同履行过程中，不因预售许可证被撤销或者超期无效，影响预售合同效力。

（二）登记备案与合同效力

登记备案是国家对商品房预售管理的重要组成部分，具有较强的行政性质。《城市房地产管理法》第45条第2款规定，商品房预售人应当按照国家有关规定将预售合同报县级以上人民政府房产管理部门和土地管理部门登记备案。《城市商品房预售管理办法》第10条规定，商品房预售，开发企业应当与承购人签订商品房预售合同。开发企业应当自签约之日起30日内，向房地产管理部门和市、县人民政府土地管理部门办理商品房预售合同登记备案手续。以上规定建立了我国商品房预售登记备案制度。在此背景下，未经登记备案，预售合同是否有效？

司法实践中，长期存在将登记作为合同生效要件的做法，对未办理登记手续的商品房预售合同一律认定为无效。对此，《最高人民法院关于适用〈中华人民共和国合同法〉若干问题的解释（一）》[①] 第9条进行了纠正，该条规定，法律、行政法规规定合同应当办理登记手续，但未规定登记后生效的，当事人未办理登记手续不影响合同的效力。预售合同登记的作用是为了加强对预售商品房的管理，并使经登记的预购人的权益具有普通债权所不具备的排他性。但如果仅仅因为预售人未进行预售合同登记而使预售合同无效，损害的只能是预购人的利益，与立法的初衷相悖。[②] 据此，《商品房买卖合同司

① 该解释已失效，其中的第9条仅供参考。

② 参见最高人民法院民事审判第一庭编著：《最高人民法院关于审理商品房买卖合同纠纷案件司法解释的理解与适用》，人民法院出版社2003年版，第75页。

法解释》第 6 条第 1 款进一步规定，当事人以商品房预售合同未按照法律、行政法规规定办理登记备案手续为由，请求确认合同无效的，不予支持。

另外，如果当事人自愿约定以登记备案作为商品房预售合同生效要件的，该约定不违反法律和行政法规的规定，属于合同当事人意思自治范围，应为有效，从其约定。对此，《商品房买卖合同司法解释》第 6 条第 2 款规定，当事人约定以办理登记备案手续为商品房预售合同生效条件的，从其约定，但当事人一方已经履行主要义务，对方接受的除外。需要注意的是，在双方另有约定并且未办理登记备案情形下，如果一方当事人履行了合同主要义务，另一方当事人接受的，则此时不应认为预售合同无效。对此问题，《民法典》第 490 条规定，当事人采用合同书形式订立合同的，自当事人均签名、盖章或者按指印时合同成立。在签名、盖章或者按指印之前，当事人一方已经履行主要义务，对方接受时，该合同成立。法律、行政法规规定或者当事人约定合同应当采用书面形式订立，当事人未采用书面形式但是一方已经履行主要义务，对方接受时，该合同成立。该条司法解释正是体现了上述法律规定精神。

第二节　商品房买卖合同的履行

一、合同履行原则

合同履行是指债务人或第三人做出作为债务内容的给付，并因此使债权目的达到而归于消灭。合同的履行需要有履行的行为，它既可表现为积极的作为，也可表现出消极的不作为。合同履行是合同制度的中心内容，是合同法及其他一切制度的最终归宿和延伸。《民法典》第 509 条规定，当事人应当按照约定全面履行自己的义务。当事人应当遵循诚信原则，根据合同的性质、目的和交易习惯履行通知、协助、保密等义务。当事人在履行合同过程中，应当避免浪费资源、污染环境和破坏生态。根据以上规定，我国法律制度中主要包括以下有关合同的履行原则：

（一）全面履行原则

全面履行是合同本身所要求的，是所有合同履行的共性。它是指双方当事人要按照合同约定的各自承担的所有义务来具体全面地履行这些义务，具体表现在合同主体、时间、内容等的履行上均应符合约定。开发商按照约定交付房屋，购房者按照约定支付房款系商品房买卖合同法律关系中当事人之合同主要义务。全面履行是指合同当事人不仅必须履行商品房买卖合同中明文规定的全部义务，而且应当履行由商品房买卖合同关系产生的其他附随义务。比如房屋交付以后，开发商还应履行协助权属证书办理义务、质量保修义务等。

（二）诚信履行原则

诚信原则被称为民法的“帝王条款”，《民法典》第7条规定，民事主体从事民事活动，应当遵循诚信原则，秉持诚实，恪守承诺。诚信原则要求民事主体在从事民事活动中，包括行使权利、履行义务、承担责任时，都应该秉持诚实、善意、信守承诺。诚信履行原则又导出履行的附随义务。当事人除应当按照合同约定履行自己的义务外，也要履行合同未作约定但依照诚信原则应当履行的通知、协助、保密等义务。

（三）绿色原则

《民法典》第9条规定，民事主体从事民事活动，应当有利于节约资源、保护生态环境。绿色原则作为《民法典》新增的一项基本原则，在《民法典》各编中都得到了贯彻。依照上述法律规定，当事人在履行商品房买卖合同过程中应当避免浪费资源，避免污染环境和破坏生态。人民法院在审理商品房买卖合同纠纷案件中也要加强对该类案件的法律适用，加强对节约资源、保护生态环境的民事法律行为的保护。

二、房屋交付

交付是指物的所有人依照法律或合同转让其对标的物占有的行为。向购房者交付房屋是商品房买卖合同中开发商的首要义务，也是购房者最大的利益期待。

（一）法定交付条件

商品房的交付条件可以分为法定条件和约定条件。关于法定条件，主要体现于《民法典》《城市房地产管理法》《城乡规划法》《建筑法》等法律法规，具体内容如下：

《民法典》第799条规定，建设工程竣工后，发包人应当根据施工图纸及说明书、国家颁发的施工验收规范和质量检验标准及时进行验收。验收合格的，发包人应当按照约定支付价款，并接收该建设工程。建设工程竣工经验收合格后，方可交付使用；未经验收或者验收不合格的，不得交付使用。

《城市房地产管理法》第27条规定，房地产开发项目的设计、施工，必须符合国家的有关标准和规范。房地产开发项目竣工，经验收合格后，方可交付使用。因此，“经验收合格后”成为法律明确规定的交付条件。

《城乡规划法》第45条第1款规定，县级以上地方人民政府城乡规划主管部门按照国务院规定对建设工程是否符合规划条件予以核实。未经核实或者经核实不符合规划条件的，建设单位不得组织竣工验收。因此，经规划部门核实符合规划条件的才能组织进行竣工验收，且验收合格后方可交付使用。

《建筑法》第61条规定，建筑工程竣工经验收合格后，方可交付使用；未经验收或者验收不合格的，不得交付使用。从法律层面对“验收合格”的交付条件进行了规定。《建设工程质量管理条例》第16条同样规定，建设工程经验收合格的，方可交付使用。同时规定了验收条件，即建设工程竣工验收应当具备下列条件：（1）完成建设工程设计和合同约定的各项内容；（2）有完整的技术档案和施工管理资料；（3）有工程使用的主要建筑材料、建筑构配件和设备的进场试验报告；（4）有勘察、设计、施工、工程监理等单位分别签署的质量合格文件；（5）有施工单位签署的工程保修书。

《城市房地产开发经营管理条例》第16条规定，房地产开发企业开发建设的房地产项目，应当符合有关法律、法规的规定和建筑工程质量、安全标准、建筑工程勘察、设计、施工的技术规范以及合同的约定。第17条作了具体的交付条件规定，即房地产开发项目竣工，依照《建设工程质量管理条例》的规定验收合格后，方可交付使用。该条再次重申了“验收合格”的交付条件。

《商品房销售管理办法》在第5章规定了交付内容，其中第30条规定，房地产开发企业应当按照合同约定，将符合交付使用条件的商品房按期交付给买受人。未能按期交付的，房地产开发企业应当承担违约责任。因不可抗力或者当事人在合同中约定的其他原因，需延期交付的，房地产开发企业应当及时告知买受人。此处“符合交付使用条件”成为交付条件，该使用条件既包括法定条件也包括约定条件。

建设工程的竣工验收，是指建设工程已经按照设计要求完成全部工作任务，准备交付给发包人投入使用时，由发包人或者有关主管部门依照国家关于建设工程竣工验收制度的规定，对该项工程是否合乎设计要求和工程质量标准所进行的检查、考核工作。竣工验收是工程建设全过程的最后一道程序，是对工程质量实行控制的最后一个重要环节。从上述法律法规内容来看，商品房通过竣工验收并取得交付使用的批准文件是商品房交付的前置性要件。其中，经过竣工验收是商品房交付使用的实质性要件，而取得交付使用的批准文件是商品房交付使用的形式性要件。①

（二）约定交付标准

为规范市场秩序，维护当事人合法权益，住房和城乡建设部和原国家工商行政管理总局共同制定出台《商品房买卖合同（预售）示范文本》（GF－2014－0171），实践中，各省（自治区、直辖市）结合实际情况予以补充完善，并相应发布示范合同文本，供交易使用。

《商品房买卖合同（预售）示范文本》（GF－2014－0171）第9条“商品房交付条件”载明：“该商品房交付时应当符合下列第1、2、____、____项所列条件：1. 该商品房已取得建设工程竣工验收备案证明文件；2. 该商品房已取得房屋测绘报告；3. ____；4. ____。”该商品房为住宅的，出卖人还需提供《住宅使用说明书》和《住宅质量保证书》。第11条进一步约定，交付该商品房时，出卖人应当出示满足第9条约定的证明文件。出卖人不出示证明文件或者出示的证明文件不齐全，不能满足第9条约定条件的，买受人有权拒绝接收，由此产生的逾期交付责任由出卖人承担，并按照第12条处理。由此可见，示范文本约定交付条件比之法定条件更具体也更为严格。当然，根据意思自治原则，如果当事人自愿签订示范文本的，则房屋交付标准就应当以示范文本为准，如果没有签订示范文本的，则应当按照法律规定执行。

建设工程竣工验收备案是指建设单位在建设工程竣工验收后，将建设工程竣工验收报告和规划、公安消防、环保等部门出具的认可文件或者准许使

---

① 参见程新文主编：《房屋买卖合同纠纷裁判精要与实务指南》，法律出版社2017年版，第252页。

用文件报建设行政主管部门审核的行为。建设工程的竣工验收备案是国家实行建设工程质量监督管理制度的一个重要组成部分。《建设工程质量管理条例》第 49 条规定，建设单位应当自建设工程竣工验收合格之日起 15 日内，将建设工程竣工验收报告和规划、公安消防、环保等部门出具的认可文件或者准许使用文件报建设行政主管部门或者其他有关部门备案。建设行政主管部门或者其他有关部门发现建设单位在竣工验收过程中有违反国家有关建设工程质量管理规定行为的，责令停止使用，重新组织竣工验收。《房屋建筑和市政基础设施工程竣工验收规定》第 9 条规定，建设单位应当自工程竣工验收合格之日起 15 日内，依照《房屋建筑和市政基础设施工程竣工验收备案管理办法》（住房和城乡建设部令第 2 号）的规定，向工程所在地的县级以上地方人民政府建设主管部门备案。

根据《房屋建筑和市政基础设施工程竣工验收备案管理办法》的规定，建设单位办理工程竣工验收备案应当提交下列文件：（1）工程竣工验收备案表。（2）工程竣工验收报告。竣工验收报告应当包括工程报建日期，施工许可证号，施工图设计文件审查意见，勘察、设计、施工、工程监理等单位分别签署的质量合格文件及验收人员签署的竣工验收原始文件，市政基础设施的有关质量检测和功能性试验资料以及备案机关认为需要提供的有关资料。（3）法律、行政法规规定应当由规划、环保等部门出具的认可文件或者准许使用文件。（4）法律规定应当由公安消防部门出具的对大型的人员密集场所和其他特殊建设工程验收合格的证明文件。（5）施工单位签署的工程质量保修书。（6）法规、规章规定必须提供的其他文件。住宅工程还应当提交《住宅质量保证书》和《住宅使用说明书》。

竣工验收备案的要求如下：（1）备案机关收到建设单位报送的竣工验收备案文件，验证文件齐全后，应当在工程竣工验收备案表上签署文件收讫。工程竣工验收备案表一式两份，一份由建设单位保存，一份留备案机关存档。（2）备案机关发现建设单位在竣工验收过程中有违反国家有关建设工程质量管理规定行为的，应当在收讫竣工验收备案文件 15 日内，责令停止使用，重新组织竣工验收。（3）建设单位在工程竣工验收合格之日起 15 日内未办理工程竣工验收备案的，备案机关责令限期改正，处 20 万元以上 50 万元以下罚款。（4）建设单位将备案机关决定重新组织竣工验收的工程，在重新组织竣工验收前，擅自使用的，备案机关责令停止使用，处工程合同价款2%以上4%以下罚款。（5）建设单位采用虚假证明文件办理工程竣工验收备案的，工程竣工验收无效，备案机关责令停止使用，重新组织竣工验收，处20万元以上50万元以下罚款；构成犯罪的，依法追究刑事责任。（6）备案机关决定重新组织竣工验收并责令停止使用的工程，建设单位在备案之前已投入使用或者建设单位擅自继续使用造成使用人损失的，由建设单位依法承担赔偿责任。

因此，商品房交付条件，有约定的按照其约定，没有约定的，从法定。司法实践中，存在当事人约定交付条件与法定条件不一致的情形，此时如何认定房屋交付条件？主流观点认为，在约定的交付条件与法定的交付条件不一致时，如约定的交付条件高于法定的交付条件，应当按照该约定履行合同；如约定的交付条件低于法定的交付条件，交付时房屋未达到法定交付条件的，买受人有权拒绝收房。①

【规范指引】

《北京市高级人民法院关于审理房屋买卖合同纠纷案件若干疑难问题的会议纪要》（京高法发〔2014〕489号）

十二、商品房不符合交付条件的处理

买受人要求交付商品房，经审查房屋已经完工但未办理竣工验收手续，不符合法定强制性交付条件的，可以判决出卖人在合理期限内组织工程竣工验收，并将验收合格的房屋交付给买受人，但买卖合同存在永久性履行不能情形的除外。

买受人明知商品房不具备法定或约定交付条件仍同意接收房屋后，又以房屋不具备交付条件为由主张逾期交房违约金的，不予支持，但买受人有权要求出卖人依据法律规定或合同约定完善房屋交付条件，并主张因房屋交付条件不具备给其造成的实际损失。

商品房买卖合同示范文本约定出卖人“于房屋实际交付之日起三十日内支付违约金”，出卖人实际逾期交付房屋的，买受人应当依合同约定的履行期限主张逾期交房违约金；房屋逾期尚未实际交付，买受人主张逾期交房违约金，出卖人以合同约定的履行期限尚未届至为由提出抗辩的，不予采信。

---

① 参见程新文主编：《房屋买卖合同纠纷裁判精要与实务指南》，法律出版社2017年版，第256页。

十三、买受人拒绝接收商品房的处理

出卖人交付的房屋符合商品房买卖合同约定及法定的强制性交付条件和质量标准，买受人以房屋质量存在表面瑕疵为由拒绝接收房屋，并要求出卖人承担逾期交房违约责任的，一般不予支持，但买受人确有证据证明房屋在交付时存在功能性质量瑕疵以致严重影响正常居住使用的除外。买受人接收房屋不影响出卖人对房屋的质量瑕疵承担保修义务。

（三）交付形式

1. 转移占有。

关于商品房的交付形式，法律未有明确规定。《商品房买卖合同司法解释》第 8 条规定，对房屋的转移占有，视为房屋的交付使用，但当事人另有约定的除外。因此，根据该司法解释规定，商品房买卖合同中的交付应理解为对房屋的转移占有。所谓转移占有，是指占有人以法律行为将其占有物交与他人，受让人因此而处于对标的物的控制与支配的状态。占有制度起源于罗马法，指的是对物的一种事实上的控制与支配。控制是指物处于占有人的管理或影响之下。支配是指占有人能够对物加以一定的利用。《民法典》第 5 分编第 20 章专门规定了占有制度，其中第 458 条规定，基于合同关系等产生的占有，有关不动产或者动产的使用、收益、违约责任等，按照合同约定；合同没有约定或者约定不明确的，依照有关法律规定。该条在充分吸收司法解释规定的前提下，对有权占有的法律适用作出了具体规定。

目前通说强调占有制度具有三种功能，即保护功能、继续功能和公示功能。需要强调的是，这三种不同的功能乃基于一种基本认识，即占有的背后通常存在某种特定权利，尤其是所有权。[①] 因此，基于商品房买卖合同的性质，开发商负有向购房者交付房屋并转移房屋所有权的义务，购房者支付对价的目的当然是获得该房产的所有权，并通过转移占有宣示权利，保护、利用该房产，实践中房产的转移占有一般表现为开发商向购房者交付房屋钥匙，俗称“交钥匙”。

---

① 参见王泽鉴：《民法物权》，北京大学出版社 2009 年版，第 426 页。

【法官提示5】

房屋的交付使用并非意味着房屋所有权的转移。对于一般动产，在标的物交付的同时所有权即发生转移，出卖人只要将标的物交付给买受人即履行了转移所有权的义务。而对于不动产，根据《民法典》的规定，不动产物权的设立、变更、转让和消灭，应当依照法律规定登记，经依法登记发生效力，未经登记不发生效力。根据法律规定，只有在办理登记手续后，房屋所有权才发生移转。

根据法律规定，商品房买卖合同的当事人可以对“房屋交付使用”的内容进行特别约定。如果当事人在合同中明确约定“房屋交付使用”不仅是转移占有房屋，而且同时要转移房屋所有权的，就应当按照约定来确定当事人双方的权利义务内容。在此约定下，开发商不仅应当在合同约定的期限内向购房者“交钥匙”，而且应当将房屋所有权移转于购房者，否则，将承担违约责任。如果当事人仅约定了“房屋交付使用”的时间，而未明确约定其中包括房屋所有权转移的，开发商只要在约定的期限内将房屋移转给买受人占用，即“交钥匙”，就应认定开发商按期履行了“房屋交付使用”的义务。至于房屋所有权移转义务的履行期限，当事人既可以另行约定，也可以按照法律规定来确定。

2. 风险转移。

风险是指标的物在合同生效后因不可归责于双方当事人的事由，如地震、火灾等，发生毁损、灭失的情形。关于风险的负担问题，主要有以下特点：一是风险负担只能发生于双务合同当中；二是风险负担非因当事人违约造成；三是风险负担的发生具有不可预测性且不可归责于双方当事人。风险承担的关键是风险转移的问题，也就是说，如何确定风险转移的时间。转移的时间确定了，风险由谁来承担也就清楚了。由于它涉及买卖双方当事人最根本的利益，所以从来都是各国、各地区有关买卖合同法律规范中要解决的一个重要问题。[①]《民法典》第604条规定，标的物毁损、灭失的风险，在标的物交付之前由出卖人承担，交付之后由买受人承担，但是法律另有规定或者当事

---

① 参见黄薇主编：《中华人民共和国民法典释义》，法律出版社2020年版，第1173页。

人另有约定的除外。根据该法律规定，我国对标的物的风险转移系采用交付主义，即无论买卖合同的标的物所有权是否转移，只要标的物已经交付，即由标的物的占有人承担风险责任。据此，《商品房买卖合同司法解释》第 8 条第 2 款规定，房屋毁损、灭失的风险，在交付使用前由出卖人承担，交付使用后由买受人承担；买受人接到出卖人的书面交房通知，无正当理由拒绝接收的，房屋毁损、灭失的风险自书面交房通知确定的交付使用之日起由买受人承担，但法律另有规定或者当事人另有约定的除外。

【法官提示 6】

上述法律和司法解释确立的规则属于商品房买卖合同风险承担的一般性规则，前提是当事人之间没有约定或者约定不明，如果当事人之间对风险问题作出约定或者法律对此另有规定的，则应当遵从法律特别规定或者当事人约定。

三、商品房登记

（一）商品房买卖合同履行中的权属登记

商品房买卖合同关系中，购房者以何种方式获得房屋所有权，如何对外“排他”？此即涉及物权公示原则。《民法典》第 208 条规定，不动产物权的设立、变更、转让和消灭，应当依照法律规定登记。因此，我国不动产物权公示的主要方法是登记，只要想获得不动产所有权，就要进行登记，登记之后该商品房所有权的主体、内容等才能有效。《民法典》第 209 条第 1 款进一步规定，不动产物权的设立、变更、转让和消灭，经依法登记，发生效力；未经登记，不发生效力，但是法律另有规定的除外。该条款是关于不动产物权登记生效的规定，是对不动产公示原则的具体体现。实践当中不乏因为各种原因未经登记的物权变动，该情形对双方当事人均会带来巨大的交易风险。

关于商品房权属登记，《城市房地产管理法》第 60 条规定，国家实行土地使用权和房屋所有权登记发证制度。《城市房地产开发经营管理条例》第 32 条规定，预售商品房的购买人应当自商品房交付使用之日起 90 日内，办理土地使用权变更和房屋所有权登记手续；现售商品房的购买人应当自销售合同签订之日起 90 日内，办理土地使用权变更和房屋所有权登记手续。房地产开发企业应当协助商品房购买人办理土地使用权变更和房屋所有权登记手续，并提供必要的证明文件。《城市商品房预售管理办法》第12条规定，预售的商品房交付使用之日起90日内，承购人应当依法到房地产管理部门和市、县人民政府土地管理部门办理权属登记手续。开发企业应当予以协助，并提供必要的证明文件。《商品房买卖合同（预售）示范文本》（GF-2014-0171）第20条将房屋登记作为合同约定内容“双方同意共同向房屋登记机构申请办理该商品房的房屋所有权转移登记”。

根据上述法律法规规定，商品房权属登记的申请主体应为购房者，开发商具有协助义务。但由于开发商的原因，购房者未能在房屋交付使用之日起90日内取得房屋权属证书的，除开发商和购房者有特殊约定外，开发商应当承担违约责任。

《民法典》第188条规定，向人民法院请求保护民事权利的诉讼时效期间为3年。法律另有规定的，依照其规定。诉讼时效期间自权利人知道或者应当知道权利受到损害以及义务人之日起计算。法律另有规定的，依照其规定。但是，自权利受到损害之日起超过20年的，人民法院不予保护，有特殊情况的，人民法院可以根据权利人的申请决定延长。

实践中，权属登记方面尚有一争议问题，即购房者请求开发商协助办理权属登记是否适用诉讼时效制度的问题。一种观点认为，转让人所承担的主给付义务为转移不动产的占有，更为重要的是转移不动产所有权。如果转让人仅向受让人履行交付不动产的义务，未在合同规定的期限届满时办理不动产所有权转移登记的，系没有履行转移不动产所有权这个最重要的主给付义务，已经构成违约。无论转让人是否已经交付不动产，受让人基于合同请求转让人协助办理物权转移登记手续，显然是基于合同约定而产生的债权请求权，故应当适用诉讼时效。另一种观点认为，应当区分受让人是否已经占有标的物，如果转让人已经将不动产交付给受让人，受让人已实现对标的物的占有的，受让人请求转让人协助办理不动产所有权转移登记的请求权，具有一定的物权属性，不适用诉讼时效的规定。[①] 对此，笔者同意第二种观点，从

---

① 参见杜万华主编：《第八次全国法院民事商事审判工作会议（民事部分）纪要理解与适用》，人民法院出版社2017年版，第400页。

商品房买卖合同关系来看，开发商最主要的合同义务是交付商品房并协助办理权属登记。购房者因交付而实际占有房屋的，如果对权属登记适用诉讼时效抗辩，则不利于交易秩序的稳定，该权属登记请求权应有别于一般的债权请求权。对此，《第八次全国法院民事商事审判工作会议（民事部分）纪要》第 24 条规定，已经合法占有转让标的物的受让人请求转让人办理物权变更登记，登记权利人请求无权占有人返还不动产或者动产，利害关系人请求确认物权的归属或内容，权利人请求排除妨害、消除危险，对方当事人以超过诉讼时效期间抗辩的，均应不予支持。

【法官提示 7】

人民法院在审理该类纠纷案件过程中不得主动适用诉讼时效规定，《民法典》对此亦作了强调，该法第 193 条规定，人民法院不得主动适用诉讼时效的规定。因为，诉讼时效抗辩权实质上是义务人的一项民事权利，义务人是否行使该权利，属于其意思自治和自由处分范围，人民法院不应过多干预。

（二）商品房买卖合同履行中的预告登记

预告登记，是指为保全一项请求权而进行的不动产登记，该项请求权所要达到的目的，是在将来发生不动产物权变动。预告登记所登记的，不是不动产物权，其目的在于将来发生不动产物权变动的请求权。预告登记的本质特征是使被登记的请求权具有物权效力。也就是说，进行了预告登记的请求权，对后来发生的与该项请求权内容相同的不动产物权的处分行为，具有对抗的效力，这样，所登记的请求权就得到了保护。① 预告登记的发生应当具备以下三个要件：对不动产物权变动请求权的存在；登记名义人的同意；办理登记。《民法典》第 221 条第 1 款规定，当事人签订买卖房屋的协议或者签订其他不动产物权的协议，为保障将来实现物权，按照约定可以向登记机构申请预告登记。预告登记后，未经预告登记的权利人同意，处分该不动产的，不发生物权效力。预告登记制度的核心问题在于其效力或者说功能。根据上述法律规定，如果购房者进行了预告登记，则开发商违背预告登记内容再行

---

① 参见黄薇主编：《中华人民共和国民法典释义》，法律出版社 2020 年版，第 426 页。

处分房产的行为无效。该处分行为应当包括所有权转移、抵押权设定等。《最高人民法院关于适用〈中华人民共和国民法典〉物权编的解释（一）》第4条明确规定，未经预告登记的权利人同意，转让不动产所有权等物权，或者设立建设用地使用权、居住权、地役权、抵押权等其他物权的，应当依照《民法典》第221条第1款的规定，认定其不发生物权效力。

【法官提示8】

预告登记的意义在于，购房者与开发商签订预售合同之后，获得的只是债权请求权，不具有排他性，实践当中容易发生“一房二卖”甚至“一房数卖”的情况，因此，在签订预售合同后，应当尽快进行预告登记。

同时，应当注意的是预告登记具有从属性，依附于该债权请求权，也就是说，债权请求权的存在是其前提，并随着该债权请求权的变动而变动，也意味着预告登记不得与其所保全的请求权分离而转让。《民法典》第221条第2款规定，预告登记后，债权消灭或者自能够进行不动产登记之日起90日内未申请登记的，预告登记失效。《最高人民法院关于适用〈中华人民共和国民法典〉物权编的解释（一）》第5条规定，预告登记的买卖不动产物权的协议被认定无效、被撤销，或者预告登记的权利人放弃债权的，应当认定为《民法典》第221条第2款所称的“债权消灭”。

司法实践中，还有一个争议问题，就是对于已经预告登记的房产，人民法院能否进行查封。对此，笔者认为，查封的目的在于保障申请执行人的债权实现，但查封措施本身并不产生处分不动产的效力，因此，即使案涉房产办理了预告登记，人民法院可以依据生效法律文书进行查封，两者并不矛盾。但需要进一步讨论的是，人民法院在查封之后，可否进行拍卖、变卖等措施？拍卖、变卖等强制性措施，意味着对不动产的权属进行处分和变更，该行为与预告登记产生矛盾，对此，《最高人民法院关于人民法院办理执行异议和复议案件若干问题的规定》第30条规定，金钱债权执行中，对被查封的办理了受让物权预告登记的不动产，受让人提出停止处分异议的，人民法院应予支持；符合物权登记条件，受让人提出排除执行异议的，应予支持。因此，人民法院不能再对该房产作出拍卖或者以物抵债的执行措施。

四、疫情影响与合同履行

为贯彻落实党中央关于统筹推进新冠肺炎疫情防控和经济社会发展工作部署，扎实做好“六稳”工作，落实“六保”任务，指导各级人民法院依法妥善审理涉新冠肺炎疫情合同、金融、破产等民事案件，最高人民法院连续下发三个司法解释，对依法妥善审理涉新冠肺炎疫情民事案件作出具体规定。

（一）涉疫商品房买卖合同处理原则

根据《民法典》和《最高人民法院关于依法妥善审理涉新冠肺炎疫情民事案件若干问题的指导意见（一）》等法律司法解释的规定，人民法院在审理涉疫商品房买卖合同纠纷时，应当注意把握以下两个方面：

1. 在涉疫情民事案件审理过程中，应当根据案件实际情况，准确适用法律，平衡各方利益，保护当事人合法权益，服务经济社会发展，实现法律效果与社会效果的统一。要注意遵循民法自由、公平、诚信的基本原则，积极引导当事人诚信磋商、互谅互让、共担风险、共渡难关。

2. 依法准确适用不可抗力规则。2020 年 2 月 10 日，全国人大常委会法制工作委员会发言人在发言中指出：当前我国发生的疫情这一突发公共卫生事件，政府采取了相应的防控措施，如延期复工、复工备案、人员隔离、交通管制等措施。对于因此不能履行合同的，属法律规定的不可抗力事件。

因此，人民法院审理涉疫情民事案件，要准确适用不可抗力的具体规定，严格把握适用条件。对于受疫情或者疫情防控措施直接影响而产生的民事纠纷，符合不可抗力法定要件的，适用《民法典》第 180 条、第 590 条等规定妥善处理；其他法律、行政法规另有规定的，依照其规定。

【法官提示 9】

当事人主张适用不可抗力部分或者全部免责的，应当就不可抗力直接导致民事义务部分或者全部不能履行的事实承担举证责任。①

案例索引裁判文书

案例索引3
甘肃高院（2021）甘民终185号河南豫粮公司与光大信托公司、河南国控公司合同纠纷二审民事判决书

① 案例索引 3：参见甘肃省高级人民法院（2021）甘民终 185 号河南豫粮公司与光大信托公司、河南国控公司合同纠纷二审民事判决书。

（1）当事人主张不可抗力免责，符合以下条件的，可以认定其主张成立：当事人在订立合同时没有预见也不能预见到疫情发生和疫情防控措施实施，并且未在合同中作出预先安排；当事人所在地或合同履行地政府采取了疫情防控措施，当事人及其履行行为属于疫情防控措施涉及、影响的对象；疫情防控措施发生在合同订立后、合同履行完毕前；当事人不当履行合同与疫情发生及疫情防控措施实施具有因果关系；导致当事人不当履行合同的事由不能避免、不能克服。

（2）当事人主张不可抗力免责，具有下列情形的，不予支持：当事人在订立合同时已经知道或者应当知道疫情发生或者疫情防控措施实施的；当事人不当履行合同与疫情发生及疫情防控措施不具有因果关系；当事人不当履行合同虽与疫情发生及疫情防控措施实施有关，但并非不能避免、不能克服。

案例索引裁判文书

案例索引4

北京高院（2021）京民申5063号开元智诚公司与圆山大酒店合同纠纷案民事裁定书

【法官提示10】

当事人主张不可抗力免责，应当根据“谁主张，谁举证”的原则，就其受到不可抗力的影响、不可抗力对其不当履行合同具有因果关系承担举证责任。[1]

不可抗力系法定免责事由，除法律另有规定的外，当事人关于不可抗力不予免责的约定应属无效，但当事人可就不可抗力发生后的损失分担进行约定。不可抗力发生后，合同就损失分担有明确约定的，一般按照合同约定处理；合同没有约定的，要推动当事人进行积极协商；协商不能时，依据公平原则、诚实信用原则和权利义务相一致原则在当事人之间进行合理分配。

当事人一方因不可抗力不能履行合同的，应当根据法律规定及时通知对方，以减少可能给对方造成的损失，并应当在合理期限内提供证明。当事人一方未能及时通知导致对方当事人损失的，应当承担相应的赔偿责任；当事人一方履行了及时通知义务，相对方未能及时采取措施导致损失扩大的，由

① 案例索引4：参见北京市高级人民法院（2021）京民申5063号开元智诚公司与圆山大酒店合同纠纷案民事裁定书。

相对方就其扩大的损失自行承担责任。

【法官提示11】

当事人因受疫情、疫情防控措施影响导致合同不能履行或合同目的不能实现，适用不可抗力规则，重点审查合同履行地受疫情影响的情况、分区分级疫情防控措施与违约行为和违约损害结果之间的因果关系，根据公平原则，依法部分或全部免除责任。

3. 依法妥善审理合同纠纷案件。受疫情或者疫情防控措施直接影响而产生的合同纠纷案件，除当事人另有约定外，在适用法律时，应当综合考量疫情对不同地区、不同行业、不同案件的影响，准确把握疫情或者疫情防控措施与合同不能履行之间的因果关系和原因力大小，按照以下规则处理：

（1）疫情或者疫情防控措施直接导致合同不能履行的，依法适用不可抗力的规定，根据疫情或者疫情防控措施的影响程度部分或者全部免除责任。当事人对于合同不能履行或者损失扩大有可归责事由的，应当依法承担相应责任。因疫情或者疫情防控措施不能履行合同义务，当事人主张其尽到及时通知义务的，应当承担相应举证责任。

（2）疫情或者疫情防控措施仅导致合同履行困难的，当事人可以重新协商；能够继续履行的，人民法院应当切实加强调解工作，积极引导当事人继续履行。当事人以合同履行困难为由请求解除合同的，人民法院不予支持。继续履行合同对于一方当事人明显不公平，其请求变更合同履行期限、履行方式、价款数额等的，人民法院应当结合案件实际情况决定是否予以支持。合同依法变更后，当事人仍然主张部分或者全部免除责任的，人民法院不予支持。因疫情或者疫情防控措施导致合同目的不能实现，当事人请求解除合同的，人民法院应予支持。

（3）当事人存在因疫情或者疫情防控措施得到政府部门补贴资助、税费减免或者他人资助、债务减免等情形的，人民法院可以作为认定合同能否继续履行等案件事实的参考因素。

4. 依法中止诉讼时效。在诉讼时效期间的最后6个月内，因疫情或者疫情防控措施不能行使请求权，权利人依据《民法典》第194条第1款第1项的规定主张诉讼时效中止的，人民法院应予支持。

（二）受疫情影响合同的履行

根据《最高人民法院关于依法妥善审理涉新冠肺炎疫情民事案件若干问题的指导意见（二）》的规定，关于涉疫合同的履行，应当把握以下几个方面：

1. 疫情或者疫情防控措施导致当事人不能按照约定的期限履行买卖合同或者履行成本增加，继续履行不影响合同目的的实现，当事人请求解除合同的，人民法院不予支持。

疫情或者疫情防控措施导致出卖人不能按照约定的期限完成订单或者交付货物，继续履行不能实现买受人的合同目的，买受人请求解除合同，返还已经支付的预付款或者定金的，人民法院应予支持；买受人请求出卖人承担违约责任的，人民法院不予支持。

买卖合同能够继续履行，但疫情或者疫情防控措施导致人工、原材料、物流等履约成本显著增加，或者导致产品大幅降价，继续履行合同对一方当事人明显不公平，受不利影响的当事人请求调整价款的，人民法院应当结合案件的实际情况，根据公平原则调整价款。疫情或者疫情防控措施导致出卖人不能按照约定的期限交货，或者导致买受人不能按照约定的期限付款，当事人请求变更履行期限的，人民法院应当结合案件的实际情况，根据公平原则变更履行期限。

已经通过调整价款、变更履行期限等方式变更合同，当事人请求对方承担违约责任的，人民法院不予支持。

关于合理顺延合同履行期限。当事人受疫情、疫情防控措施影响不足以导致合同目的无法实现，但按原合同期限履行对其明显不公平，依据案件具体情况，可以适当延长合同履行期限；在顺延的合理履行期限内，当事人已履行合同义务，另一方当事人主张其承担违约责任，一般不予支持；合理顺延的履行期限届满后，当事人仍未履行合同义务，根据案件实际情况，结合当事人过错，承担相应责任。

【规范指引】

《天津市高级人民法院民事审判第一庭关于审理涉新冠肺炎疫情相关民事案件的法官会议纪要（一）》

二、房屋买卖合同纠纷案件

9. 当事人以新冠肺炎疫情及防控为由，拒绝继续履行房屋买卖合同的，除符合《中华人民共和国合同法》第一百一十条①规定的情形外，一般不予支持。案件审理中，可以按照新冠肺炎疫情及防控工作的实际影响，确定合理的履行时间。

2. 疫情或者疫情防控措施导致出卖人不能按照商品房买卖合同约定的期限交付房屋，或者导致买受人不能按照约定的期限支付购房款，当事人请求解除合同，由对方当事人承担违约责任的，人民法院不予支持。但是，当事人请求变更履行期限的，人民法院应当结合案件的实际情况，根据公平原则进行变更。

另外，开发商通过认购、订购、预订等方式向买受人收受定金作为订立商品房买卖合同担保，因疫情、疫情防控措施影响，导致商品房买卖合同未能按期订立，当事人主张在合理期限内延期履行，一般应予支持。确因疫情、疫情防控措施影响导致商品房买卖合同不能订立，可依据《商品房买卖合同司法解释》第4条的规定处理。

（三）涉疫商品房买卖合同的违约责任

1. 逾期付款违约责任的认定。买受人逾期付款，出卖人要求其承担违约责任，应予支持；但买受人能够举证证明其因疫情、疫情防控措施影响，无法按约付款，要求免除相应违约责任，应予支持。

2. 逾期交房、逾期办证民事责任认定。买受人要求出卖人承担逾期交房、逾期办证违约责任，出卖人提出受疫情、疫情防控措施影响导致无法按期交付、无法按期协助办证抗辩，出卖人应当承担举证责任，确因疫情、疫情防控措施造成逾期交房、逾期办证，出卖人要求减免违约责任，应当予以支持。出卖人逾期交房、逾期办证也有自身过错，对因其自身原因造成逾期的违约

① 《合同法》已废止，《合同法》第110条对应《民法典》第580条。

责任不予免除。

【规范指引】

《南京市中级人民法院关于妥善审理涉新冠肺炎疫情房地产案件的若干意见》

3. 综合考量疫情防控对当事人履行房屋买卖合同的影响。依照《中华人民共和国民法总则》第一百八十条①、《中华人民共和国合同法》第一百一十七条、一百一十八条②的规定，房屋买卖合同当事人确因疫情防控原因，未能按合同约定支付价款、办理贷款、申请过户、交付房屋的，在当事人尽到合理通知义务的情况下，可不视为违约。但上述情形消失后的合理期间内，当事人应当按合同约定继续履行。

4. 合理认定商品房延期交付违约责任。商品房买卖合同纠纷中，开发商延期交付房屋，并以疫情防控为由抗辩的，人民法院应审查疫情防控措施对延期交付房屋的影响程度与因果关系，并据此判断是否适用上述不可抗力的相关法律规定，部分或全部免除开发商的违约责任。

《天津市高级人民法院民事审判第一庭关于审理涉新冠肺炎疫情相关民事案件的法官会议纪要（一）》

二、房屋买卖合同纠纷案件

8. 因受新冠肺炎疫情及防控工作的直接影响，商品房无法在合同约定时间交付的，可认定出卖人不能履行交付义务具有免责事由。买受人主张出卖人承担迟延交付商品房违约责任的，一般不予支持。新冠肺炎疫情及防控工作发生于当事人履行迟延之后，对于免除责任的主张，不予支持。案件审理中，应当结合所属地区新冠肺炎疫情及防控工作的具体情况，合理确定免除迟延交付商品房违约责任的期间。

3. 房屋买卖合同的解除。出卖人因受疫情、疫情防控措施影响逾期交房、逾期办证，买受人要求解除房屋买卖合同；买受人因受疫情影响逾期付款，出卖人要求解除房屋买卖合同，应当严格审查合同的解除条件，同时给予当事人合理的履行期限，在合理的履行期限内，一方当事人能够继续履行合同，另一方当事人要求解除合同，不予支持；合理的履行期限届满，合同目的仍

---

① 《民法总则》已废止，《民法总则》第180条对应《民法典》第180条。

② 《合同法》已废止，《合同法》第117条、第118条对应《民法典》第590条。

不能实现，当事人要求解除合同，可以支持。

【法官提示12】

司法实践中，要严格把握合同解除条件，要坚持促进交易，鼓励合同继续履行，引导当事人协商解决纠纷，助推恢复生产经营。当事人请求解除合同，需严格审查疫情、疫情防控措施与合同目的不能实现之间的因果关系，当事人因轻微违约或未造成合同目的不能实现的情形要求解除合同，不予支持。

【规范指引】

《天津市高级人民法院民事审判第一庭关于审理涉新冠肺炎疫情相关民事案件的法官会议纪要（一）》

二、房屋买卖合同纠纷案件

10. 当事人以新冠肺炎疫情及防控为由，主张解除房屋买卖合同的，除符合相关法律、司法解释规定的情形外，一般不予支持。

《四川省高级人民法院民事审判第一庭关于涉新冠肺炎疫情相关民事案件审理的法官会议纪要》（川高法民一〔2020〕1号）

4. 关于商品房买卖合同当事人援引不可抗力主张免责的问题

对开发商而言，受疫情及疫情防控影响主要表现为两个方面：一是因疫情及疫情防控导致工程延期交工造成商品房交付时间、办证时间延后；二是因疫情防控政府要求不得从事人群聚集活动而导致交付难度加大、时间延长。因疫情及疫情防控导致工程延期交工造成商品房交付时间延后的，商品房交付时间和办证时间亦可相应顺延。合同约定的房屋交付时间在政府采取疫情防控措施期间，开发商援引不可抗力主张免除其违约责任的，应予支持。若合同约定的房屋交付时间在政府批准复工或解除复工限制之后，开发商援引不可抗力主张免除或者部分免除其违约责任的，应当结合疫情防控措施持续期间、政府批准的复工时间或政府取消复工限制时间等因素，在原合同履行期限中将不可抗力期间顺延后，再判断是否免除或者部分免除其违约责任。

对购房人而言，其主要合同义务为房款交付，该义务系金钱债务，基本不受疫情及疫情防控影响，对其免责主张，一般不予支持，但购房人因系银行按揭贷款支付部分房款、在疫情防控期间不能前往银行办理贷款手续、银行暂缓办理贷款手续等客观原因无法及时给付相应房款的除外。

《南京市中级人民法院关于妥善审理涉新冠肺炎疫情房地产案件的若干意见》

2. 依法综合考量和处理合同解除问题。当事人以疫情形势、疫情防控为由认为房屋买卖、房屋租赁、建设工程合同等不能履行，请求解除合同的，应当审查疫情形势、疫情防控措施对合同实际履行的影响程度，并综合考虑合同的性质、期限、当事人是否存在迟延履行情况、当事人的主观状态、是否尽到通知义务、继续履行合同是否显失公平、是否会扩大损失等因素，合理认定是否应当适用《中华人民共和国民法总则》第一百八十条①、《中华人民共和国合同法》第九十四条②，或者最高人民法院《关于适用〈中华人民共和国合同法〉若干问题的解释（二）》③ 第二十六条关于情势变更的规定。如适用情势变更相关规定的，应当严格履行相关审核程序。

第三节 逾期违约责任

违约责任即违反合同的民事责任，也就是合同当事人因违反合同义务所承担的责任，《民法典》在合同编第 8 章以 18 个条文规定了违约责任的内容。商品房买卖合同法律关系中，双方当事人就交房、办证、款项支付等极易发生纠纷，并诉至法院。有关该类案件的审理，应当根据《民法典》和司法解释的规定，并结合当事人约定依法妥善处理。

一、逾期交房违约责任

在商品房买卖合同中，开发商最主要的合同义务就是按照双方当事人约定按期交付房屋并转移房屋所有权。实践当中，开发商最主要的违约行为就是逾期交房和逾期办证。

开发商交付的房屋既要符合合同约定，更要符合法律规定，未按商品房买卖合同约定时间交房的，应当承担逾期交房的违约责任。《商品房买卖合同（预售）示范文本》（GF－2014－0171）文本中，第 12 条规定了逾期交付责任，除不可抗力外，出卖人未按照第十一条约定的时间将该商品房交付买受

---

① 《民法总则》已废止，《民法总则》第 180 条对应《民法典》第 180 条。

② 《合同法》已废止，《合同法》第 94 条对应《民法典》第 563 条。

③ 该解释已失效。

人的，双方同意按照下列第____种方式处理：1. 按照逾期时间，分别处理［（1）和（2）不作累加］。（1）逾期在____日之内［该期限应当不多于第8条第1（1）项中的期限］，自第11条约定的交付期限届满之次日起至实际交付之日止，出卖人按日计算向买受人支付全部房价款万分之____的违约金［该违约金比率应当不低于第八条第1（1）项中的比率］。（2）逾期超过____日［该期限应当与本条第（1）项中的期限相同］后，买受人有权解除合同。买受人解除合同的，应当书面通知出卖人。出卖人应当自解除合同通知送达之日起15日内退还买受人已付全部房款（含已付贷款部分），自买受人付款之____日起，按照____%（不低于中国人民银行公布的同期贷款基准利率）计算给付利息；同时，出卖人按照全部房价款的____%向买受人支付违约金。买受人要求继续履行合同的，合同继续履行，出卖人按日计算向买受人支付全部房价款万分之____［该比率应当不低于本条第1（1）项中的比率］的违约金。

（一）开发商抗辩理由

根据条款约定，实践中，开发商往往主张存在不可抗力、政府部门原因、买受人原因等造成房屋迟延交付。

1. 关于不可抗力。《民法典》第180条规定，因不可抗力不能履行民事义务的，不承担民事责任。法律另有规定的，依照其规定。不可抗力是不能预见、不能避免且不能克服的客观情况。对“不可抗力”的理解，应是根据现有的技术水平，一般对某事件发生没有预知能力。在商品房开发领域，开发商一般抗辩认为恶劣天气影响构成不可抗力。笔者认为并非所有的恶劣天气均构成不可抗力，对于当地的气候变化，应当属于可预知范围，但对于台风、地震等异常现象应当认定为构成不可抗力。

2. 政府部门原因。对于因政府部门原因导致的延迟交付，笔者认为该行为并非属于开发商可以控制的范围，应当参照不可抗力处理。

3. 买受人原因。买受人明知商品房不符合约定或者法定交付条件同意接受商品房，又主张开发商的逾期交房责任的，不予支持。

（二）违约责任承担

《民法典》第577条规定，当事人一方不履行合同义务或者履行合同义务不符合约定的，应当承担继续履行、采取补救措施或者赔偿损失等违约责任。

第582条规定，履行不符合约定的，应当按照当事人的约定承担违约责任。对违约责任没有约定或者约定不明确，依据《民法典》第510条的规定仍不能确定的，受损害方根据标的的性质以及损失的大小，可以合理选择请求对方承担修理、重作、更换、退货、减少价款或者报酬等违约责任。第585条第1款规定，当事人可以约定一方违约时应当根据违约情况向对方支付一定数额的违约金，也可以约定因违约产生的损失赔偿额的计算方法。因此，在开发商逾期交房纠纷当中，关于违约责任的承担，如果当事人约定了违约金条款的，则按照双方签订的商品房买卖合同约定承担相应违约责任。如果当事人未约定违约金条款的，则应当按照《商品房买卖合同司法解释》第13条规定处理，即商品房买卖合同没有约定违约金数额或者损失赔偿额计算方法，违约金数额或者损失赔偿额可以参照以下标准确定：逾期交付使用房屋的，按照逾期交付使用房屋期间有关主管部门公布或者有资格的房地产评估机构评定的同地段同类房屋租金标准确定。

【法官提示13】

租金标准是“参照适用”，而非一定适用，实践当中不可机械适用。

同时，因同一地段中不同房屋根据其地理位置、建筑面积、新旧程度、人流量等诸多因素影响，可能会出现较大差距，完全按照指导价确定违约金计算标准可能导致案件处理结果不公平，故审判时应注意按照生活常识进行判断，如发现指导价与实际租金可能存在较大差别时，应当由有资格的房地产评估机构评定租金标准。[①] 关于逾期交房违约金的计算，应以合同约定的交房日为起算点，以实际交房日为止算点。在商品房具备交房条件后，出卖人已经通知买受人交房，如因买受人的原因迟延接收房屋的，应以出卖人的交房通知送达买受人之日或通知规定的最迟交房日为交房时间。出卖人在通知交房时，尚不具备交房条件的（如消防未验收合格、规划等原因），买受人有权拒绝接收。在商品房符合交房条件后，出卖人应当再次履行交房通知义务。

---

① 参见程新文主编：《房屋买卖合同纠纷裁判精要与实务指南》，法律出版社2017年版，第415页。

典型案例4

吴某科与中禧房地产公司商品房预售合同纠纷案[①]

典型案例裁判文书

典型案例4
福建高院（2021）闽民再107号民事判决书

案情简介：吴某科与中禧房地产公司签订《商品房买卖合同》一份，合同第8条约定，出卖人应当将同时符合下列各项约定条件的商品房交付买受人使用：（1）该商品房经建设单位依法组织勘察、设计、施工、监理等单位竣工验收合格和消防验收合格；（2）该商品房所在建筑物生活给排水、用电、管道燃气、电信、有线电视、消防、邮政信报箱等设施达到设计要求条件；（3）小区内部道路、绿化、室外照明、消防、环卫及其他商业、社区服务和管理等公共配套建筑、基础设施按规划设计要求建设完成。如果在规定日期内未达到上述条件，双方同意按以下方式处理：买受人有权拒绝交接，按逾期交房由出卖人承担违约责任。……但如遇下列特殊原因，除双方协商同意解除合同或变更合同外，出卖人可据实予以延期：（1）遭遇不可抗力，且出卖人在发生之日起90日内书面告知买受人的；（2）详见附件六。

裁判规则：根据案涉《商品房买卖合同》第8条、第11条的约定，中禧房地产公司交付的房屋除了要经竣工验收合格和消防验收合格外，还应满足《商品房买卖合同》第8条第2、3项的要求，并在交房时出示商品房已达到交付条件的有关证明文件。直至本案再审阶段，中禧房地产公司仅提交《竣工验收报告》《建设工程消防验收意见书》来证明其交付的房屋符合约定条件。中禧房地产公司提供的证据仅能证明案涉房产符合《商品房买卖合同》第8条第1项约定条件，未能提供证据证明该商品房所在建筑物生活给排水、环卫及其他商业、社区服务和管理等公共配套建筑、基础设施按规划设计要求建设完成并取得相关的证明文件，无法满足《商品房买卖合同》第8条第2、3项的要求。故中禧房地产公司交付的房屋不符合合同约定的条件，应承

① 参见福建省高级人民法院（2021）闽民再107号民事判决书。

担相应的违约责任。

另外，关于违约金的调整，《民法典》第585条第2款规定，约定的违约金低于造成的损失的，人民法院或者仲裁机构可以根据当事人的请求予以增加；约定的违约金过分高于造成的损失的，人民法院或者仲裁机构可以根据当事人的请求予以适当减少。当事人就迟延履行约定违约金的，违约方支付违约金后，还应当履行债务。需要注意的是，人民法院或者仲裁机构对违约金进行调整，只能依当事人的申请，不得依职权调整。关于违约金的调整标准，《商品房买卖合同司法解释》第12条规定，当事人以约定的违约金过高为由请求减少的，应当以违约金超过造成的损失30%为标准适当减少；当事人以约定的违约金低于造成的损失为由请求增加的，应当以违约造成的损失确定违约金数额。如果当事人抗辩认为合同约定违约金标准过高要求人民法院调整的，首先必须确定当事人的损失，损失确定以后，如果违约金的数额超过了损失的30%的，则应当认定为过分高于损失，可以酌情调整到30%以内。具体到每一个案件，因商品房买卖合同当事人基本情况、签订合同以及履行合同过错、实际负担能力等情况的不同，由审理该案件的合议庭或者独任法官灵活掌握和处理。①

（三）合同解除权的行使

开发商逾期交房情形下，购房者是否可以直接解除合同？《民法典》第562条规定，当事人协商一致，可以解除合同。当事人可以约定一方解除合同的事由。解除合同的事由发生时，解除权人可以解除合同。此条规定了协商解除合同和约定解除权，因此，在开发商逾期交房时，当事人双方可以协商是否解除合同，只要解除合同的意思表示一致，则双方签订的商品房买卖合同解除。

关于商品房买卖合同的法定解除事由，根据《民法典》第563条的规定，主要有下列事由：

1. 在履行期限届满前，当事人一方明确表示或者以自己的行为表明不履

---

① 参见最高人民法院民事审判第一庭编著：《最高人民法院关于审理商品房买卖合同纠纷案件司法解释的理解与适用》，人民法院出版社2003年版，第221页。

行主要债务。不履行合同主要债务即为拒绝履行合同，构成重大违约。按期交房可以说是开发商的主要合同义务，开发商拒绝交房构成重大违约，属于法定合同解除事由。[1]

案例索引裁判文书

案例索引5
最高院（2021）最高法民申1273号春发公司与兴鼎安公司商品房预售合同纠纷再审审查与审判监督民事裁定书

2. 当事人一方迟延履行主要债务，经催告后在合理期限内仍未履行。这是迟延履行发生的解除权。《民法典》并未统一规定催告期间，实践当中应根据不同合同而定。《商品房买卖合同司法解释》第 11 条规定，根据《民法典》第 563 条的规定，出卖人迟延交付房屋或者买受人迟延支付购房款，经催告后在 3 个月的合理期限内仍未履行，解除权人请求解除合同的，应予支持，但当事人另有约定的除外。法律没有规定或者当事人没有约定，经对方当事人催告后，解除权行使的合理期限为 3 个月。对方当事人没有催告的，解除权人自知道或者应当知道解除事由之日起 1 年内行使。逾期不行使的，解除权消灭。

关于合同解除的效力，根据《民法典》第 566 条的规定，合同解除后，尚未履行的，终止履行；已经履行的，根据履行情况和合同性质，当事人可以请求恢复原状或者采取其他补救措施，并有权请求赔偿损失。合同因违约解除的，解除权人可以请求违约方承担违约责任，但是当事人另有约定的除外。主合同解除后，担保人对债务人应当承担的民事责任仍应当承担担保责任，但是担保合同另有约定的除外。

二、逾期办证违约责任

《民法典》第 209 条第 1 款规定，不动产物权的设立、变更、转让和消灭，经依法登记，发生效力；未经登记，不发生效力，但是法律另有规定的除外。商品房买卖合同法律关系中，开发商的主要义务除了交付商品房以外，就是协助办理权属登记。

《城市房地产开发经营管理条例》第 32 条规定，预售商品房的购买人应当自商品房交付使用之日起 90 日内，办理土地使用权变更和房屋所有权登记

---

① 案例索引 5：参见最高人民法院（2021）最高法民申 1273 号春发公司与兴鼎安公司商品房预售合同纠纷再审审查与审判监督民事裁定书。

手续；现售商品房的购买人应当自销售合同签订之日起90日内，办理土地使用权变更和房屋所有权登记手续。房地产开发企业应当协助商品房购买人办理土地使用权变更和房屋所有权登记手续，并提供必要的证明文件。《商品房销售管理办法》第34条规定，房地产开发企业应当在商品房交付使用之日起60日内，将需要由其提供的办理房屋权属登记的资料报送房屋所在地房地产行政主管部门。房地产开发企业应当协助商品房买受人办理土地使用权变更和房屋所有权登记手续。因此，根据上述规定，开发商在权属登记方面的义务主要是协助义务，即“协助商品房购买人办理土地使用权变更和房屋所有权登记手续，并提供必要的证明文件”。

（一）“出卖人原因”的认定

开发商交付房屋并保证房屋所有权转移给买受人是开发商最基本的一项义务，开发商应当按照合同约定的时间和方法交付房屋，房屋所有权的转移以办完房屋产权变更登记手续的日期为准，协助购房者办理过户登记也成为开发商的一种法律义务。

根据《商品房买卖合同司法解释》第14条第1款的规定，由于出卖人的原因，买受人在下列期限届满未能取得不动产权属证书的，除当事人有特殊约定外，出卖人应当承担违约责任：（1）商品房买卖合同约定的办理不动产登记的期限；（2）商品房买卖合同的标的物为尚未建成房屋的，自房屋交付使用之日起90日；（3）商品房买卖合同的标的物为已竣工房屋的，自合同订立之日起90日。上述司法解释是关于办理房屋权属证书迟延的责任规定，该条所依据的法律条款是《民法典》第577条，即当事人一方不履行合同义务或者履行合同义务不符合约定的，应当承担继续履行、采取补救措施或者赔偿损失等违约责任。根据上述司法解释的规定，司法实践中，双方争议的主要焦点为逾期办证的原因是否为“出卖人的原因”。关于因出卖人原因致使房屋买受人不能取得商品房权属证书的违约责任问题。违约责任原则上是无过错责任。协助房屋买受人获得商品房权属证书是出卖人的基本合同义务，如果房屋买受人未在合同约定期限内获得商品房权属证书，即表明出卖人未履行合同义务，除非其能证明非因自身原因致使房屋买受人未获得权属证书。除出卖人原因外，造成房屋买受人不能按时获得权属证书的原因主要有二：

一是行政机关不作为；二是房屋买受人怠于履行相应的协助义务。[①] 因此，双方当事人约定由开发商负责办理权属证书，开发商未在约定的期限内办理的，应当承担违约责任，但因购房者的原因造成逾期的除外。因购房者原因逾期办证的，开发商虽然不承担违约责任，但仍应继续履行办证义务。

典型案例5

中房京贸公司与电子公司商品房预售合同纠纷案[②]

典型案例裁判文书

典型案例5
最高院（2020）最高法民终611号民事判决书

案情简介： 中房京贸公司（出卖人）与电子公司（买受人）签订《北京市商品房预售合同》，同日进行了预告登记。之后，中房京贸公司与电子公司签订《〈北京市商品房预售合同〉之补充合同书》，对涉案房产权属首次登记及转移登记的相关事宜进行了进一步确认：出卖人应当在2009年12月31日前进行首次登记，取得涉案房产的权属证明；转移登记应自涉案房产交付使用后，双方依据法定程序向房地产权属登记机关申请办理。如因出卖人原因，买受人未能在涉案房产交付之日起1年内取得房地权属证件的，自补充合同约定买受人应当取得全部房地产权属证书的期限届满之次日起至实际取得房地产权属证书之日止，出卖人以买受人已付全部款项为基数按每日万分之三的比例向买受人支付违约金，并于买受人实际全部取得房地产权属证书之日起15日内付清。后来，双方发生争议。

裁判规则： 中房京贸公司承担的逾期办理涉案房产转移登记的违约责任，应当根据双方约定及实际履行情况等因素综合确定。依据双方当事人的约定，如因中房京贸公司的原因，电子公司未能办理涉案房产转移登记的，自电子公司应当取得房屋所有权证书的期限届满之次日起至实际取得权属证明之日

① 参见程新文主编：《房屋买卖合同纠纷裁判精要与实务指南》，法律出版社2017年版，第421页。

② 参见最高人民法院（2020）最高法民终611号民事判决书。

止，中房京贸公司按日计算向电子公司支付全部已付款万分之三的违约金，并于电子公司实际取得房屋所有权证书之日起30日内由中房京贸公司支付。由于按照当事人约定的标准计算出的违约金数额巨大，综合考虑合同的履行情况、当事人的过错程度以及预期利益等因素，根据公平原则和诚实信用原则，对违约金数额分为两阶段予以酌定。

案例索引裁判文书

案例索引6
最高院（2019）最高法民再216号日照港房开公司与王某安商品房销售合同纠纷民事判决书

双方当事人未明确约定由开发商负责办理房屋权属证书的，开发商仅承担协助办证义务，即在法定期限内，将需要由其提供的办理房屋权属登记的资料，报送行政主管部门，并告知购房者。由于行政部门或者其他非开发商原因导致购房者未能按期取得房屋权属证书的，开发商不承担违约责任。①

【法官提示14】

“房屋权属证书”包括房屋所有权证书和土地使用权证书。因开发商原因致使购房者未在《商品房买卖合同司法解释》规定的期限内取得土地使用权证书的，开发商应当承担违约责任。

【规范指引】

《北京市高级人民法院关于审理房屋买卖合同纠纷案件若干疑难问题的会议纪要》（京高法发〔2014〕489号）

十四、因“出卖人原因”未办理房屋过户登记的认定

商品房买卖合同约定买受人委托出卖人代为办证，出卖人未在合同约定或法定办证期限内将房屋过户登记到买受人名下，并通知买受人领取房屋权属证书的，应当承担逾期办证的违约责任，但出卖人有证据证明办证逾期系因买受人未缴纳办证所需相关税费或提供相关证明等自身原因造成的除外。

商品房买卖合同未明确约定出卖人代为办证的，出卖人仍负有为买受人办理房屋过户登记的义务，即出卖人应当在合同约定或法定办证期限届满的三十日前，完成房屋初始登记并将协助办证所需的必要证明材料备齐提交房屋登记机关，且依合同约定或其他合理方式告知买受人可以自行申请房屋过户登记。出卖

---

① 案例索引6：参见最高人民法院（2019）最高法民再216号日照港房开公司与王某安商品房销售合同纠纷民事判决书。

人未履行上述义务的，应当承担逾期办证的违约责任。

因行政部门原因导致买受人未能在合同约定或法定期限内取得房屋所有权登记的，可以根据其影响程度减轻或免除出卖人的逾期办证违约责任。

另外，根据《商品房买卖合同司法解释》第15条的规定，商品房买卖合同约定或者《城市房地产开发经营管理条例》第32条规定的办理不动产登记的期限届满后超过1年，由于出卖人的原因，导致买受人无法办理不动产登记，买受人请求解除合同和赔偿损失的，应予支持。根据该条规定，出卖人的严重违约行为影响了购房者的期待利益，既然无法办理权属登记，购房者的合同目的不能得到实现，则购房者有权退房，同时还可以要求开发商赔偿其经济损失。

（二）违约金的计算

《商品房买卖合同司法解释》第14条第2款规定，合同没有约定违约金或者损失数额难以确定的，可以按照已付购房款总额，参照中国人民银行规定的金融机构计收逾期贷款利息的标准计算。

因此，对于逾期办证违约金的计算，应当遵循以下原则：

1. 当事人双方有约定的，按照双方约定处理。实践当中，大部分当事人之间均依据示范合同文本对此作了具体约定。《商品房买卖合同（预售）示范文本》（GF－2014－0171）第20条对此作了可供当事人选择约定的内容，即因出卖人的原因，买受人未能在该商品房交付之日起×日内取得该商品房的房屋所有权证书的，双方同意按照下列方式处理：买受人有权解除合同。买受人解除合同的，应当书面通知出卖人。出卖人应当自解除合同通知送达之日起15日内退还买受人已付全部房款（含已付贷款部分），并自买受人付款之日起，按照____%（不低于中国人民银行公布的同期贷款基准利率）计算给付利息。买受人不解除合同的，自买受人应当完成房屋所有权登记的期限届满之次日起至实际完成房屋所有权登记之日止，出卖人按日计算向买受人支付全部房价款万分之____的违约金。

2. 没有约定违约金或者损失数额难以确定的，可以按照已付购房款总额，参照中国人民银行规定的金融机构计收逾期贷款利息的标准计算。

3. 逾期办证违约金诉讼时效的起算。《第八次全国法院民事商事审判工作会议（民事部分）纪要》第18条规定，买受人请求出卖人支付逾期办证的违约金，从合同约定或者法定期限届满之次日起计算诉讼时效期间。

【法官提示15】

关于逾期办证违约金的诉讼时效，购房者请求开发商支付逾期办证的违约金，应从合同约定或者法定期限届满的次日起计算诉讼时效期间。

【规范指引】

《北京市高级人民法院关于审理房屋买卖合同纠纷案件若干疑难问题的会议纪要》（京高法发〔2014〕489号）

二十一、逾期办证违约金过高的判断标准

出卖人主张房屋买卖合同约定的逾期办证违约金数额明显过高，经审查买受人实际损失无法确定的，法院可以买受人已付购房款为基数，在日万分之三的标准范围内对违约金数额进行调整。

二十二、违约金分别主张与分段主张的调整

房屋买卖合同纠纷中，出卖人以买受人主张的违约金数额过高作为抗辩的，应区分以下情形处理：

（一）出卖人存在多项违约行为，买受人分别提起诉讼主张违约金，前诉法院已经做出处理的，后诉法院应当综合考虑前后案件的具体情况、买受人的实际损失、前诉案件的赔偿数额等因素综合确定赔偿数额。

（二）买受人就出卖人的同一违约行为分段起诉主张违约金，前诉法院已经确定出卖人支付违约金，出卖人有证据证明前诉案件确定的违约金数额加上买受人在后案中主张的违约金数额过分高于其所受实际损失的，应当判决部分驳回直至全部驳回买受人的诉讼请求。

（三）买受人就出卖人的同一违约行为先后主张迟延履行违约金和解除合同违约金，前诉法院已经确定出卖人承担迟延履行违约金的，后诉法院在支持解除合同违约金时，应当扣除出卖人已经承担的迟延履行违约金的数额。

（三）诉讼时效

关于购房者请求协助办理房屋权属登记的诉讼时效，实践当中尚存争议。一种观点认为，开发商未在合同约定期限内办理房屋产权变更登记，系未履行合同主要义务，构成违约，无论该房屋是否交付，购房者基于买卖合同约定，请求开发商协助办理权属登记，系基于合同发生的债权请求权，应当适用诉讼时效规定。另一种观点认为，对于该类纠纷，应当区分购房者是否占有房屋，如果房屋已经交付，在购房者已经占有房屋的情形下，其请求开发商办理权属变更登记，具有物权属性，不适用诉讼时效的规定。笔者赞同第二种观点。《第八次全国法院民事商事审判工作会议（民事部分）纪要》第24条规定，已经合法占有转让标的物的受让人请求转让人办理物权变更登记，登记权利人请求无权占有人返还不动产或者动产，利害关系人请求确认物权的归属或内容，权利人请求排除妨害、消除危险，对方当事人以超过诉讼时效期间抗辩的，均应不予支持。

【法官提示16】

购房者要求开发商办理房屋权属登记，开发商提出诉讼时效抗辩的，应当区分购房者是否已经占有房屋，如果占有房屋的，开发商无权抗辩，如果尚未占有房屋的，则有权提出抗辩。

（四）同时主张逾期交房和逾期办证违约金的处理

司法实践中，还存在购房者同时主张逾期交房和逾期办证违约金的情形。一种观点认为，开发商尚未交房，其逾期交房的违约行为一直在延续，不应再计算逾期办证的违约金。另一种观点认为，合同中明确约定了具体的交房和办证日期，现开发商未能按期履行，就应分别承担违约责任。购房者要求开发商支付相应逾期交房违约金和逾期办证违约金，应予支持。笔者赞同第二种观点，理由如下：

1. 商品房买卖合同大多属于格式合同，签订合同过程中开发公司占据主导地位，对于合同内容具有较大的决定权，尤其是交房及办证时间，一般由开发商确定。在此背景下，作为专业的房地产开发企业，在何时交房、交房之后多长时间申请办证等时间的确定上，应当在签订合同之前就已经充分考虑到建筑施工实际情况、政策法律规定等各种因素，进行了较为精准的测算。最终，经过双方协商，对交房时间和办证时间等作了具体的约定。既然有了明确约定，则开发商逾期履行，就应当分别承担违约责任。

2. 同时支付两种逾期违约金符合公平原则。商品房买卖合同中购房者的主要义务就是按期足额支付购房款，而开发商的主要义务就是交付符合条件的商品房和权属证书。合同中不仅规定了开发商逾期交房和办证的违约责任，对购房者逾期付款的违约责任同样作了规定，可以说双方之间的权利义务对等。开发商在合同中明确承诺了具体的交房日期和办证日期，并分别约定了违约金，在违约情形下应依据合同约定分别承担违约责任。

3.《商品房买卖合同司法解释》分别规定了逾期交房违约责任的承担方式和逾期办证承担违约责任的具体情形。对于开发商超过办证日期尚未交房的，司法解释并没有规定例外情形，并未规定不能同时计取违约金。

4. 开发商超过办证日期尚未交房，同时计取逾期交房违约金和逾期办证违约金，可以督促开发商进一步规范管理，积极完成商品房的建设施工，早日达到交付条件，并及时申请办理权属证书，维护购房者的合法权益。当然，根据《民法典》的规定，当事人之间约定的违约金过分高于造成的损失的，当事人可以请求法院适当减少，开发商可据此并根据实际情况请求减少违约金。

【法官提示17】

开发商既存在逾期交房的行为，也存在逾期办证的行为，在双方当事人没有特别约定的情形下，其应当根据合同的约定，分别承担逾期交房的违约金和逾期办证的违约金。

【规范指引】

《北京市高级人民法院关于审理房屋买卖合同纠纷案件若干疑难问题的会议纪要》（京高法发〔2014〕489号）

二十、同时主张逾期交房、办证违约金的处理

出卖人存在违反房屋买卖合同约定逾期交房和逾期办证的违约行为，买受人同时主张上述两项违约金的，可予以支持。出卖人主张两项违约金相加数额过高的，法院可以综合买受人所受实际损失、出卖人的过错程度、是否使用格式条款等因素，对于违约行为重复期间的违约金，择一高标准予以支持。

商品房买卖合同约定出卖人逾期取得初始登记和逾期办理过户登记应当支付违约金，买受人同时主张两项违约金的，依前款原则处理。

另外，对于如何确定“合同履行地”，根据司法实践，商品房买卖合同中

买受人因出卖人未依约履行办理房屋所有权证义务而起诉出卖人请求办理房屋所有权证、给付因逾期办理房屋所有权证而应负担的违约金或解除合同并返还购房款等案件时，应以不动产所在地确定合同履行地，理由如下：商品房买卖合同中，买受人无论诉请出卖人协助办理房屋所有权证，还是因逾期办理房屋所有权证而诉请给付违约金或解除合同并返还购房款，其诉讼请求指向的合同义务内容均为“办理房屋所有权证”。依据相关法律规定，出卖人负有向买受人转移房屋占有和办理不动产登记并协助买受人办理房屋权属证书的义务，因此，请求履行“办理房屋所有权证”的义务实质上系请求出卖人全面履行房屋交付义务，故买受人因出卖人未依约履行办理房屋所有权证义务而提起的诉讼，其争议标的为交付不动产。依据《最高人民法院关于适用〈中华人民共和国民事诉讼法〉的解释》第 18 条第 2 款规定：“交付不动产的，不动产所在地为合同履行地。”故案件中的不动产所在地为合同履行地。

三、逾期付款责任

相对于取得房屋所有权，购房者于商品房买卖合同关系中的主要义务就是按期足额支付购房款，按约获得购房款也是开发商的最大权利和最大利益期待。

（一）购房者支付房款的法定义务

《民法典》第 628 条规定，买受人应当按照约定的时间支付价款。对支付时间没有约定或者约定不明确，依据本法第 510 条的规定仍不能确定的，买受人应当在收到标的物或者提取标的物单证的同时支付。《商品房买卖合同（预售）示范文本》（GF－2014－0171）第 8 条作了逾期付款责任的内容约定，“除不可抗力外，买受人未按照约定时间付款的，双方同意按照下列第____种方式处理：1. 按照逾期时间，分别处理［（1）和（2）不作累加］。（1）逾期在____日之内，买受人按日计算向出卖人支付逾期应付款万分之____的违约金。（2）逾期超过____日［该期限应当与本条第（1）项中的期限相同］后，出卖人有权解除合同。出卖人解除合同的，应当书面通知买受人。买受人应当自解除合同通知送达之日起____日内按照累计应付款的____% 向出卖人支付违约金，同时，出卖人退还买受人已付全部房款（含已付贷款部分）。出卖人不解除合同的，买受人按日计算向出卖人支付逾期应付款万分之____［该比率不低于第（1）项中的比率］的违约金。本条所称逾期应付款是指依照第七条及附件四约定的到期应付款与该期实际已付款的差额；采取分期付款的，按照相应的分期应付款与该期的实际已付款的差额确定。2. ____”。

购房者应当按照约定的时间支付价款。按照约定时间足额支付购房款，是购房者的一项具体义务，尤其是商品房销售领域，为避免发生纠纷，合同当事人应当对购房者的支付价款时间作出具体约定。

（二）逾期付款违约责任的承担

如果购房者不按时支付价款的，属于违约行为，应当承担相应违约责任。关于违约责任的承担，根据上述示范合同文本内容及司法解释的规定，存在以下情形：

一是支付违约金或赔偿损失。根据当事人双方的约定，逾期于约定期限之内的，购房者按日计算向开发商支付违约金，违约金多少以当事人约定为准。《商品房买卖合同司法解释》第12条规定，当事人以约定的违约金过高为由请求减少的，应当以违约金超过造成的损失30%为标准适当减少；当事人以约定的违约金低于造成的损失为由请求增加的，应当以违约造成的损失确定违约金数额。同时，第13条规定，商品房买卖合同没有约定违约金数额或者损失赔偿额计算方法，违约金数额或者损失赔偿额可以参照以下标准确定：逾期付款的，按照未付购房款总额，参照中国人民银行规定的金融机构计收逾期贷款利息的标准计算。

典型案例6

煜弘公司与杨某明、张某丽等房屋买卖合同纠纷案[1]

案情简介：煜弘公司与杨某明、张某丽签订《房屋买卖合同》，约定由杨某明、张某丽共同购买宏旺公司开发的门面房，合同第10条约定，逾期付款

---

① 参见四川省高级人民法院（2020）川民再242号民事判决书。

超过60天的，出卖人有权解除合同，如买受人愿意继续履行合同，经出卖人同意后，买受人按日计算向出卖人支付逾期应付款万分之五的违约金。后因债权债务关系，双方发生争议，杨某明、张某丽未按时足额支付购房款。

典型案例裁判文书

典型案例6

四川高院（2020）川民再242号民事判决书

裁判规则：煜弘公司与杨某明、张某丽签订的《商品房买卖合同》系双方真实意思表示，内容合法有效，买卖双方均应当按照合同约定履行各自的义务，煜弘公司交付了商品房，杨某明、张某丽亦应当依约向煜弘公司支付购房款。本案中，杨某明、张某丽未能按约履行其支付购房款的义务，应承担相应的违约责任。

二是解除合同。根据当事人双方的约定，逾期于约定期限之外的，开发商有权解除合同。开发商解除合同的，应当书面通知购房者。购房者应当自解除合同通知送达之日起按照累计应付款的一定比例向开发商支付违约金，同时，开发商退还购房者已付全部房款（含已付贷款部分）。开发商不解除合同的，购房者按日计算向开发商支付逾期应付款约定比例的违约金。《商品房买卖合同司法解释》第11条规定，根据《民法典》第563条的规定，出卖人迟延交付房屋或者买受人迟延支付购房款，经催告后在3个月的合理期限内仍未履行，解除权人请求解除合同的，应予支持，但当事人另有约定的除外。法律没有规定或者当事人没有约定，经对方当事人催告后，解除权行使的合理期限为3个月。对方当事人没有催告的，解除权人自知道或者应当知道解除事由之日起1年内行使。逾期不行使的，解除权消灭。

四、按揭贷款问题

商品房担保贷款，也就是人们通常所说的商品房“按揭”。“按揭”作为一种融资购楼方式，目前已经成为购房者购买商品房或者融资的一种主要方式。但因按揭贷款还涉及银行等金融机构，购房者是否满足贷款条件，银行是否提供担保贷款，遇到政策调整能否成功贷款等均具有不确定性，实践当中成为该类案件的焦点和难点问题。

（一）当事人行使解除权的条件

1. 当事人行使商品房买卖合同解除权的条件。

实践当中，当事人在签订商品房买卖合同时，明确约定以担保贷款方式付款的，如因当事人一方的原因或者不可归责于当事人双方的原因，购房者不能签订担保贷款合同而导致买卖合同无法继续履行的情况，应当允许当事人解除合同，否则购房者没有能力支付购房款，也无法实现商品房买卖合同的目的。《商品房买卖合同司法解释》第 19 条规定，商品房买卖合同约定，买受人以担保贷款方式付款、因当事人一方原因未能订立商品房担保贷款合同并导致商品房买卖合同不能继续履行的，对方当事人可以请求解除合同和赔偿损失。因不可归责于当事人双方的事由未能订立商品房担保贷款合同并导致商品房买卖合同不能继续履行的，当事人可以请求解除合同，出卖人应当将收受的购房款本金及其利息或者定金返还买受人。

2. 当事人行使担保贷款合同解除权的条件。

购房者签订商品房担保贷款合同的目的是购买商品房，当商品房买卖合同被确认无效或者被撤销、解除时，购房者贷款已经失去了意义，如果不允许解除合同，对购房者是不利的。同时，贷款银行在没有任何担保的情况下将大量的贷款供给购房者，也将面临很大的风险。因此，《商品房买卖合同司法解释》第 20 条规定，因商品房买卖合同被确认无效或者被撤销、解除，致使商品房担保贷款合同的目的无法实现，当事人请求解除商品房担保贷款合同的，应予支持。该条文实际上也阐述了贷款合同与商品房买卖合同之间的关系。主流观点认为，商品房按揭贷款合同在发生上对商品房买卖合同具有一定的依附性。商品房按揭贷款合同的转让与商品房买卖合同的转让具有从属性。商品房按揭合同在效力上对商品房买卖合同不具有从属性。商品房按揭贷款合同在消灭上与商品房买卖合同不具有从属性。[①] 两者之间系具有紧密联系但又相互独立的合同关系。

① 参见最高人民法院民事审判第一庭编著：《最高人民法院关于审理商品房买卖合同纠纷案件司法解释的理解与适用》，人民法院出版社 2003 年版，第 309 页。

（二）涉及诉讼相关事项

1. 合并审理的程序规定。

在商品房买卖合同纠纷中，如果存在担保贷款情形，在商品房买卖合同双方当事人发生纠纷时，往往容易涉及担保权人即银行，对此，即产生银行进入商品房买卖合同纠纷诉讼的诉讼地位问题。《商品房买卖合同司法解释》第 21 条规定，以担保贷款为付款方式的商品房买卖合同的当事人一方请求确认商品房买卖合同无效或者撤销、解除合同的，如果担保权人作为有独立请求权第三人提出诉讼请求，应当与商品房担保贷款合同纠纷合并审理；未提出诉讼请求的，仅处理商品房买卖合同纠纷。担保权人就商品房担保贷款合同纠纷另行起诉的，可以与商品房买卖合同纠纷合并审理。商品房买卖合同被确认无效或者被撤销、解除后，商品房担保贷款合同也被解除的、出卖人应当将收受的购房贷款和购房款的本金及利息分别返还担保权人和买受人。上述规定实际上更多的是基于充分发挥诉讼资源解决纠纷的功能，避免当事人的诉累，并在此基础上保护当事人的权利。

2. 购房者怠于履行还款义务时银行权利的行使。

为了解决按揭贷款合同之借款人怠于履行还款义务时，银行权利的行使及开发商的诉讼地位问题，《商品房买卖合同司法解释》第 22 条规定，买受人未按照商品房担保贷款合同的约定偿还贷款，亦未与担保权人办理不动产抵押登记手续，担保权人起诉买受人，请求处分商品房买卖合同项下买受人合同权利的，应当通知出卖人参加诉讼；担保权人同时起诉出卖人时，如果出卖人为商品房担保贷款合同提供保证的，应当列为共同被告。

3. 开发商不应成为担保贷款合同纠纷的当事人。

为了解决购房者在取得房屋权属证书并与银行办理商品房抵押登记手续后不履行按揭贷款合同中之还款义务时，银行的权利行使及开发商的诉讼地位问题，《商品房买卖合同司法解释》第 23 条规定，买受人未按照商品房担保贷款合同的约定偿还贷款，但是已经取得不动产权属证书并与担保权人办理了不动产抵押登记手续，抵押权人请求买受人偿还贷款或者就抵押的房屋优先受偿的，不应当追加出卖人为当事人，但出卖人提供保证的除外。于此情形，银行当然可以依据按揭贷款合同之约定请求买受人偿还贷款，并应抵押权的登记设定而享有抵押权人就抵押房产优先受偿的权利，对此当无疑问。

开发商此时的诉讼地位实际上维系于其所应承担的保证责任。[①]

第四节 房屋质量问题

房屋质量可以说是购房者最为关注的事项之一，关系人民群众切身利益、国民经济投资效益、房地产业可持续发展，国家对建设工程质量历来要求十分严格。质量安全管理一直是政府管理建筑工程市场的重点。《建筑法》第5章、第6章分别规定了建筑安全生产管理和建筑工程质量管理，国务院先后制定了《建设工程质量管理条例》和《建设工程安全生产管理条例》，此外住建部等各部委对分管行业也分别制定了大量部门规章，提出工程质量和安全生产的具体要求。工程质量是工程建设的核心，是建筑工程的生命线，事关社会公共安全和人民群众生命财产安全。加强对建筑活动的监督管理，维护建筑市场秩序，保证建筑工程的质量和安全，促进建筑业健康发展，正是《建筑法》《建设工程质量管理条例》等法律法规的立法目的和立法初衷。

一、房屋工程质量标准

（一）房屋工程质量标准规定

《民法典》第799条规定，建设工程竣工后，发包人应当根据施工图纸及说明书、国家颁发的施工验收规范和质量检验标准及时进行验收。验收合格的，发包人应当按照约定支付价款，并接收该建设工程。建设工程竣工经验收合格后，方可交付使用；未经验收或者验收不合格的，不得交付使用。《建筑法》第61条规定，交付竣工验收的建筑工程，必须符合规定的建筑工程质量标准，有完整的工程技术经济资料和经签署的工程保修书，并具备国家规定的其他竣工条件。建筑工程竣工经验收合格后，方可交付使用；未经验收或者验收不合格的，不得交付使用。因此，房屋建筑工程必须经过竣工验收，才能投入使用，未经竣工验收不得擅自使用，并且，工程质量标准必须符合现行国家有关工程施工质量验收规范和标准的要求。

---

① 参见最高人民法院民事审判第一庭编著：《最高人民法院关于审理商品房买卖合同纠纷案件司法解释的理解与适用》，人民法院出版社2003年版，第337页。

为确保建筑工程质量和安全，促进建筑工程技术进步，提高建筑工程经济效益和社会效益，政府在建设领域推行建筑工程质量标准化。建筑工程勘察、设计、施工的质量必须符合国家有关建筑工程安全标准的要求。按照现行法律的规定，凡在全国范围内须统一的工程建设技术要求，应当制定国家标准。在国家标准外，建筑工程行业协会依据国家标准和行业发展状况可制定工程建设的行业标准。

工程质量必须符合国家或者行业质量验收规范和标准是国家强制性规定。《建筑工程施工质量验收统一标准》《建筑装饰装修工程质量验收规范》等统一了建筑工程质量的验收方法、质量标准和程序，规定了建筑工程各专业工程施工验收规范编制的统一准则和单位工程验收质量标准内容和程序，增加了建筑工程施工现场质量管理和质量控制要求，提出了质量检验的抽样方案要求，规定了建筑工程施工质量验收中子单位和子分部工程的划分，涉及建筑工程安全和主要使用功能的见证取样和抽样检测建筑工程各专业工程施工质量验收规范。上述验收规范既是承包人施工的依据，也是验收评价承包人施工质量是否合格的标准。

（二）当事人可以约定房屋质量标准

《建设工程施工合同（示范文本）》通用条款同时规定，工程质量标准必须符合现行国家有关工程施工质量验收规范和标准的要求。有关工程质量的特殊标准或要求由合同当事人在专用合同条款中约定。根据该条规定，合同当事人可以在专用合同条款中约定工程质量的特殊标准，解决了没有国家标准或者行业标准时的验收评定问题，也满足了当事人对工程质量的特殊要求。但是由此也产生了一个争议，即当事人在合同中约定了质量标准，但该合同约定的工程质量标准与国家强制性标准不一致时，如何处理，如何认定该合同约定的效力？笔者认为，建设工程施工合同中约定的建设工程质量标准不能低于国家标准中的强制性标准，低于国家规定的工程质量强制性安全标准的约定无效；合同约定的质量标准高于国家规定的强制性标准的，应当认定该约定有效。对此，应当把握以下两个方面：

1. 合同当事人未在专用合同条款中约定有关工程质量的特殊标准或要求，则应当按照国家标准和规范进行验收。

2. 合同当事人在专用合同条款中约定的工程质量特殊标准或要求低于国

家标准的，则按照国家标准和规范进行验收；合同当事人在专用合同条款中约定的工程质量特殊标准或要求高于国家标准的，则按照当事人合同约定验收。

二、工程竣工验收和备案

（一）竣工验收

房屋工程的竣工验收，是指房屋工程已经按照设计要求完成全部工作任务，准备交付给发包人（开发商）投入使用时，由发包人或者有关主管部门依照国家关于建设工程竣工验收制度的规定，对该项工程是否合乎设计要求和工程质量标准所进行的检查、考核工作。上述《民法典》第799条和《建筑法》第61条对建设工程的竣工验收均作了原则性规定，并规定建筑工程竣工经验收合格后，方可交付使用；未经验收或者验收不合格的，不得交付使用。《建设工程质量管理条例》对建设单位、勘察单位、设计单位、施工单位、工程监理单位的工程质量责任作了较为详细的规定。因此，竣工验收是工程建设全过程的最后一道程序，是对房屋工程质量实行控制的最后一个环节，也是发包人支付工程余款的前提条件。

实践中，工程竣工后，承包人应当按照国家规定向发包人提供完整的竣工资料和竣工验收报告，并按照合同约定的日期和份数向发包人提交竣工图。竣工日期为承包人送交竣工验收报告的日期，需要修改后才能达到竣工要求的，应为承包人修理、改建后提请发包人验收的日期。发包人接到竣工验收报告后，应当根据施工图纸及说明书、国家颁发的施工验收规范和质量检验标准及时组织设计、施工、监理等有关单位对工程进行验收。《建设工程质量管理条例》第16条规定，建设单位收到建设工程竣工报告后，应当组织设计、施工、工程监理等有关单位进行竣工验收。建设工程竣工验收应当具备下列条件：（1）完成建设工程设计和合同约定的各项内容；（2）有完整的技术档案和施工管理资料；（3）有工程使用的主要建筑材料、建筑构配件和设备的进场试验报告；（4）有勘察、设计、施工、工程监理等单位分别签署的质量合格文件；（5）有施工单位签署的工程保修书。建设工程经验收合格的，方可交付使用。

【法官提示18】

工程竣工验收合格，并不意味着施工方不承担质量责任。竣工验收也不等同于质量没有问题。尤其是基础工程和主体工程，对于工程的质量影响巨大，是整个工程的核心。因此，按照《建筑法》第60条的规定，建筑物在合理使用寿命内，必须确保地基基础工程和主体结构的质量。

（二）竣工验收备案

建设工程竣工验收备案是指建设单位在建设工程竣工验收后，将建设工程竣工验收报告和规划、公安消防、环保等部门出具的认可文件或者准许使用文件报建设行政主管部门审核的行为。建设工程的竣工验收备案是国家实行建设工程质量监督管理制度的一个重要组成部分。

《建设工程质量管理条例》第49条规定，建设单位应当自建设工程竣工验收合格之日起15日内，将建设工程竣工验收报告和规划、公安消防、环保等部门出具的认可文件或者准许使用文件报建设行政主管部门或者其他有关部门备案。建设行政主管部门或者其他有关部门发现建设单位在竣工验收过程中有违反国家有关建设工程质量管理规定行为的，责令停止使用，重新组织竣工验收。《房屋建筑和市政基础设施工程竣工验收规定》第9条规定，建设单位应当自工程竣工验收合格之日起15日内，依照《房屋建筑和市政基础设施工程竣工验收备案管理办法》（住房和城乡建设部令第2号）的规定，向工程所在地的县级以上地方人民政府建设主管部门备案。

根据《房屋建筑和市政基础设施工程竣工验收备案管理办法》的规定，建设单位办理工程竣工验收备案应当提交下列文件：（1）工程竣工验收备案表；（2）工程竣工验收报告。竣工验收报告应当包括工程报建日期，施工许可证号，施工图设计文件审查意见，勘察、设计、施工、工程监理等单位分别签署的质量合格文件及验收人员签署的竣工验收原始文件，市政基础设施的有关质量检测和功能性试验资料以及备案机关认为需要提供的有关资料；（3）法律、行政法规规定应当由规划、环保等部门出具的认可文件或者准许使用文件；（4）法律规定应当由公安消防部门出具的对大型的人员密集场所和其他特殊建设工程验收合格的证明文件；（5）施工单位签署的工程质量保修书；（6）法规、规章规定必须提供的其他文件。住宅工程还应当提交《住宅质量保证书》和《住宅使用说明书》。

竣工验收备案的要求如下：（1）备案机关收到建设单位报送的竣工验收备案文件，验证文件齐全后，应当在工程竣工验收备案表上签署文件收讫。工程竣工验收备案表一式两份，一份由建设单位保存，一份留备案机关存档。（2）备案机关发现建设单位在竣工验收过程中有违反国家有关建设工程质量管理规定行为的，应当在收讫竣工验收备案文件15日内，责令停止使用，重新组织竣工验收。（3）建设单位在工程竣工验收合格之日起15日内未办理工程竣工验收备案的，备案机关责令限期改正，处20万元以上50万元以下罚款。（4）建设单位将备案机关决定重新组织竣工验收的工程，在重新组织竣工验收前，擅自使用的，备案机关责令停止使用，处工程合同价款2%以上4%以下罚款。（5）建设单位采用虚假证明文件办理工程竣工验收备案的，工程竣工验收无效，备案机关责令停止使用，重新组织竣工验收，处20万元以上50万元以下罚款；构成犯罪的，依法追究刑事责任。（6）备案机关决定重新组织竣工验收并责令停止使用的工程，建设单位在备案之前已投入使用或者建设单位擅自继续使用造成使用人损失的，由建设单位依法承担赔偿责任。

【法官提示19】

购房者在接收房屋时，开发商应当出示该房屋的《建筑工程竣工验收备案表》，该备案表可以作为房屋质量合格的初步证据，如果开发商不能出示该备案表，则说明该房屋未经验收或者验收不合格。

三、房屋质量保修

（一）保修责任

保修责任，是指承包人对通过了工程完工验收并移交给发包人的工程在运行中出现的质量缺陷或损坏承担修复的责任。《房屋建筑工程质量保修办法》对“房屋建筑工程质量保修”作了明确规定，是指对房屋建筑工程竣工验收后在保修期限内出现的质量缺陷，予以修复。质量缺陷，是指房屋建筑工程的质量不符合工程建设强制性标准以及合同的约定。由于建筑工程产品在使用功能、安全可靠性和耐久性等方面具有特殊性，保修工作具有很强的专业性和工程延续性，为使建筑工程产品在缺陷多发期得到及时的维护和保修，从而使其在合理寿命期限内安全、可靠、正常发挥功能，建立了建筑工程质量保修金和保修期制度。建筑工程在保修范围内和保修期内出现质量缺陷，承包人应当履行保修义务。

关于建设工程承包人的质量保修责任，《建筑法》第 62 条规定，建筑工程实行质量保修制度。建筑工程的保修范围应当包括地基基础工程、主体结构工程、屋面防水工程和其他土建工程，以及电气管线、上下水管线的安装工程，供热、供冷系统工程等项目；保修的期限应当按照保证建筑物合理寿命年限内正常使用，维护使用者合法权益的原则确定。具体的保修范围和最低保修期限由国务院规定。《建设工程质量管理条例》第 39 条规定，建设工程实行质量保修制度。建设工程承包单位在向建设单位提交工程竣工验收报告时，应当向建设单位出具质量保修书。质量保修书中应当明确建设工程的保修范围、保修期限和保修责任等。因此，国家法律法规实际上对承包人的保修责任作了明确规定，承包人及时履行保修义务属于法定义务。承包人在质量保修期内，按照有关法律规定和合同约定，承担工程质量保修责任。

（二）修复费用和损失赔偿

关于保修期内，修复费用的承担问题，应当按照以下原则处理：

1. 保修期内，因承包人原因造成工程的缺陷、损坏，承包人应负责修复，并承担修复的费用以及因工程的缺陷、损坏造成的人身伤害和财产损失。

2. 保修期内，因发包人使用不当造成工程的缺陷、损坏，可以委托承包人修复，但发包人应承担修复的费用，并支付承包人合理利润。

3. 因其他原因造成工程的缺陷、损坏，可以委托承包人修复，发包人应承担修复的费用，并支付承包人合理的利润，因工程的缺陷、损坏造成的人身伤害和财产损失由责任方承担。

《建筑法》第 80 条规定，在建筑物的合理使用寿命内，因建筑工程质量不合格受到损害的，有权向责任者要求赔偿。《房屋建筑工程质量保修办法》第 14 条规定，在保修期内，因房屋建筑工程质量缺陷造成房屋所有人、使用人或者第三方人身、财产损害的，房屋所有人、使用人或者第三方可以向建设单位提出赔偿要求。建设单位向造成房屋建筑工程质量缺陷的责任方追偿。

第15条规定，因保修不及时造成新的人身、财产损害，由造成拖延的责任方承担赔偿责任。

为解决保修人未及时履行保修义务导致建筑物毁损或者人身、财产损害时的赔偿问题，根据上述规定，《最高人民法院关于审理建设工程施工合同纠纷案件适用法律问题的解释（一）》第18条规定，因保修人未及时履行保修义务，导致建筑物毁损或者造成人身损害、财产损失的，保修人应当承担赔偿责任。保修人与建筑物所有人或者发包人对建筑物毁损均有过错的，各自承担相应的责任。该条解释规定了两个方面的内容：一是保修人未及时履行保修义务造成损害的赔偿责任。二是混合责任情形下保修人与建筑物所有人或者发包人各自应承担的相应责任。

当建设工程出现质量问题时，负有直接保修义务的人应当在第一时间履行其保修义务，绝不能故意拖延、怠于履行其应尽的职责。至于什么情况下可以认定保修人未及时履行保修义务，要结合相关规定和实际情况进行分析。笔者认为，可以参考《房屋建筑工程质量保修办法》第9条的规定，即房屋建筑工程在保修期限内出现质量缺陷，建设单位或者房屋建筑所有人应当向施工单位发出保修通知。施工单位接到保修通知后，应当到现场核查情况，在保修书约定的时间内予以保修。发生涉及结构安全或者严重影响使用功能的紧急抢修事故，施工单位接到保修通知后，应当立即到达现场抢修。

四、房屋质量实务问题

开发商按照双方合同约定，交付约定商品房于购房者，系合同主要义务，该交付亦应符合国家上述对于房屋质量的规定。《民法典》第610条规定，因标的物不符合质量要求，致使不能实现合同目的的，买受人可以拒绝接受标的物或者解除合同。买受人拒绝接受标的物或者解除合同的，标的物毁损、灭失的风险由出卖人承担。第615条规定，出卖人应当按照约定的质量要求交付标的物。出卖人提供有关标的物质量说明的，交付的标的物应当符合该说明的质量要求。第617条规定，出卖人交付的标的物不符合质量要求的，买受人可以依据《民法典》第582条至第584条的规定请求承担违约责任。

《民法典》上述制度设计，同样适用于商品房买卖合同领域。随着房地产业的迅猛发展，商品房交易火爆，商品房质量问题也成为该领域热门话题，并极易产生纠纷。房屋质量与安全问题紧密联系，房屋质量出现问题，导致安全事故的发生，影响的不仅是房屋本身，更对人们的生命财产产生威胁。

（一）主体结构问题

房屋的主体结构质量如果异常，即使其他部分施工质量再好也难以保证整个房屋质量，因此，《建筑法》第60条规定，建筑物在合理使用寿命内，必须确保地基基础工程和主体结构的质量。建筑工程竣工时，屋顶、墙面不得留有渗漏、开裂等质量缺陷；对已发现的质量缺陷，建筑施工企业应当修复。何为“合理使用寿命”？目前国家未有明确规定，笔者认为应当根据建筑物的使用功能、所处环境等由专业技术部门进行判断。

《城市房地产开发经营管理条例》第31条规定，商品房交付使用后，购买人认为主体结构质量不合格的，可以向工程质量监督单位申请重新核验。经核验，确属主体结构质量不合格的，购买人有权退房；给购买人造成损失的，房地产开发企业应当依法承担赔偿责任。《商品房买卖合同司法解释》第9条规定，因房屋主体结构质量不合格不能交付使用，或者房屋交付使用后，房屋主体结构质量经核验确属不合格，买受人请求解除合同和赔偿损失的，应予支持。因此，如果开发商交付的房屋存在主体结构问题的，根据上述规定，则双方之间的纠纷可以按照以下途径解决：

一是继续履行。如果房屋通过加固能够修复，则经过专业机构评估确保安全的，则购房者可以请求开发商履行法定及约定义务。

二是解除合同。房屋主体结构不能通过加固修复的，购房者可以请求解除合同并退房。

三是赔偿损失。开发商交付的房屋主体结构质量不合格，购房者无论是要求继续履行还是解除合同，均不影响请求开发商支付违约金即承担损害赔偿责任。

典型案例7

宜都公司与姚某文、刘某玉商品房销售合同纠纷案①

典型案例裁判文书

典型案例7
湖北高院（2019）鄂民再211号民事判决书

案情简介：宜都公司与买受人姚某文、刘某玉签订《商品房买卖合同》，第11条约定，出卖人不出示证明文件或出示证明文件不齐全或所购商品房质量有明显缺陷的，买受人有权拒绝交接。合同签订后，姚某文、刘某玉支付购房款。后来，因房屋质量争议，双方未办理案涉房屋交接手续。姚某文、刘某玉就案涉房屋的质量委托专业公司进行检测，该公司出具《检测报告》，评定房屋质量为不合格。姚某文、刘某玉遂诉至法院，要求解除合同、退还购房款并赔偿损失。

裁判规则：根据合同约定，宜都公司交付姚某文、刘某玉的房屋应当符合约定的质量标准，即房屋主体结构质量达到合格标准。由于房屋主体结构合格系判断房屋质量合格的主要内容，而楼板属于房屋主体结构的一部分，根据姚某文、刘某玉提交的《检测报告》及法院现场勘验得出的数据，案涉房屋的楼板厚度与设计指标之间的尺寸偏差严重超过了规范允许值，故应认定为房屋主体结构质量不合格。根据《商品房买卖合同司法解释》"因房屋主体结构质量不合格不能交付使用，或者房屋交付使用后，房屋主体结构质量经核验确属不合格，买受人请求解除合同和赔偿损失的，应予支持"的规定，姚某文、刘某玉要求解除与宜都公司签订的商品房屋买卖合同的诉讼请求，予以支持。

【法官提示20】

房屋主体结构应作广义理解，既包括房屋所涉地上建筑物部分，也包括房屋地下隐蔽工程地基部分，地上与地下部分应为不可分割的整体。

---

① 参见湖北省高级人民法院（2019）鄂民再211号民事判决书。

（二）严重影响正常居住使用

案例索引裁判文书

案例索引7
最高院（2020）最高法民申4394号绿地公司与曹某商品房买卖合同纠纷案民事裁定书

《商品房买卖合同司法解释》第10条规定，因房屋质量问题严重影响正常居住使用，买受人请求解除合同和赔偿损失的，应予支持。[①] 交付使用的房屋存在质量问题，在保修期内，出卖人应当承担修复责任；出卖人拒绝修复或者在合理期限内拖延修复的，买受人可以自行或者委托他人修复。修复费用及修复期间造成的其他损失由出卖人承担。关于本条涉及的"房屋质量"问题，应为除了前述的房屋主体结构问题，范围可以参照《建筑法》第62条之工程质量保修范围，即应当包括屋面防水工程和其他土建工程，以及电气管线、上下水管线的安装工程，供热、供冷系统工程等。

因此，对于房屋质量出现问题的，可以根据上述规定作以下处理：

一是购房者请求解除合同和赔偿损失。因房屋质量严重影响正常居住使用的，购房者的购房目的不可实现，此时应当允许购房者解除合同，并应赔偿相关损失。在确保安全的情况下，采取这样的解决方式既经济，又保持了社会的稳定。因此在处理该类案件中，应注意公平合理地保护双方当事人的合法权益。[②] 二是未严重影响正常居住使用的，开发商应当承担修复责任。开发商的修复责任是《建筑法》《城市房地产开发经营管理条例》《商品房买卖合同司法解释》等法律法规司法解释规定的法定义务，开发商拒绝修复或者在合理期限内拖延修复的，购房者可以自行或者委托他人修复。修复费用及修复期间造成的其他损失由开发商承担。

关于"严重影响正常居住使用"的认定标准，司法解释未有明确规定，笔者认为可以从正常的理性人的角度对该"严重性"作一定的自由裁量，是否影响购房者的人身和财产安全，是否严重影响了购房者对房屋的正常使用功能和用途。

---

① 案例索引7：参见最高人民法院（2020）最高法民申4394号绿地公司与曹某商品房买卖合同纠纷案民事裁定书。

② 参见最高人民法院民事审判第一庭编著：《最高人民法院关于审理商品房买卖合同纠纷案件司法解释的理解与适用》，人民法院出版社2003年版，第173页。

【法官提示21】

该条规定的适用的前提并未要求购房者对房屋进行实际的居住使用，购房者在交付使用时即有证据证明房屋存在质量问题，且严重影响正常居住使用的，即可主张解除合同。

（三）房屋面积问题

交付房屋面积是否达到双方合同约定标准，往往成为实践当中的争议焦点和案件审理中的难点问题。商品房销售可以按套（单元）计价，也可以按套内建筑面积或者建筑面积计价。商品房建筑面积由套内建筑面积和分摊的共有建筑面积组成，套内建筑面积部分为独立产权，分摊的共有建筑面积部分为共有产权，买受人按照法律、法规的规定对其享有权利，承担责任。按套（单元）计价或者按套内建筑面积计价的，商品房买卖合同中应当注明建筑面积和分摊的共有建筑面积。按套内建筑面积或者建筑面积计价的，当事人应当在合同中载明合同约定面积与产权登记面积发生误差的处理方式。①

案例索引裁判文书

案例索引8
最高院（2020）最高法民申4088号昌华公司与郑某兰、郑某琴、孙某锋商品房预售合同纠纷案民事裁定书

合同未作约定的，根据《商品房销售管理办法》第20条规定，按照以下原则处理：（1）面积误差比绝对值在3%以内（含3%）的，据实结算房价款；（2）面积误差比绝对值超出3%时，买受人有权退房。买受人退房的，房地产开发企业应当在买受人提出退房之日起30日内将买受人已付房价款退还给买受人，同时支付已付房价款利息。买受人不退房的，产权登记面积大于合同约定面积时，面积误差比在3%以内（含3%）部分的房价款由买受人补足；超出3%部分的房价款由房地产开发企业承担，产权归买受人。产权登记面积小于合同约定面积时，面积误差比绝对值在3%以内（含3%）部分的房价款由房地产开发企业返还买受人；绝对值超出3%部分的房价款由房地产开发企业双倍返还买受人。按建筑面积计价的，当事人应当在合同中约定套内建筑面积和分摊的共有建筑面积，并约定

① 案例索引8：参见最高人民法院（2020）最高法民申4088号昌华公司与郑某兰、郑某琴、孙某锋商品房预售合同纠纷案民事裁定书。

建筑面积不变而套内建筑面积发生误差以及建筑面积与套内建筑面积均发生误差时的处理方式。

典型案例8

杨某与永安房地产公司房屋买卖合同纠纷案①

案情简介：杨某与永安房地产公司签订《商品房买卖合同》，其中，在合同“第5条面积确认及面积差异处理”第4款约定：商品房交付后，产权登记面积与合同约定面积发生差异，双方同意按第1种方式进行处理：（1）双方自行约定：以产权登记面积为准，房款据实结算，多退少补。本案所涉房屋交房后，经测绘队测量，杨某1－1－1904室商品房面积差为140.06平方米－124.47平方米＝15.59平方米×3890.06元/每平方米＝60,646元。杨某得知通知内容后认为永安房地产公司违规收费，且房产证也未予办理，故面积差价款杨某也不予向永安房地产公司缴纳。

典型案例裁判文书

典型案例8

河南高院（2021）豫民再380号民事判决书

裁判规则：《商品房买卖合同》第5条约定，房屋登记面积与约定面积发生差异，以产权登记面积为准，房款据实结算，多退少补。该约定是当事人真实意思表示，不违反法律、行政法规强制性规定，合法有效。房款多退少补，据实结算亦不属于免除自己责任、加重对方责任、排除对方主要权利的条款，不应认定为无效条款。杨某要求按照《商品房买卖合同司法解释》的规定处理本案，而该条规定对于面积差价款按照有约定的从约定，无约定的按法定处理，本案双方对于面积差价款有约定，故判决杨某据实补交面积差价款并无不当。

《商品房买卖合同（预售）示范文本》（GF－2014－0171）第13条对“面

① 参见河南省高级人民法院（2021）豫民再380号民事判决书。

积差异处理”的处理原则作了重申，并作了进一步的规定，该商品房交付时，出卖人应当向买受人出示房屋测绘报告，并向买受人提供该商品房的面积实测数据（以下简称实测面积）。实测面积与第3条载明的预测面积发生误差的，双方同意按照以下方式处理。

一是根据第6条按照套内建筑面积计价的约定，双方同意按照下列原则处理：（1）套内建筑面积误差比绝对值在3%以内（含3%）的，据实结算房价款；（2）套内建筑面积误差比绝对值超出3%时，买受人有权解除合同。买受人解除合同的，应当书面通知出卖人。出卖人应当自解除合同通知送达之日起15日内退还买受人已付全部房款（含已付贷款部分），并自买受人付款之日起，按照____%（不低于中国人民银行公布的同期贷款基准利率）计算给付利息。买受人选择不解除合同的，实测套内建筑面积大于预测套内建筑面积时，套内建筑面积误差比在3%以内（含3%）部分的房价款由买受人补足；超出3%部分的房价款由出卖人承担，产权归买受人所有。实测套内建筑面积小于预测套内建筑面积时，套内建筑面积误差比绝对值在3%以内（含3%）部分的房价款由出卖人返还买受人；绝对值超出3%部分的房价款由出卖人双倍返还买受人。

二是根据第6条按照建筑面积计价的约定，双方同意按照下列原则处理：（1）建筑面积、套内建筑面积误差比绝对值均在3%以内（含3%）的，根据实测建筑面积结算房价款。（2）建筑面积、套内建筑面积误差比绝对值其中有一项超出3%时，买受人有权解除合同。买受人解除合同的，应当书面通知出卖人。出卖人应当自解除合同通知送达之日起15日内退还买受人已付全部房款（含已付贷款部分），并自买受人付款之日起，按照____%（不低于中国人民银行公布的同期贷款基准利率）计算给付利息。买受人选择不解除合同的，实测建筑面积大于预测建筑面积时，建筑面积误差比在3%以内（含3%）部分的房价款由买受人补足，超出3%部分的房价款由出卖人承担，产权归买受人所有。实测建筑面积小于预测建筑面积时，建筑面积误差比绝对值在3%以内（含3%）部分的房价款由出卖人返还买受人；绝对值超出3%部分的房价款由出卖人双倍返还买受人。（3）因设计变更造成面积差异，双方不解除合同的，应当签署补充协议。

三是根据第6条按照套计价的，出卖人承诺在房屋平面图中标明详细尺寸，并约定误差范围。该商品房交付时，套型与设计图纸不一致或者相关尺寸超出约定的误差范围，双方自行约定。

（四）开发商附随义务

根据《城市房地产开发经营管理条例》第30条的规定，房地产开发企业应当在商品房交付使用时，向购买人提供住宅质量保证书和住宅使用说明书。住宅质量保证书应当列明工程质量监督单位核验的质量等级、保修范围、保修期和保修单位等内容。房地产开发企业应当按照住宅质量保证书的约定，承担商品房保修责任。保修期内，因房地产开发企业对商品房进行维修，致使房屋原使用功能受到影响，给购买人造成损失的，应当依法承担赔偿责任。因此，开发商在交房时应当提供《住宅质量保证书》和《住宅使用说明书》，否则，视为开发商交付的房屋不符合交房条件，购房者有权拒绝接收，由此产生的逾期交房违约责任由开发商承担。《商品房销售管理办法》第32条对此作了重申，即销售商品住宅时，房地产开发企业应当根据《商品住宅实行质量保证书和住宅使用说明书制度的规定》，向买受人提供《住宅质量保证书》《住宅使用说明书》。

【法官提示22】

购房者接收商品房后，又以开发商未提供《住宅质量保证书》和《住宅使用说明书》为由要求承担因不具备交房条件而逾期交房的违约责任的，不予支持。

关于开发商提供《住宅质量保证书》和《住宅使用说明书》的行为性质，实践中存在两种观点：一种观点认为，该行为属于行政法规、规章规定的当事人义务，属于法定义务，属于开发商交付房屋时的必要条件。另一种观点认为，该行为只是开发商对其开发房屋质量的一种保证和承诺，不属于房屋交付的必要条件。笔者认为，房屋质量事关重大，国家法律法规对此作了诸多强制性规定，而提供《住宅质量保证书》和《住宅使用说明书》同样属于法律强制性规定，开发商应当严格遵守并履行义务。双方当事人如果对提供《住宅质量保证书》和《住宅使用说明书》有特别约定的，则可以按照合同约定处理，如果双方对此没有约定或者约定不明的，而开发商未能提供上述文本的，应当认为开发商的交付不符合法律规定，该房屋尚不具备交房条件，开发商对此应当承担逾期交房违约责任。

五、房屋精装修和小区配套问题

（一）房屋精装修问题

随着房地产业现代化快速发展，商品房买卖中买卖“精装修房”的比例日趋增多，而其中精装修房的装修质量是广大购房者关注的重中之重。实践当中，精装修房客观上存在用材以次充好、以假掺真、压缩工期、虚报物料价格四大问题，行业发展亟须规范。

1. 装修质量要求。

关于精装修房的装修约定，一般情况下，存在以下情形：（1）开发商与购房者在双方签订的商品房买卖合同中约定装修条款；（2）开发商与购房者另行签订装修合同；（3）由开发商指示，购房者与装修公司双方之间或者该三方之间签订装修合同。

装修质量应当符合有关法律、法规的规定，建设工程质量、安全标准和相应技术规范，以及当事人的约定。装修质量要求，开发商与购房者有约定的，从其约定；没有约定或者约定不明又不能达成补充协议的，应当按照合同有关条款或者交易习惯确定；仍不能确定的，按照《民法典》相关规定予以认定。法律、法规有相关强制性规定的，应当适用强制性规定。

日常的商品房销售领域，开发商往往设置样板房进行营销，此时，笔者认为，开发商交付房屋的装修质量应当与样板房的装修质量相同，即交付商品房应当与样板房装修使用的材料、施工质量等相同。商品房买卖合同就装修的用材、施工等有特别约定的，从其约定，但对该约定应当进行明确的提示说明。

【法官提示23】

购房者主张装修质量不符合约定或者装修质量不合格的，根据民事诉讼“谁主张，谁举证”的诉讼规则，购房者承担相应举证责任。

2. 违约责任的承担。

装修质量不符合约定构成违约的，开发商应当承担约定的违约责任。当事人没有约定装修质量违约责任或者约定不明，依据相关规定仍不能确定的，买受人根据装修质量问题的性质以及所受损失的大小选择对方承担的违约责任的方式应具有合理性。

存在严重装修质量问题的处理。因装修质量问题严重影响正常居住使用，或者存在如装修环保质量不合格等依法不得交付使用的情形，购房者请求解除商品装修房买卖合同和赔偿损失的，应予支持。装修质量问题严重影响正常居住使用，或者装修质量问题符合不得交付使用法定情形的，购房者拒绝受领房屋，有权要求开发商承担逾期交房违约责任和装修质量修复责任。

存在质量瑕疵问题的处理。装修质量存在工程质量、功能质量、品质档次等方面瑕疵，但对购房者正常居住使用没有实质性影响的，除当事人对房屋装修质量瑕疵另有明确约定，购房者不得拒绝受领房屋要求开发商承担逾期交房违约责任。装修保修期内，开发商应当承担修复责任。开发商拒绝保修或者在合理期限内拖延修复的，购房者自行或者委托他人维修后，就修复费用及修复期间造成的其他损失有权要求开发商承担责任。

（二）小区配套

商品房所在区块地段、周边环境、小区配套等对购房者签订商品房买卖合同产生巨大影响，比如是否属于学区房则从根本上影响购房者的决定。该类配套主要分为两类：一类是小区周边配套，如学校、医院、超市等；另一类是小区内部配套，如小区内部的幼儿园、绿地、道路、车位等。实践当中，对于因小区配套设施不符合约定或者业主预期，从而发生争议较为常见。《民法典》在《物权法》及相关司法解释规定基础上，对业主的建筑物区分所有权以一个章节的内容作了较为具体详细的规定，一定程度上厘清了实践中相关争议问题。

1. 建筑物区分所有权。

建筑物区分所有权是指数人区分一建筑物而各有其专有部分，并就共有部分按其专有部分享有共有的权利，包括对专有部分的所有权和对建筑区划内的共有部分享有的共有和共同管理的权利。《民法典》第 271 条规定，业主对建筑物内的住宅、经营性用房等专有部分享有所有权，对专有部分以外的共有部分享有共有和共同管理的权利。该条是对建筑物区分所有权基本内容的规定。

关于专有部分，《民法典》第 272 条规定，业主对其建筑物专有部分享有占有、使用、收益和处分的权利。业主行使权利不得危及建筑物的安全，不得损害其他业主的合法权益。该条是业主对专有部分行使所有权的规定。关于专有部分的界定，根据《最高人民法院关于审理建筑物区分所有权纠纷案件适用法律若干问题的解释》第 2 条的规定，建筑区划内符合下列条件的房屋，以及车位、摊位等特定空间，应当认定为《民法典》第 2 编第 6 章所称的专有部分：具有构造上的独立性，能够明确区分；具有利用上的独立性，可以排他使用；能够登记成为特定业主所有权的客体。规划上专属于特定房屋，且建设单位销售时已经根据规划列入该特定房屋买卖合同中的露台等，应当认定为前款所称的专有部分的组成部分。本条第 1 款所称房屋，包括整栋建筑物。

关于共有部分，《民法典》第 273 条规定，业主对建筑物专有部分以外的共有部分，享有权利，承担义务；不得以放弃权利为由不履行义务。业主转让建筑物内的住宅、经营性用房，其对共有部分享有的共有和共同管理的权利一并转让。该条是业主对专有部分以外的共有部分权利义务的规定。关于共有部分的界定，《最高人民法院关于审理建筑物区分所有权纠纷案件适用法律若干问题的解释》第 3 条规定，除法律、行政法规规定的共有部分外，建筑区划内的以下部分，也应当认定为《民法典》第 2 编第 6 章所称的共有部分：建筑物的基础、承重结构、外墙、屋顶等基本结构部分，通道、楼梯、大堂等公共通行部分，消防、公共照明等附属设施、设备，避难层、设备层或者设备间等结构部分；其他不属于业主专有部分，也不属于市政公用部分或者其他权利人所有的场所及设施等。

2. 司法实践争议焦点。

（1）关于道路、绿地、物业用房等。商品房买卖合同纠纷领域，合同当事人就道路、绿地及其他配套设施发生争议的概率极大，也往往成为法院审理该类案件的焦点和难点问题。对此，《民法典》延续了《物权法》相关规定，该法第 274 条规定，建筑区划内的道路，属于业主共有，但是属于城镇公共道路的除外。建筑区划内的绿地，属于业主共有，但是属于城镇公共绿地或者明示属于个人的除外。建筑区划内的其他公共场所、公用设施和物业服务用房，属于业主共有。

关于道路，因有的道路属于市政所有，因此，道路原则上归业主共有，但是属于城镇公共道路的除外。关于绿地，司法实践中争议较为突出。关于该条款的适用，应当注意以下几点：一是绿地位于“建筑区划内”的，原则上属于业主共有，如果位于“建筑区划外”，则属于城镇公共绿地。二是所谓“明示属于个人”所有，既包括规划确定为个人所有，也包括合同确定为个人所有。但规划确定为业主共有的，不能根据合同确定为某个人所有。①

【法官提示24】

双方当事人即使在商品房买卖合同中约定了某绿地归购房者个人所有，该约定也必须符合规划文件要求，否则购房者不得违法获取绿地使用权。

同时，《民法典》第274条规定，并非意味着道路、绿地的土地所有权归业主所有，而是说道路、绿地作为土地附着物归业主所有。《最高人民法院关于审理建筑物区分所有权纠纷案件适用法律若干问题的解释》第3条第2款规定，建筑区划内的土地，依法由业主共同享有建设用地使用权，但属于业主专有的整栋建筑物的规划占地或者城镇公共道路、绿地占地除外。简言之，业主对道路、绿地享有的是使用权。

典型案例9

闫某霞与金佳苑物业公司物业服务合同纠纷案②

典型案例裁判文书

典型案例9
河南省焦作市中级人民法院（2021）豫08民终2918号民事判决书

案情简介：金佳苑物业公司为小区的物业管理公司，闫某霞为小区业主。双方签订了《前期物业管理服务协议》和《临时管理规约》。在《前期物业管理服务协议》中约定物业公司的权利之一为：对房屋共用部位、共用设施设备、绿化、环境

① 参见最高人民法院民事审判第一庭编著：《最高人民法院建筑物区分所有权、物业服务司法解释理解与适用》，人民法院出版社2009年版，第55页。

② 参见河南省焦作市中级人民法院（2021）豫08民终2918号民事判决书。

卫生、公共秩序、交通等项目进行维护、修缮、服务与管理。约定闫某霞的义务之一为：不得占用、损坏本物业的共用部位、共用设施设备或改变其使用功能。在《临时管理规约》中约定：禁止侵占或损坏道路、绿地、花卉树木、艺术景观和文娱、体育及休闲设施（第3章第15条第4项）。后来，闫某霞在其房屋南侧绿地上垒建围墙，建造小花园。物业公司阻止闫某霞垒建，并通知其停止违建、拆除违建，但其未拆除，双方纠纷成诉。

裁判规则：双方签订的《前期物业管理服务协议》和《临时管理规约》，系双方真实意思表示，不违反法律、法规的强制性规定，合法有效，对双方均具有约束力。《民法典》第274条规定，建筑区划内的绿地，属于业主共有，但是属于城镇公共绿地或者明示属于个人的除外。本案中，闫某霞所占用的绿地不属于城镇公共绿地，其未提交证据证明所占用绿地属于其个人专有，故闫某霞占用的绿地属于业主共有。依据《民法典》的相关规定和双方签订的《前期物业管理服务协议》和《临时管理规约》的相关约定，闫某霞不能破坏业主共有的绿地，更不能垒建围墙进行占用，故对物业公司要求闫某霞立即拆除私自侵占公共绿地违建围墙，清理其产生的建筑垃圾的请求，应当予以支持。

案例索引裁判文书

案例索引9

最高院（2018）最高法民申4578号业委会与德宏公司、李某案外人执行异议之诉民事裁定书

关于建筑区划内的其他公共场所、公用设施和物业服务用房，属于业主共有。[①] 有意见认为，业主购买商品房时并未支付物业服务用房等的对价，对该类建筑物不应享有权利。对此，《民法典》作出了具体明确规定，亦吸收了《物业管理条例》的规定精神，该条例第37条规定，物业管理用房的所有权依法属于业主。未经业主大会同意，物业服务企业不得改变物业管理用房的用途。

（2）关于车位、车库问题。随着汽车保有量的上升，小区内部涉及车位、车库等争议问题日益增多，停车难、乱停车现象日益突出。首先应当明确的

① 案例索引9：参见最高人民法院（2018）最高法民申4578号业委会与德宏公司、李某案外人执行异议之诉民事裁定书。

是，建筑区划内，规划用于停放汽车的车位、车库，因开发商的原始建造，其所有权归属于开发商。但开发商并非可以任意地出售出租该车位或者车库于业主以外第三人，《民法典》第 276 条规定，建筑区划内，规划用于停放汽车的车位、车库应当首先满足业主的需要。[①] 何为“首先满足业主的需要”，《民法典》未作规定，《最高人民法院关于审理建筑物区分所有权纠纷案件适用法律若干问题的解释》第 5 条规定，建设单位按照配置比例将车位、车库，以出售、附赠或者出租等方式处分给业主的，应当认定其行为符合《民法典》第 276 条有关“应当首先满足业主的需要”的规定。前款所称配置比例是指规划确定的建筑区划内规划用于停放汽车的车位、车库与房屋套数的比例。因此，购房者因自身需要，可以通过向开发商购买、接受赠与或者承租方式获得所有权或者使用权。《民法典》第 275 条第 1 款规定，建筑区划内，规划用于停放汽车的车位、车库的归属，由当事人通过出售、附赠或者出租等方式约定。同时，根据该条第 2 款的规定，占用业主共有的道路或者其他场地用于停放汽车的车位，属于业主共有。

案例索引裁判文书

案例索引10
福建省福州市中级人民法院（2021）闽01民终6374号薛某民与景城实业公司房屋买卖合同纠纷民事判决书

典型案例10

韩某峰与文化新村业主委员会建筑物区分所有权纠纷案[②]

案情简介：韩某峰购买位于文化新村商品房，并签订了购房协议。文化新村业主委员会讨论决定，院内为住宅业主，商铺为非住宅业主，公用面积按自然条件使用，院内面积供院内住户使用，院外门店前公共场地供商铺使用，商户和住户互不干

典型案例裁判文书

典型案例10
河南省洛阳市中级人民法院（2021）豫03民终3739号民事判决书

---

① 案例索引 10：参见福建省福州市中级人民法院（2021）闽 01 民终 6374 号薛某民与景城实业公司房屋买卖合同纠纷民事判决书。

② 参见河南省洛阳市中级人民法院（2021）豫 03 民终 3739 号民事判决书。

涉。院外业主原则上不允许车辆进院内停放，特殊情况必须经全体业主同意，按每月50元缴纳费用，时间不确定。若院内业主全部入住，车辆增加，院内停车困难无法承受院外业主车辆停放时，将停止院外业主车辆停放。韩某峰缴纳门禁系统及维护费用，文化新村业主委员会向其配发了门禁卡，韩某峰可以将车辆停放在院内，但其后，文化新村业主委员会不再升级韩某峰的门禁卡，韩某峰车辆不能进入小区停放，双方形成纠纷。

裁判规则：业主对建筑物专有部分以外的共有部分享有共有和共同管理的权利，建筑区划内的道路（城镇公共道路除外）、绿地（城镇公共绿地或者明示属于个人的除外）、其他公共场所、公用设施、物业服务用房以及占用业主共有的道路或者其他场地用于停放汽车的车位，属于业主所有。故韩某峰作为文化新村小区业主，对建筑区划内的道路、绿地、公用设施、车位等共有部分享有共有权。因小区车位紧缺，文化新村业主委员会制定小区门禁系统管理办法及车辆停放管理办法，对院内业主、院外业主及租房户区分管理，上述管理办法系业主委员会的决定，对业主具有法律约束力。韩某峰作为该小区业主，依照该管理办法的相关规定，其在小区无法承受院外业主车辆停放压力及停止院外业主车辆在院内停放的情形下，可以在院外门店前公共场地停放车辆。文化新村业主委员会依照案涉管理办法拒绝升级韩某峰的小区门禁卡，系业主与业主委员会内部事务，依法不属于人民法院审理范围。

第二章　二手房买卖合同纠纷

二手房买卖合同与商品房买卖合同最大的区别是商品房买卖合同的出卖人为房地产开发企业即开发商，标的物为进行了初始登记的商品房，二手房买卖合同的出卖人以自然人为主，标的物为已经作了产权登记的房屋。随着经济社会发展、居民生活水平提高，换房的比例也越来越高，而又由于社会诚信体系不健全，部分当事人诚信缺失，卖家毁约、买家缺乏经验等时有发生，涉二手房交易纠纷案件也逐渐增多。

第一节　无 权 处 分

一、合同效力与构成要件

（一）无权处分合同效力

无权处分所订立合同的效力问题，曾经是长期困扰实务界的一个疑难问题，有效、无效还是属于效力待定各方各抒己见。1999 年《合同法》第 51 条规定，无处分权人处分他人财产，经权利人追认或无处分权人订立合同后取得处分权的，该合同有效。该规定，从债权角度，明确将无权处分定性为效力待定合同。2007 年《物权法》第 106 条规定，无处分权人将不动产或者动产转让给受让人的，所有权人有权追回；除法律另有规定外，符合下列情形的，受让人取得该不动产或者动产的所有权：受让人受让该不动产或者动产时是善意的；以合理的价格转让；转让的不动产或者动产依照法律规定应当登记的已经登记，不需要登记的已经交付给受让人。受让人依照前款规定取得不动产或者动产的所有权的，原所有权人有权向无处分权人请求赔偿损失。该条规定从物权的角度，在适用无权处分规定时排除了善意取得的适用，并规定了善意取得的构成要件。

2012 年最高人民法院出台《关于审理买卖合同纠纷案件适用法律问题的解释》，该司法解释第 3 条规定，当事人一方以出卖人在缔约时对标的物没有所有权或处分权为由主张合同无效的，人民法院不予支持。此规定将无权处分的买卖合同，由原来的效力待定直接改为有效，买受人据此可追究出卖人的违约责任。2021 年施行的《民法典》删除了《合同法》第 51 条的内容，没有直接提及无权处分的处理，并且在 2020 年 12 月修订的《最高人民法院关于审理买卖合同纠纷案件适用法律问题的解释》，也删除原来关于无权处分买卖合同有效的内容。但是，在《民法典》物权编第 311 条保留了《物权法》第 106 条的内容，同时在合同编第 597 条中增加一款新的规定，这样的修改结果既确保了物权人对标的物的所有权，也保护了善意买受人的权益，彰显了合同对当事人的约束力，有利于倡导诚信价值并维护交易安全。

根据《民法典》第 311 条的规定，无处分权人将不动产或者动产转让给受让人的，所有权人有权追回；除法律另有规定外，符合下列情形的，受让人取得该不动产或者动产的所有权：（1）受让人受让该不动产或者动产时是善意；（2）以合理的价格转让；（3）转让的不动产或者动产依照法律规定应当登记的已经登记，不需要登记的已经交付给受让人。受让人依据前款规定取得不动产或者动产的所有权的，原所有权人有权向无处分权人请求损害赔偿。当事人善意取得其他物权的，参照适用前两款规定。《民法典》第 597 条规定，因出卖人未取得处分权致使标的物所有权不能转移的，买受人可以解除合同并请求出卖人承担违约责任。法律、行政法规禁止或者限制转让的标的物，依照其规定。同时，立法者也认为，尽管在本条中没有明确出卖人处分他人之物所订立的合同是否为有效合同，实质上立法者对此是持肯定态度的。[①] 主流观点也认为，从保护当事人交易安全的角度来看，在出卖人因无权处分而不能履行买卖合同的情况下，买受人不能通过买卖合同主张违约责任显然是难以让人接受的。当事人就期房等未来物权所订立的买卖合同尚且可以认定为有效（如商品房预售合同），为何在标的物已经现实存在，而只是出

---

① 参见黄薇主编：《中华人民共和国民法典释义》，法律出版社 2020 年版，第 1162 页。

卖人欠缺处分权时所订立的买卖合同反倒被认定为效力待定呢?[1]

据此，无权处分所订立的合同为有效合同，双方当事人均应当按照合同内容履行义务，但标的物所有权是否发生转移，则处于效力待定状态。[2]

案例索引裁判文书

案例索引11

重庆高院（2020）渝民申2518号张某治与杨某蓉、杨某鹏确认合同无效纠纷民事裁定书

【法官提示25】

因此，无权处分的出卖人在订立合同后，可以通过向所有权人或者其他共有权人取得标的物的所有权或处分权等方式履行合同义务，在无法转移标的物所有权时应承担违约责任。[3]

（二）构成要件

关于无权处分的构成要件，虽然理论或实践中尚有争议，但笔者认为结合上述法律规定，应当包括以下三个方面：

一是行为人实施了处分他人财产的行为。此处的处分他人财产，是指对财产进行了法律上的处分，比如出售、赠与或者设定抵押权等。即使是共有权人对共有物的处分，亦受到有关法律约束，不可随意处分。

【规范指引】

《山东省高级人民法院关于印发全省民事审判工作会议纪要的通知》（鲁高法〔2011〕297 号）

（三）关于部分共有人擅自处分共同共有房屋的处理问题

根据《物权法》第 97 条[4]的规定，处分共有房屋应当经三分之二以上份额的共有人或者全体共同共有人同意。该规定据此确定了按份共有和共同共有两种共有财产的处分规则，即按份共有采取“多数决”的处分原则，而共同共有则采取“一致决”的处分原则。质言之，部分共有人未经全体共有人的同意不得擅自处分共同共有的房屋，否则处分行为应属无效。但部分共有人处分共同共有房屋涉

① 参见吴光荣:《物权诉讼：原理与实务》，人民法院出版社 2009 年版，第 324 页。

② 案例索引 11：参见重庆市高级人民法院（2020）渝民申 2518 号张某治与杨某蓉、杨某鹏确认合同无效纠纷民事裁定书。

③ 参见睢晓鹏:《买受人不能以出卖人无权处分为由中止己方履行》，载《人民法院报》2021 年 8 月 19 日，第 7 版。

④《物权法》已废止，《物权法》第 97 条对应《民法典》第 301 条。

及到第三人利益保护问题，应根据物权法、合同法[1]的相关规定，结合处分行为的不同情形加以处理：部分共有人与第三人就共同共有房屋的处分仅意思表示一致并达成协议，尚未发生物权变动的，此协议应为效力待定的合同；部分共有人与第三人处分共同共有房屋符合《物权法》第106条[2]规定，其他共有人主张追回房屋的，不予支持。

二是行为人以自己的名义实施了处分行为。以他人名义进行处分，涉及有无权利代理问题，唯有以自己名义实施了处分行为，属于无权处分讨论范畴，否则一般构成无权代理。

三是处分人无处分权。此为无权处分之关键所在，意味着处分人对财物的处分不能得到法律的支持。主要包括两种情况：其一是处分人对财物具有所有权，但处分权受到限制，比如财物设定了抵押权；其二是处分人对财物不具有所有权，完全不具备处分权。

无权处分行为设立的价值在于既保护财产实际权利人的静态安全，又兼顾相对人在交易过程中的动态安全。当两者因为无权处分人的无权处分而发生冲突时，相对人可依据善意取得制度获得标的物的物权，侧重于保护后者；当相对人在交易过程中明知财产权利的实际归属时，则应当承担交易带来的风险，此时法律则侧重保护实际权利人的利益。[3]

【规范指引】

《北京市高级人民法院关于审理房屋买卖合同纠纷案件适用法律若干问题的指导意见（试行）》（京高法发〔2010〕458号）

第十八条　《物权法》第一百零六条[4]规定的房屋的无权处分主要包括以下情形：

（1）权利人基于非依法律行为的物权变动取得房屋所有权，但未办理宣示登记，房屋登记在他人名下，登记人擅自以自己名义处分房屋的；

（2）因房屋登记机关登记错误，致使房屋登记簿上记载的原所有权消灭，产

---

① 《物权法》《合同法》已废止，相关规定参考《民法典》中相关内容。

② 《物权法》已废止，《物权法》第106条对应《民法典》第311条。

③ 参见程新文主编：《房屋买卖合同纠纷裁判精要与实务指南》，法律出版社2017年版，第545页。

④ 《物权法》已废止，《物权法》第106条对应《民法典》第311条。

生了新的登记权利，登记人擅自以自己名义处分房屋的；

（3）夫妻共同共有及其他法定共有房屋仅登记在其中部分共有人名下，登记人未经占份额三分之二以上的按份共有人或全体共同共有人同意，擅自以自己名义处分房屋的；

（4）出卖人转让房屋并办理了所有权转移登记，其后买卖合同被确认无效或被撤销、解除，尚未办理所有权回复登记，登记人（买受人）擅自以自己名义处分房屋的；

（5）其他无权处分房屋的情形。

另外，实践中，应当区分无权处分与无权代理问题。《民法典》第 171 条规定，行为人没有代理权、超越代理权或者代理权终止后，仍然实施代理行为，未经被代理人追认的，对被代理人不发生效力。相对人可以催告被代理人自收到通知之日起 30 日内予以追认。被代理人未作表示的，视为拒绝追认。行为人实施的行为被追认前，善意相对人有撤销的权利。撤销应当以通知的方式作出。行为人实施的行为未被追认的，善意相对人有权请求行为人履行债务或者就其受到的损害请求行为人赔偿。但是，赔偿的范围不得超过被代理人追认时相对人所能获得的利益。

因此，无权代理与无权处分存在以下不同：一是行为主体不同。无权代理人以被代理人本人名义实施，无权处分人则是以自己的名义实施。二是相对人善意与否产生的法律后果不同。基于相对人善意时，无权代理可能构成表见代理，《民法典》第 172 条规定，行为人没有代理权、超越代理权或者代理权终止后，仍然实施代理行为，相对人有理由相信行为人有代理权的，代理行为有效。此时，该代理处分行为有效，将对被代理人产生法律效力。《最高人民法院关于适用〈中华人民共和国民法典〉总则编若干问题的解释》第 28 条规定，同时符合下列条件的，人民法院可以认定为《民法典》第 172 条规定的相对人有理由相信行为人有代理权：存在代理权的外观；相对人不知道行为人行为时没有代理权，且无过失。因是否构成表见代理发生争议的，相对人应当就无权代理符合前款第 1 项规定的条件承担举证责任；被代理人应当就相对人不符合前款第 2 项规定的条件承担举证责任。而无权处分情形下，相对人可根据善意取得制度获得该财产。

二、无权处分与善意取得

《民法典》第 311 条规定了善意取得制度，基本上延续了《物权法》第 106 条的规定，仅作了个别文字的修改。善意取得是指受让人以财产所有权转移为目的，善意、对价受让且占有该财产，即使出让人无转移所有权的权利，受让人仍然取得其所有权。善意取得既适用于动产，又可适用于不动产，即本章节所讨论之房产。根据法律规定，构成善意取得房产的，应当同时符合以下三个条件。

（一）受让人受让该不动产时是善意的

受让人受让该不动产时不知道处分人无处分权，即善意与否的判断，应以受让人对不知且不应知无权处分、无重大过失以上过错为标准。关于受让人“善意”的认定，司法解释给出了相关标准，《最高人民法院关于适用〈中华人民共和国民法典〉物权编的解释（一）》第 14 条规定，受让人受让不动产或者动产时，不知道转让人无处分权，且无重大过失的，应当认定受让人为善意。真实权利人主张受让人不构成善意的，应当承担举证证明责任。

【法官提示 26】

受让人的善意是善意取得的首要条件，而善意与否，要以受让人对无权处分不知道且不应当知道无重大过失以上过错为标准。判断某人是否具有过失，主要应当考虑行为人是否尽到一个通常情况下合理人的注意义务。如果行为人稍加注意即可以避免认识错误，而且没有尽到该项义务时，就应当认为存在重大过失。①

案例索引裁判文书

案例索引12

河北高院（2019）冀民申8203号张某攀与郭某香确认合同无效纠纷民事裁定书

关于不动产善意取得中受让人非善意的认定，该司法解释第 15 条规定，具有下列情形之一的，应当认定不动产受让人知道转让人无处分权：登记簿上存在有效的异议登记；预告登记有效期内，未经预告登记的权利人同意；

① 案例索引 12：参见河北省高级人民法院（2019）冀民申 8203 号张某攀与郭某香确认合同无效纠纷民事裁定书。

登记簿上已经记载司法机关或者行政机关依法裁定、决定查封或者以其他形式限制不动产权利的有关事项；受让人知道登记簿上记载的权利主体错误；受让人知道他人已经依法享有不动产物权。真实权利人有证据证明不动产受让人应当知道转让人无处分权的，应当认定受让人具有重大过失。第16条规定，受让人受让动产时，交易的对象、场所或者时机等不符合交易习惯的，应当认定受让人具有重大过失。

（二）以合理的价格转让

受让人受让该不动产，是以合理的价格受让，以符合一般人认知的价格受让。关于如何认定“合理的价格”？《最高人民法院关于适用〈中华人民共和国民法典〉物权编的解释（一）》第18条规定，《民法典》第311条第1款第2项所称“合理的价格”，应当根据转让标的物的性质、数量以及付款方式等具体情况，参考转让时交易地市场价格以及交易习惯等因素综合认定。

典型案例11

张某录与曹某莉、张某启房屋买卖合同纠纷案[①]

典型案例裁判文书

典型案例11
北京市第三中级人民法院（2020）京03民终2447号民事判决书

案情简介：曹某莉系张某启之妻，张某录系张某启之弟。涉案房屋系曹某莉和张某启于婚后取得，原登记在张某启名下。张某启、张某录签订《二手房买卖合同》，由张某录购买涉案房屋，房产的交易总价为387,372元。涉案房屋已过户至张某录名下。庭审中，曹某莉称对张某启、张某录签订《二手房买卖合同》一事并不知情。张某录称其向张某启支付购房款8万元，张某启对此予以否认，称并未收到张某录支付的任何款项。

裁判规则：涉案房屋系曹某莉和张某启的夫妻共同财产。张某启在曹某莉不知情的情况下，将涉案房屋出售给张某录，系无权处分。根据我国法律

---

① 参见北京市第三中级人民法院（2020）京03民终2447号民事判决书。

规定，无处分权人将不动产或者动产转让给受让人的，所有权人有权追回；除法律另有规定外，符合下列情形的，受让人取得该不动产或者动产的所有权：（1）受让人受让该不动产或者动产时是善意的；（2）以合理的价格转让；（3）转让的不动产或者动产依照法律规定应当登记的已经登记，不需要登记的已经交付给受让人。受让人构成善意取得，上述三个条件缺一不可。本案中，张某录未支付合理对价，不符合善意取得的构成要件。

【法官提示27】

合理的价格，应当以有偿转让为前提，无偿转让本身意味着来源的正当与否。同时，还应当注意的是受让人尚未支付对价或者完全支付对价的，并不妨碍“合理的价格”中的“合理性”，也即并不要求实际支付对价。

合理价格条件，意在强调货币抽象评价，非在限定对价表现形式，且对价支付与否并非必要。无对价情形应排除善意取得制度之适用，在外部关系以赠与为代表，在内部关系比如继承。合理与否，重点在于排除不合理低价，对个别交易中存在的高价乃至过分高价，如不能否定受让人之善意，即不宜视之为不合理。[①]

（三）转让的不动产依照法律规定应当登记的已经登记

《民法典》第209条规定，不动产物权的设立、变更、转让和消灭，经依法登记，发生效力；未经登记，不发生效力，但是法律另有规定的除外。因此，受让人善意受让不动产的，应当已经完成所有权登记。另外，《最高人民法院关于适用〈中华人民共和国民法典〉物权编的解释（一）》第20条对善意取得制度适用的排除情形作出规定，具有下列情形之一，受让人主张依据《民法典》第311条规定取得所有权的，不予支持：转让合同被认定无效；转让合同被撤销。

立法政策在财产静的安全与动的保障之间，不得不进行法律上的利益衡量与价值判断，从而作出艰难的抉择，最终以牺牲真权利人的利益为代价，

① 参见最高人民法院民事审判第一庭编著：《最高人民法院物权法司法解释（一）理解与适用》，人民法院出版社2016年版，第433页。

寻求交易安全之维护。[①] 无权处分规则与善意取得制度相辅相成，共同构成一个协调财产静的安全和动的安全的完全机制。[②]

【规范指引】

《北京市高级人民法院关于审理房屋买卖合同纠纷案件若干疑难问题的会议纪要》（京高法发〔2014〕489 号）

六、无权处分合同的效力和履行

夫妻一方未经另一方同意，以自己名义转让登记在自己名下的法定共有房屋，当事人以出卖人在缔约时对房屋没有所有权或者处分权为由主张房屋买卖合同无效的，不予支持。

前款房屋已经交付但尚未办理过户登记，不符合《物权法》第 106 条第 1 款[③]规定的善意取得构成要件，买卖合同构成法律上的履行不能，买受人要求继续履行买卖合同办理房屋过户登记的，法院应当释明买受人可以主张解除合同，经释明买受人坚持不变更诉讼请求的，应当判决驳回其诉讼请求。房屋买卖合同解除的，善意买受人有权要求出卖人承担包括赔偿房屋差价损失在内的违约责任。

前款房屋已经过户登记到买受人名下，但不符合《物权法》第 106 条第 1 款[④]规定的善意取得其他构成要件，夫妻另一方依据该规定要求追回房屋的，应予支持。

“善意”的判断时点以买受人申请过户登记时为准。

《北京市高级人民法院关于审理房屋买卖合同纠纷案件适用法律若干问题的指导意见（试行）》（京高法发〔2010〕458 号）

第五条　出卖人将登记在其个人名下的法定共有房屋，未经占份额三分之二以上的按份共有人或全体共同共有人同意，擅自以自己名义转让给他人，买受人为善意的，可以认定房屋买卖合同有效。买受人符合《物权法》第一百零六条第一款规定的善意取得构成要件办理了房屋所有权转移登记，其他共有人要求追回该房屋的，不予支持。

---

① 参见最高人民法院民事审判第一庭编著：《最高人民法院物权法司法解释（一）理解与适用》，人民法院出版社 2016 年版，第 351 页。

② 参见吴光荣：《物权诉讼原理与实务》，人民法院出版社 2009 年版，第 331 页。

③ 《物权法》已废止，《物权法》第 106 条第 1 款对应《民法典》第 311 条第 1 款。

④ 《物权法》已废止，《物权法》第 106 条第 1 款对应《民法典》第 311 条第 1 款。

前款中出卖人为夫妻一方，转让房屋行为符合《最高人民法院关于适用〈中华人民共和国婚姻法〉若干问题的解释（一）》第十七条第（二）项规定的，应当优先适用该规定。

第十九条 《物权法》第一百零六条第一款规定在适用上应作如下理解：

（1）房屋善意取得中“善意”的判断标准：买受人信赖房屋登记簿中关于物权登记的记载，不知道出卖人无处分权即推定买受人为善意，但确有证据证明买受人明知或因重大过失不知房屋登记簿中物权登记错误或者登记簿中存在异议登记的除外。房屋原权利人对于买受人为恶意负有举证责任。

（2）“以合理的价格转让”是指买卖双方之间存在以合理价格转让房屋的交易行为，且买受人已实际全部或部分支付了房屋价款。

（3）房屋善意取得以房屋所有权已经转移登记到买受人名下为生效要件。房屋已经办理转移登记但尚未交付的不影响善意取得的构成，但该事实可以作为判断买受人是否构成善意的因素之一。

第二节 二手房买卖合同效力

一、一房二卖

“一房二卖”是指在房屋买卖过程中，出卖人违背诚实信用原则，将同一房屋出卖给两个或两个以上的买受人的行为。出卖人的违约行为必然损害未得到房屋的买受人利益，扰乱市场秩序，对此，出卖人应当承担相应违约责任。该类纠纷所涉法律核心问题为争议房屋应当如何确定归属，以及应当如何确定违约赔偿责任。

（一）合同效力

实践中，出卖人基于经济利益等因素考虑，可能就同一房屋分别与两家甚至多家买受人签订买卖合同，不仅出现一房二卖情况，还有可能出现“三卖”“四卖”等“一房数卖”情形。究其原因，更多的还是由于房价增长过快，出卖人在将房屋出售给第一买受人之后，房价又出现了较大增长，出卖人为了获取更多利益，违反诚实信用原则将房屋多次出卖、拒不办理过户手续甚至解除合同等情形。

《民法典》第209条第1款规定，不动产物权的设立、变更、转让和消灭，经依法登记，发生效力；未经登记，不发生效力，但是法律另有规定的除外。第 215 条进一步规定，当事人之间订立有关设立、变更、转让和消灭不动产物权的合同，除法律另有规定或者当事人另有约定外，自合同成立时生效；未办理物权登记的，不影响合同效力。第 502 条规定，依法成立的合同，自成立时生效，但是法律另有规定或者当事人另有约定的除外。据此，房屋所有权是否发生变动、是否变更登记，并不影响当事人双方签订的房屋买卖合同效力。在一房二卖的过程中，出卖人有可能同时就一个房屋签订数个买卖合同，该数合同的效力，根据现行法律规定，排除无效或者可撤销情形以外，原则上应为有效。

【法官提示 28】

出卖人就同一房屋订立数个买卖合同的，在没有其他合同无效情形的情况下，数个买卖合同均应为有效合同。

（二）房屋权属顺位

上述规定区分了物权行为和债权行为的界限，明确了相应的合同效力问题，但对于争议房屋的具体归属问题，法律上未有具体规定。

《第八次全国法院民事商事审判工作会议（民事部分）纪要》第 15 条规定，审理一房数卖纠纷案件时，如果数份合同均有效且买受人均要求履行合同的，一般应按照已经办理房屋所有权变更登记、合法占有房屋以及合同履行情况、买卖合同成立先后等顺序确定权利保护顺位。但恶意办理登记的买受人，其权利不能优先于已经合法占有该房屋的买受人。对买卖合同的成立时间，应综合主管机关备案时间、合同载明的签订时间以及其他证据确定。[1]《最高人民法院关于审理买卖合同纠纷案件适用法律问题的解释》第 6 条规定，出卖人就同一普通动产订立多重买卖合同，在买卖合同均有效的情况下，买受人均要求实际履行合同的，应当按照以下情形分别处理：先行受领

案例索引裁判文书

案例索引13
最高院（2021）最高法民申6382号姜某元、延兴公司与迟某军、刘某发商品房预售合同纠纷民事裁定书

① 案例索引 13：参见最高人民法院（2021）最高法民申 6382 号姜某元、延兴公司与迟某军、刘某发商品房预售合同纠纷民事裁定书。

交付的买受人请求确认所有权已经转移的，人民法院应予支持；均未受领交付，先行支付价款的买受人请求出卖人履行交付标的物等合同义务的，人民法院应予支持；均未受领交付，也未支付价款，依法成立在先合同的买受人请求出卖人履行交付标的物等合同义务的，人民法院应予支持。

综合以上司法解释规定并结合法律规定，有关房屋权属归属的顺位应当作如下分析：

1. 已经完成过户登记手续的买受人为第一顺位权利人。“一房二卖”中的房产过户登记主要可以分为以下几种情形：（1）出卖人与第一买受人签订合同并办理房屋过户登记后将房屋再次转卖给其他买受人；（2）出卖人与第一买受人签订了合同但没有办理房屋过户手续，又将房屋出售给其他买受人并办理了过户手续；（3）房屋买卖合同均未办理过户登记手续。根据上述《民法典》有关物权变动的法律规定，已经完成过户登记手续的，房屋所有权已经发生转移，并产生实际法律效力，如果不动产未登记，则不发生物权变动的效力。在确定房屋的归属时，买受人作为第一顺位权利人应无异议。

【法官提示 29】

已经完成过户登记手续的，此时，根据二手房交易惯例和惯常合同约定，双方之间的房屋买卖合同已经履行完毕，该买受人依登记取得房屋所有权。此前签订的合同，其他买受人可向出卖人主张违约责任，此后签订的合同，属于出卖人无权处分行为，依无权处分的法律规定处理。

2. 完成预告登记的买受人为第一顺位权利人。《民法典》第 221 条规定，当事人签订买卖房屋的协议或者签订其他不动产物权的协议，为保障将来实现物权，按照约定可以向登记机构申请预告登记。预告登记后，未经预告登记的权利人同意，处分该不动产的，不发生物权效力。因此，如果多个买受人均未办理过户手续，则已经办理过预告登记手续的买受人有权取得房屋的所有权。出卖人在与买受人签订了合法的房屋买卖合同后，为了确保物权可以由买受人取得，双方可约定向登记机构申请预告登记。当不动产进行了预告登记后，在未征得预告登记的权利人的同意下，买受人并没有权利随意变动物权。

3. 合法占有房屋的买受人为第一顺位权利人。出卖人虽然与多个买受人签订了房屋买卖合同，但如果既未办理过户登记又没有进行预告登记的，则合法占有该房屋的买受人优先取得房屋所有权。参考《商品房买卖合同司法解释》第8条即对房屋的转移占有，视为房屋的交付使用的规定，买受人根据签订的合同合法占有房屋是出卖人履行合同交付义务的结果，这种对于房屋的合法占有是以债权为基础取得的，应获得优先保护。

虽然根据物权优先于债权的基本原则，应当优先保护已经办理所有权登记的买受人利益，但如果根据已经查明的案件事实，在办理所有权转移登记之前，其他买受人已经合法占有该房屋的，办理登记的买受人不能作出合理说明，一般情况下出卖人与该买受人可能存在关联公司或者近亲属等密切关系的，要注意审查当事人之间是否存在恶意串通损害第三人利益的情形，如果存在，则相应的买卖合同应当认定为无效，该恶意办理登记的买受人，其权利不能优先于已经合法占有该房屋的买受人。①

典型案例12

李某正与陶某林、吉发公司房屋买卖合同纠纷案②

典型案例裁判文书

典型案例12
湖南高院（2020）湘民终16号民事判决书

案情简介：吉发公司与陶某林签订房屋买卖合同，约定吉发公司将商品房以一次性付款，总价51万余元卖与陶某林。之后该涉案房产一直未办理产权证。陶某林购买涉案房产后，已对该房产进行装修使用。李某正与吉发公司签订房屋买卖合同的时间早于陶某林与吉发公司签订房屋买卖合同的时间，但本案房产并未过户登记。李某正并未对涉案房产进行管理。

裁判规则：李某正未取得涉案房产的产权证明，故李某正并未取得涉案

① 参见杜万华主编：《〈第八次全国法院民事商事审判工作会议（民事部分）纪要〉理解与适用》，人民法院出版社2017年版，第292页。

② 参见湖南省高级人民法院（2020）湘民终16号民事判决书。

房产的物权。根据《商品房买卖合同司法解释》第8条“对房屋的转移占有，视为房屋的交付使用，但当事人另有约定的除外”的规定及最高人民法院《第八次全国法院民事商事审判工作会议（民事部分）纪要》相关精神，一房数卖时，已办理房屋登记的优于未办理房屋登记的；均未办理登记，先占有的优于后占有的；均未占有的，先交付全部价款的优于后或未交付全部价款的。陶某林虽然签订房屋买卖合同在李某正之后，但其实际交付了购房款，接收涉案房屋并进行管理，其属于善意第三人，在双方均未取得房屋产权证的情况下，涉案房屋应当优先确认给陶某林。

【法官提示30】

恶意办理登记的买受人，其权利不能优先于已经合法占有该房屋的买受人。

4. 根据合同履行情况确定优先权利人。在实际中可能会出现既没有办理房屋过户和预告登记手续，又未合法占有房屋，可以综合合同履行情况包括支付房款的先后顺序、实际付款的数额、预售合同是否登记备案、房屋利用、合同签订时间等情况认定优先权利人，其中对买卖合同的成立时间，应综合主管机关备案时间、合同载明的签订时间以及其他证据确定。

【法官提示31】

为有效应对出卖人“一房二卖”甚至“数卖”，维护自身合法权益，在双方签订房屋买卖合同以后，买受人应当要求及时办理预告登记。

【规范指引】

《北京市高级人民法院关于审理房屋买卖合同纠纷案件若干疑难问题的会议纪要》（京高法发〔2014〕489号）

十六、一房数卖中买受人的权利顺位

一房数卖中的数个买受人均要求继续履行房屋买卖合同的，应当依据《全国民事审判工作会议纪要》第二部分第（二）方面、《北京市高级人民法院关于审理房屋买卖合同纠纷案件适用法律若干问题的指导意见（试行）》第13条的规定确定权利保护顺位。在房屋查封期间占有房屋的买受人，其权利不能对抗在先查封房屋的买受人；办理商品房预售合同备案或房屋网签手续买受人的权利，不能对抗合法占有房屋的买受人。

买受人要求办理房屋过户登记的案件中，法院应当告知其可以申请对房屋采取保全措施，法院在必要时可以在查封房屋处张贴封条或者公告，并提取保存有关财产权证照。

《北京市高级人民法院关于审理房屋买卖合同纠纷案件适用法律若干问题的指导意见（试行）》（京高法发〔2010〕458 号）

第十二条　当事人之间就转让同一房屋先后分别签订数份买卖合同，合同中关于房屋价款、履行方式等约定存在不一致，当事人就此产生争议的，应当依据当事人真实意思表示的合同约定继续履行。对于当事人在房屋买卖中确实存在规避税收征管、骗取贷款等行为的，必要时可一并建议相关行政主管部门予以处理。

第十三条　出卖人就同一房屋分别签订数份买卖合同，在合同均为有效的前提下，买受人均要求继续履行合同的，原则上应按照以下顺序确定履行合同的买受人：

（1）已经办理房屋所有权转移登记的；

（2）均未办理房屋所有权转移登记，已经实际合法占有房屋的；

（3）均未办理房屋所有权转移登记，又未合法占有房屋，应综合考虑各买受人实际付款数额的多少及先后、是否办理了网签、合同成立的先后等因素，公平合理的予以确定。

买受人中之一人起诉要求出卖人继续履行买卖合同，出卖人以房屋已转让给他人为由提出抗辩的，法院可以根据案件具体情况决定是否追加其他买受人作为第三人参加诉讼；其他买受人另行提起诉讼要求继续履行合同的，应当依据前款原则协调处理。

《安徽省高级人民法院关于审理房屋买卖合同纠纷案件适用法律问题的指导意见》

3. 出卖人就同一房屋分别与数个买受人签订买卖合同，在合同均为有效且买受人均主张出卖人履行合同转移房屋所有权的情况下，一般应按照以下顺序确定买受人的权利保护顺位：

（1）已经办理房屋所有权转移登记的；

（2）已经办理房屋所有权转移预告登记或合同备案手续的；

（3）已经合法占有房屋的；

（4）合同实际履行在先的；

（5）均未履行，合同成立在先的。

签订房屋买卖合同在先的买受人已经合法占有了房屋，出卖人又与后买受人签订合同并办理了房屋所有权转移登记，除非先买受人能够举证证明后买受人在签订合同及办理房屋所有权转移登记时知道或应当知道房屋已被其他买受人先行占有，仍应优先保护已经办理了房屋所有权转移登记的买受人。

二、阴阳合同

房屋买卖合同领域的“阴阳合同”是指买卖双方为了规避政府管理或者追求经济利益最大化等，在签订合同的过程中，签订两份涉及价格等合同实质性内容不一致的合同。其中为了在房屋交易过户时少交税款而做低房价或者为了多贷款而做高房价，提交给房管部门备案的称为“阳合同”，合同当事人并不实际履行；由当事人双方及中介机构保管，双方实际履行的合同称为“阴合同”。

房屋买卖“阴阳合同”的签订，不仅破坏诚信原则，给买卖双方带来风险和隐患，而且扰乱市场经济秩序，损害国家税收利益。近年来，随着房地产交易市场的快速发展，房屋交易领域“阴阳合同”的现象也越来越多，一方面是由于职能部门监管不够到位；另一方面原因系税费差异明显，利益巨大。

（一）“阴阳合同”违反国家规定

依法纳税是每个公民应尽的义务，房产交易的税费，是国家主要的税费之一，也是国家的主要财政收入来源。税费是房屋交易中的一项重要支出，买卖双方需缴纳的税款均以房屋交易价格计税，房屋价格越高，买卖双方需缴纳的税款越多。在房产交易过程中，买卖双方通过签订“阴阳合同”非法避税，严重损害了国家利益，加重了财政负担，同时也是对正常交易秩序的扰乱与破坏，损害了社会诚信，也影响了国家的宏观调控。

整治规范房地产市场秩序是促进房地产市场平稳健康发展的重要举措，事关人民群众切身利益，事关经济社会发展大局。当前，房地产领域违法违规行为仍时有发生，整治规范房地产市场秩序还存在不少薄弱环节。近年来，国家持续加大房地产市场秩序整治力度，切实维护人民群众合法权益。

2016 年，住房和城乡建设部等七部门印发《关于加强房地产中介管理促进行业健康发展的意见》，要求规范中介机构涉税服务。中介机构和从业人员在协助房地产交易当事人办理纳税申报等涉税事项时，应当如实告知税收规定和优惠政策，协助交易当事人依法诚信纳税。中介机构和从业人员不得诱导、唆使、协助交易当事人签订“阴阳合同”，低报成交价格；不得帮助或唆使交易当事人伪造虚假证明，骗取税收优惠；不得倒卖纳税预约号码。

2018 年，住房和城乡建设部等七部门印发《关于在部分城市先行开展打击侵害群众利益违法违规行为治理房地产市场乱象专项行动的通知》，在部分城市先行开展打击侵害群众利益违法违规行为、治理房地产市场乱象专项行动，其中包括了“为客户就同一房屋签订不同交易价款的‘阴阳合同’提供便利，非法规避房屋交易税费”行为。2019 年，住房和城乡建设部等六部门联合开展住房租赁中介机构乱象专项整治工作，取得了明显成效。

2021 年，住房和城乡建设部等八部门再次印发《关于持续整治规范房地产市场秩序的通知》，要求加强市场监管、净化市场环境、改进政务服务、增进民生福祉，确保整治工作取得实效，促进房地产市场平稳健康发展，增强人民群众的获得感、幸福感、安全感，其中“协助购房人非法规避房屋交易税费”成为整治重点。

（二）“阴阳合同”的效力

关于房屋买卖“阴阳合同”的效力问题，法律及司法解释并未有明确规定，司法实践当中也颇有争议，学界中关于二手房买卖“阴阳合同”法律效力的认定主要有三种观点：一是“阴合同、阳合同均无效说”；二是“阴合同有效，阳合同无效说”；三是“阴合同有效，阳合同部分无效说”。

笔者认为，此时应当结合《民法典》相关内容进行分析。根据《民法典》第 143 条的规定，民事法律行为生效要件包括以下三个方面：一是行为人具有相应的民事行为能力；二是意思表示真实；三是不违反法律、行政法规的强制性规定，不违背公序良俗。同时，根据相关立法者观点，合同的订立和履行，属于合同当事人之间的民事权利义务关系，主要涉及当事人的利益，只要当事人的意思不与强制性规范、社会公共利益和社会公德相抵触，就承认合同的法律效力，国家及法律尽可能尊重合同当事人的意思，一般不予干预，由当事人自主约定，采取自愿的原则。① 因此，在判断“阴阳合同”的法律效力时，最需要考量的是该合同是否符合合同当事人的真实意思。

1. “阴合同”是双方真实意思表示，不违反法律法规之规定，且是合同当事人实际履行的合同，应认定有效。

2. “阳合同”中的价格条款为虚假价格，不是真实交易价格，并非双方真实意思表示，其目的是逃避税费或者为获取更多贷款，应认定无效，其他条款有效。

【法官提示32】

“阳合同”价格条款并非当事人真实意思表示，应认定无效，其他条款有效。

典型案例13

张某东、张某与刘某崴、李某房屋买卖合同纠纷案②

典型案例裁判文书

典型案例13
江苏省淮安市中级人民法院（2021）苏08民终1922号民事判决书

案情简介：双方签订《存量房买卖成交合同》，合同约定刘某崴、李某购买张某东、张某房屋（建筑面积123.7平方米），合同签订之日支付定金10万元，其后支付首付款84.25万元，刘某崴、李某申请贷款60万元。后来，双方办理了涉案房屋转移登记手续。刘某崴、李某也已实际支购房款共计154.25万元。办理房屋转移登记当天，双方及中介方又签订了一份《房屋买卖合同》，该房屋买卖合同将上述房屋的房屋总价款写为70万元。不动产登记部门以该份合同进行了备案登记。张某东、张某主张该70万元的买卖合同系对方串通中介威逼其所签，系为逃避国家税收，违反法律规定。

裁判规则：双方签订的《存量房买卖成交合同》系当事人真实意思表示，

① 参见胡康生主编：《中华人民共和国合同法释义》，法律出版社2013年版，第10页。
② 参见江苏省淮安市中级人民法院（2021）苏08民终1922号民事判决书。

不违反法律规定，且双方已经实际办理产权过户登记，刘某崴、李某也已实际支付合同约定的房价款154.25万元，刘某崴、李某也已实际收到房屋，合同已经履行。而双方签订的总价70万元的《房屋买卖合同》属于订立虚假价格，并非双方变更房价的真实意思表示，具有非法目的，该份合同相关条款违反法律规定，应属无效。故上述“阴阳合同”应以双方签订的已经实际履行的房屋买卖合同为有效合同。双方根据签订的《存量房买卖成交合同》所进行房屋买卖的民事法律行为有效。

【规范指引】

《江苏省高级人民法院关于审理房地产合同纠纷案件若干问题的解答》

6. 签订“阴阳合同”的如何处理?

为避税、套取银行贷款等网签的房屋买卖合同属于双方通谋虚伪的意思表示，应认定为无效，以双方当事人实际履行的房屋买卖合同为准。

3. “阴合同”与“阳合同”其他条款冲突时，应以双方真实意思表示为准，并考虑“阳合同”其他条款。对于这种情况的效力认定，应以当事人真实意思表示为准，体现双方真实意思表示的条款才有效。同时还要综合考虑合同签订时间顺序、合同条款内容、合同实际履行等，准确认定其他条款效力。

司法实践主流观点认为，在合同的实际履行中，应当综合考虑合同双方的真实意思表示和履行的实际情况来确定双方的权利义务。二手房买卖双方所签订“阳合同”的行为不能与“阴合同”割裂开来，应当统一于房屋交易的合同主要目的之下，“阳合同”与“阴合同”关于产权变动的约定是一致的，成立且产生法律效力，对双方具有约束力，因此“阳合同”这一部分内容而言应当是有效的，“阳合同”的价格条款不是双方的真实意思表示，而是为了逃避税费而恶意串通，损害国家利益，应属无效，即“阳合同”价格条款内容无效，但不影响其余条款内容有效。①

（三）法律风险

房产交易“阴阳合同”现象的存在，其背后蕴藏着巨大的道德及法律风

① 参见闫冬冬、向存丹:《为避税费签下房产“阴阳合同”，有效还是无效?》，载《人民法院报》2017年12月9日，第3版。

险。通过签订“阴阳合同”来达到规避法律监管与规避税费的不良行为，也会引发不良的社会风气，对我国法律权威及社会稳定等都会构成不利影响，从长远来讲也不利于房地产交易市场的健康有序发展，这种扰乱市场的行为应当予以规制。

1. 买卖双方可能都被追缴税款，甚至面临刑事处罚。房屋买卖双方签订“阴阳合同”，以低价格的“阳合同”进行虚假纳税申报，是偷税行为。《税收征收管理法》第63条规定，纳税人伪造、变造、隐匿、擅自销毁账簿、记账凭证，或者在账簿上多列支出或者不列、少列收入，或者经税务机关通知申报而拒不申报或者进行虚假的纳税申报，不缴或者少缴应纳税款的，是偷税。对纳税人偷税的，由税务机关追缴其不缴或者少缴的税款、滞纳金，并处不缴或者少缴的税款50%以上5倍以下的罚款；构成犯罪的，依法追究刑事责任。扣缴义务人采取前款所列手段，不缴或者少缴已扣、已收税款，由税务机关追缴其不缴或者少缴的税款、滞纳金，并处不缴或者少缴的税款50%以上5倍以下的罚款；构成犯罪的，依法追究刑事责任。《刑法》第201条第1款规定，纳税人采取欺骗、隐瞒手段进行虚假纳税申报或者不申报，逃避缴纳税款数额较大并且占应纳税额10%以上的，处3年以下有期徒刑或者拘役，并处罚金；数额巨大并且占应纳税额30%以上的，处3年以上7年以下有期徒刑，并处罚金。

【法官提示33】

“阴阳合同”的签订，房屋买卖双方可能都被追缴税款，甚至面临高额罚款，情况严重的还可能承担刑事责任。

2. 一方或者双方当事人反悔。“阴阳合同”虽然能减少买卖双方应缴纳的税款，但卖方却面临买方要求按低价格“阳合同”履行的风险。司法实践中，买受人拒绝按“阴合同”的实际成交价格给付差价情形时有发生。个别情况下，由于市场价格波动较大，特别出现短期涨幅较大情形时，出卖人认为原价格吃亏，极易发生以双方签订“阴阳合同”为由主张合同无效。如此使房产交易秩序产生不确定性，增加了很多风险因素。如买受人为获取更多贷款，与出卖人签订高价格的“阳合同”，出卖人可能要求买受人以高价格

“阳合同”支付房款。如房屋价格上涨，出卖人可能利用“阴阳合同”加价甚至解除合同。此外，买受人还可能难以获取贷款。

【规范指引】

《北京市高级人民法院关于审理房屋买卖合同纠纷案件若干疑难问题的会议纪要》（京高法发〔2014〕489号）

四、房屋买卖中阴阳合同的效力

当事人在房屋买卖合同（包括双方已经签字的网签合同）中为规避国家税收监管故意隐瞒真实的交易价格，该价格条款无效，但该条款无效不影响合同其他部分的效力。当事人以逃避国家税收为由，要求确认买卖合同全部无效的，不予支持。

当事人对房屋买卖合同（包括双方已经签字的网签合同）的效力及履行存在争议，经审查其名为房屋买卖，实为赠与等其他法律行为的，应根据隐藏法律行为的性质进行处理。

《山东省高级人民法院关于印发全省民事审判工作会议纪要的通知》（鲁高法〔2011〕297号）

（十）关于房屋买卖中“黑白合同”的认定问题

房地产交易中，有些当事人为规避国家税收法律和税收监管，出卖人和买受人通常签订两份价格不同的买卖合同，其中用一份价格较低的合同到有关行政主管部门备案，另一份价格较高的合同为真实的交易价格并实际履行的合同。出卖人与买受人签订两份价格不一致的房屋买卖合同，应以双方实际履行的合同确定各自的权利义务。

三、借名买房

借名买房是指在房屋买卖合同关系中，一方当事人因为主观或客观原因不能以自己名义出资买房，因而与另一方当事人达成口头或书面的合意，借用其名义进行房屋的购房和登记。“主观或客观原因”包括规避购房资格限制、逃避债务、隐藏财产、减免税收、获取贷款等多方面。借名买房后续引发纠纷的情况不少见，一种情形是借名人要求办理房屋所有权的过户登记，但出名人违反约定，不予办理；另一种情形是出名人要求借名人返还房屋的占有，借名人拒不返还等。司法实践中主要争议在于“借名买房”的合同效力问题、“借名买房”中不动产物权的归属问题和执行异议处理问题。

（一）借名买房特点

1. 借名买房包括以下三方当事人，即出名人（名义购房者）、借名人（实际出资人）、房屋出卖者。借名买房存在三种协议：出名人与借名人之间的借名协议、出名人与房屋出卖者的购房合同、出名人与借名人之间的房产转让协议。因此，借名买房存在以下三种法律关系：出名人与借名人之间的借名法律关系、出名人与房屋出卖者之间的房屋买卖法律关系、借名人与出名人之间的房产转让登记法律关系。

2. 借名人与出名人就借名购房之意思表示，双方达成一致意见，形成合意。基于相关利益关系或者情感关系，双方当事人对借名购房均系出于自愿，借名人自愿出资购房，并将该房产暂时登记于出名人名下，出名人愿意按照双方约定的时间将该房屋所有权转移登记于借名人名下，同时，一般情况下，房屋虽登记于出名人名下，但却由借名人实际占有使用。

【法官提示34】

借名买房关系中，实际存在两个合意：一是存在于借名人与被借名人之间的关于房屋所有权归属的合意；二是借名人与第三人之间达成的房屋买卖，并据此向登记机关表达的关于房屋所有权登记的合意。这两个合意在一般情况下是一致的，但在特定情形下则出现分离。[①]

3. 出名人与借名人之间权利义务明确。出名人仅在名义上显示为房屋所有权人，购房所有费用实际上均由借名人支付。出名人不承担有关房屋的任何负担，同时出名人还可能与借名人约定了相应报酬或无须任何报酬。而借名人则在合同签订后需要承担各种有关房屋的费用，若约定了报酬还需支付出名人的报酬。

【法官提示35】

借名买房行为是实际出资人借用他人名义购房，换言之，实际出资人在利用他人名义签订买卖合同前，须征得他人同意，相关手续以及将

① 参见张衡：《借名买房下的权利归属之争》，载《人民法院报》2017年11月9日，第7版。

来房屋所有权登记都必须在出名人配合之下才可以顺利完成。这一特征将其与冒名购房相区分，在后者中，冒名人是未经过被冒名人同意的，而且冒名人也涉嫌侵犯他人姓名权。

（二）借名买房之法律风险

借名房屋的权属变动形式不满足《民法典》对房屋权属的形式要求，造成法律层面的产权人和实际层面的产权人不一致的形态，从而引起诸多纠纷。

1. 借名人（实际出资人）的法律风险。

国家有关法律法规、政策对房产交易有特殊的规定和限制，购买人必须满足规定的条件，购买资格具有专属性。借用他人名义购买房产，如认定为恶意规避法律法规政策的行为，则双方订立的合同无效。如存在损害银行、债权人等第三人利益的，依据《民法典》的相关规定，属于恶意串通，损害他人合法权益的行为，合同无效。如合同无效，已经付款的借名人可以要求返还支付的房款，但却无法获得争议的房产所有权。

实践当中，有的出名人为了个人利益或者获取经济利益，私自转让房产或者将其抵押，借名人可能无法取得房产所有权，因为依据《民法典》关于善意取得的规定，第三人出于善意，已支付合理的费用并已依法取得房产登记的，应当受到法律保护，借名人仅有权向出名人要求赔偿损失。出名人可能出于获取经济利益或其他原因，甚至否认双方之间存在借名买房的事实，如借名人没有足够的证据证明房产是借名购买，产权人为借名人的，借名人可能只能要求出名人返还房款，因此，万一出名人违约，借名人可能无法获得房产所有权。另外，如果出名人发生债务，发生民事纠纷并产生诉讼，则其名下房产有可能被查封甚至拍卖，借名人可能因此蒙受巨大损失。

【法官提示36】

极端情况下，如果出名人去世，其继承人有可能不了解借名之事、不承认借名之事，甚至继承人众多，借名人可能陷入纠纷，最终无法取得房产。

2. 出名人（名义购房者）的法律风险。

如遇政府对买房实施限购政策，且实践当中政策存在经常变化的可能，当出名人自己打算买房时，可能因借名行为受到限购政策影响，丧失再次买房资格。同时，由于银行对购买第二套房产实行不同于个人首套房的首付比例、贷款利率，出名人自己打算买房时，需要支付更高的首付比例和承担更高的贷款利率。另外，当借名人陷入债务危机，怠于偿还贷款，则出名人不仅应当承担归还贷款的义务，并影响出名人的信用损失。

（三）效力分析

1. 合同效力。

合同的效力认定往往成为该类案件的争议焦点和处理难点，关乎合同当事人权利行使和利益诉求，也关乎当事人诉讼权利的行使。合同的效力是指合同经过法律的评价所反映出的效果。根据《民法典》合同编的规定，合同的效力一般可以区分为有效合同、无效合同、可撤销的合同、效力未定的合同四种类型。司法实践中，借名买房纠纷更多的是针对合同是否有效展开。

关于合同的效力，《民法典》在总则编第6章第3节民事法律行为的效力和合同编第3章合同的效力中具体进行了规定，其中，第143条规定，具备下列条件的民事法律行为有效：（1）行为人具有相应的民事行为能力；（2）意思表示真实；（3）不违反法律、行政法规的强制性规定，不违背公序良俗。《民法典》第153条规定，违反法律、行政法规的强制性规定的民事法律行为无效。但是，该强制性规定不导致该民事法律行为无效的除外。

审判实务界基本上把强制性规范分为效力性规范与管理型规范。这种区分方法主要以行政法的立法目的和强制性规范的设立目的作为最高指导原则。如果法律规范的目的纯粹是行政管理的需要，并无涉及民事主体之间利益关系的意图，则应当根据行政管理权与司法审判权职能区分要求，把这类强制性规范作为管理型规范对待，排除在认定合同效力依据的范围之外。[①] 实务界认为，在民事审判中，特别是在认定合同效力时，应当将法律、行政法规的效力性强制性规定与管理性强制性规定区分开来，只有违反效力性强制性规

---

① 参见最高人民法院民事审判第一庭编著：《最高人民法院建设工程施工合同司法解释的理解与适用》，人民法院出版社2004年版，第22页。

定的合同方为无效。如果当事人违反了管理型强制性规定应当受到行政处罚，但不应当影响民事合同的效力。

对于“借名买房”合同的效力，司法实践中掌握的标准不尽一致。有的法院以违反“法律、行政法规的强制性规定”为依据认定合同无效，有的法院以“损害社会公共利益”为依据认定合同无效。通常情况下，合同的效力是当事人的主要争议焦点之一，因此，在这类案件的审理过程中，法官需要严格审查合同效力，并及时做出相应的释明工作。在审查合同效力时，同时也应当对合同解除、可撤销等问题进行审查，尤其是当事人一方提出可撤销之诉或合同解除之诉时，需要结合合同约定和合同履行中的实际情况，并结合当事人的请求作出判断。根据法律行政法规的强制性规定被认定为无效的合同，说明该类合同违背国家意志和立法者的初衷，不符合经济社会发展的方向和要求，应当对该类合同进行强制性干预，使其无效并自始无效，而不管当事人是否主张合同的效力。

笔者认为，基于借名买房合同产生的原因不同，借名买房合同的效力亦应区分不同情形：（1）如果借名购买政策保障性住房，如经济适用房、人才住房等，因侵害社会公共利益，合同无效。（2）购买普通商品房，也不违反当地限购，如不存在恶意串通损害他人利益的，合同有效。（3）购买普通商品房，但违反当地限购、限贷政策，合同有效。（4）借名人将用非法收入购买的房屋登记在他人名下，出名人明知其购房款为犯罪所得而帮忙掩饰的，实际上已经构成相关上游犯罪，合同当然无效，并应没收所购房产。主流观点认为，认定借名买房协议的效力的总的思路是只要当事人意思表示真实，内容不具有《合同法》第52条①和其他法律规定的无效合同情形即应认可其效力。总的原则是为适应现代社会交易的高速和频繁，维持交易秩序的稳定应尽量减少无效合同的认定。②

【法官提示37】

一般的借名购房协议如果不具有法定合同无效事由，则基于意思自治原则，其效力应予认可。

---

① 《合同法》已废止，相关规定参照《民法典》中的法条。

② 参见马一德：《借名买房之法律适用》，载《法学家》2014年第6期。

2. 房屋归属。

关于借名人所享有的权利性质，目前有“物权说”和“债权说”两种观点。

第一，关于“物权说”。该观点认为，如根据当事人提供的购房款支付、房贷的偿还、双方之间关于借名买房及所有权归属的约定等证据，能够证明在双方之间形成了借名买房关系，则当事人之间的真实意思是借名人购买房屋并取得所有权，借名人为事实上的房屋所有权人，其可以向人民法院提起确认之诉请求确认房屋归其所有。出名人虽然根据相应的房屋买卖合同等文件被登记为房屋所有权人，但并非当事人双方的真实意思表示，据此作出的权属登记不具有原因行为基础，故而导致登记权利状态与真实权利状态不一致，此种情况应回归真实权利状态，故当事人请求确认物权的，应予支持。

第二，关于“债权说”。该观点认为，“借名买房”合同并没有直接设立房屋所有权的法律效力。借名人实际享有房屋所有权只是借名人和出名人之间的内部约定，借名人与登记权利人之间关于房屋所有权归属的约定只能约束合同双方当事人，属于债权的一种表现形式，没有直接设立房屋所有权的法律效力，借名人不能根据借名买房协议的约定直接取得房屋的所有权。对外而言，出名人仍是房屋的所有权人。借名人仅享有请求出名人将房屋所有权转移登记至其名下的债权请求权。因此，只要未变更登记，房产所有权尚归出名人所有，借名人享有的只是基于合同的债权，出名人的再处分行为，属于有权处分。

《民法典》第209条规定，不动产物权的设立、变更、转让和消灭，经依法登记，发生效力；未经登记，不发生效力，但是法律另有规定的除外。依法属于国家所有的自然资源，所有权可以不登记。其中“法律另有规定的”是指《民法典》第229条规定的因人民法院、仲裁机构的法律文书或者人民政府的征收决定等，导致物权设立、变更、转让或者消灭的情况，以及第230条、第231条因继承、合法建造、拆除房屋等设立或者消灭物权的情况等。除这些例外情形之外，其他的不动产物权变动都必须严格遵循登记生效主义。

借名购房是基于法律行为而取得物权，且权利标的是房屋所有权，显然不属于上述法律另有规定的除外情形，因此应当严格执行登记生效主义，只要借名购买的房屋还没有登记到实际出资人名下，就不能承认实际出资人享有物权。如果承认实际出资人与名义购房人之间关于房屋所有权归属的约定具有物权效力（直接确认实际出资人是所有权人），等于是采纳了债权意思主义的物权变动模式，这与我国物权法的立法指导思想是相抵触的。因此，实际出资人只能根据与名义购房人之间的协议要求名义购房人将房屋所有权转移给实际出资人。[①]

【法官提示 38】

经合法登记的不动产物权的权利人在法律上被推定为真正的权利人。至于借名人和出名人之间关于房屋所有权归借名人的约定仅是内部的一种债权债务关系，不能推翻登记生效主义的不动产物权变动规定。[②]

案例索引裁判文书

案例索引14

最高院（2020）最高法民再328号中集哈深公司与徐某欣、曾某外案外人执行异议之诉民事判决书

【规范指引】

《山东省高级人民法院关于印发全省民事审判工作会议纪要的通知》（鲁高法〔2011〕297 号）

（一）关于不动产权属证书记载的权利人与实际权利人不一致的情形如何处理的问题

根据《物权法》第 17 条[③]的规定，不动产权属证书是权利人享有该不动产物权的证明。不动产权属证书是不动产物权的外在表现形式，是确定不动产物权归属和内容的基本依据，对不动产物权的归属具有推定的证据效力，在没有充分反驳证据的情况下，应当依据不动产权属证书确定不动产物权的权利人，但实践中不动产权属证书记载的权利人与实际权利人不符的情形比较普遍。如果一方当事人认为不动产权属证书记载的权利人有错误，向法院起诉对该不动产物权请求确认归属的，有义务提供证据加以证明，如证据足以证明不动产物权的实际权利人的，应依法确定讼争不动产物权的权利人。

因此，"借名买房"中虽然借名人是不动产产权的实际所有人，但是其并不能依据借名合同直接请求不动产登记机构变更登记或者请求人民法院直接

---

① 参见高治：《借名购买经济适用房的法律效力及权属》，载《人民司法》2015 年第 4 期。

② 案例索引 14：参见最高人民法院（2020）最高法民再 328 号中集哈深公司与徐某欣、曾某外案外人执行异议之诉民事判决书。

③ 《物权法》已废止，《物权法》第 17 条对应《民法典》第 217 条。

确认房屋所有权归其所有，仅能与出名人进行协商或者提起诉讼要求出名人将房屋所有权变更至自己名下。若当事人基于借名买房关系直接要求确认所有权，法院应释明当事人变更诉讼请求为办理房屋所有权转移登记手续，否则可以以诉求不当为由判决驳回诉讼请求。

【规范指引】

《浙江省高级人民法院民一庭关于审理受房地产市场调控政策影响的房屋买卖合同纠纷案件的若干意见（试行）》

八、实际买受人为规避限购、禁购政策，以他人名义与出卖人订立合同并办理房屋权属证书后，以其系实际买受人为由，请求确认其为房屋产权人的，不予支持，但调控政策重新调整并准许其取得产权的除外。

在一般的商品房借名买房合同纠纷中，只要借名人能够证明自己是实际的出资人，并对房屋享有事实上的占有、使用和收益，法院通常会判断房屋的所有权由借名人享有，由出名人移转房屋的所有权于借名人。但由于经济适用房的特殊性质，法院在审理这类案件时存在不同的处理方法：一是判决房屋的所有权归借名人所有，由借名人支付出名人一定的补偿；二是判决由出名人享有房屋所有权，然后由出名人返还借名人支付的购房款，并赔偿借名人的损失；三是维持现状，既不支持借名人要求办理房屋过户的诉讼请求，也不支持出名人要求借名人返还房屋的诉讼请求，该种情况不多见。

【法官提示39】

借名购房行为应遵循登记生效主义的不动产物权变动规则，借名购房协议中关于房屋所有权属于实际出资人的约定仅有债权效力，不具有物权效力。实际出资人仅对名义购房人享有要求后者配合办理房屋转移登记的债权，并不对借名购买的房屋直接享有物权。

【规范指引】

《北京市高级人民法院关于审理房屋买卖合同纠纷案件若干疑难问题的会议纪要》（京高法发〔2014〕489号）

十、借名买房的认定和处理

借名人以出名人（登记人）为被告提起诉讼，要求确认房屋归其所有的，法院应当向其释明，告知其可以提起合同之诉，要求出名人为其办理房屋过户登记手续。

《北京市高级人民法院关于审理房屋买卖合同纠纷案件适用法律若干问题的指导意见（试行)》第16条规定中的政策性保障住房包括经济适用住房、两限房等保障中低收入家庭住房困难的房屋。借名人要求办理房屋过户登记手续，经审查借名购买的经济适用住房的原购房合同系2008年4月11日（含）之前签订的，可以参照前述指导意见第6条第2款的规定处理。

房屋腾退纠纷中，被告方以双方之间存在借名买房关系作为抗辩的，法院应当释明其可以提出反诉要求办理房屋过户登记手续，当事人坚持不反诉的，应就其抗辩是否成立进行审理并作出判定。

《北京市高级人民法院关于审理房屋买卖合同纠纷案件适用法律若干问题的指导意见（试行)》(京高法发〔2010〕458号)

第十五条　当事人约定一方以他人名义购买房屋，并将房屋登记在他人名下，借名人实际享有房屋权益，借名人依据合同约定要求登记人（出名人）办理房屋所有权转移登记的，可予支持。但是，该房屋因登记人的债权人查封或其他原因依法不能办理转移登记，或者涉及善意交易第三人利益的除外。

当事人一方提供证据证明其对房屋的购买确实存在出资关系，但不足以证明双方之间存在借名登记的约定，其主张确认房屋归其所有或要求登记人办理房屋所有权转移登记的，不予支持；其向登记人另行主张出资债权的，应当根据出资的性质按照相关法律规定处理。

第十六条　借名人违反相关政策、法规的规定，借名购买经济适用住房等政策性保障住房，并登记在他人名下，借名人主张确认房屋归其所有或者依据双方之间的约定要求登记人办理房屋所有权转移登记的，一般不予支持。

第十七条　登记人将登记在其名下的房屋擅自转让给他人，借名人以其对房屋享有实际权利为由，要求确认买卖合同无效的，不予支持，但借名人能够证明买受人知道或应当知道房屋存在借名登记的除外。买受人、借名人均要求继续履行合同的，可以参照本意见第十三条第一款的规定处理。

（四）执行异议分析

借名购房表现为法律归属与实际权利人存在分离的情况，而在法院案件执行中，当法院通过采取强制执行措施查控被执行人名下财产时，案外人凭借其与被执行人签订的借名协议主张其为涉案财产的实际权利人，进而提出排除执行异议之诉，要求法院停止对涉案财产的执行和处分。法院在审理此类案外人执行异议之诉时，在认定该借名协议合法有效的前提下，该借名协议能否排除执行，在理论上和实务中均存在一定争议。

在因借名协议产生的执行异议之诉中，申请执行人权利和案外实际权利人的利益平衡是借名协议能否排除执行的核心要素，执行法院在二者利益取舍方面除了要考察权利属性、类型、产生时间、国家、社会公共利益等客观因素，还要考量当事人主观过错和信赖保护等主观因素以及其他个案特殊情节。此外，在权利状态方面，执行法院还应当统筹考量案件当事人对涉案财产的占用、使用、收益以及为维护财产安全和价值所履行的相关义务情况，在综合分析和判定的基础上，作出借名协议能否排除执行的裁判。[①]

《最高人民法院关于适用〈中华人民共和国民事诉讼法〉的解释》第 309 条规定，案外人或者申请执行人提起执行异议之诉的，案外人应当就其对执行标的享有足以排除强制执行的民事权益承担举证证明责任。第 310 条规定，对案外人提起的执行异议之诉，人民法院经审理，按照下列情形分别处理：案外人就执行标的享有足以排除强制执行的民事权益的，判决不得执行该执行标的；案外人就执行标的不享有足以排除强制执行的民事权益的，判决驳回诉讼请求。第 311 条规定，对申请执行人提起的执行异议之诉，人民法院经审理，按照下列情形分别处理：案外人就执行标的不享有足以排除强制执行的民事权益的，判决准许执行该执行标的；案外人就执行标的享有足以排除强制执行的民事权益的，判决驳回诉讼请求。上述规定，对相关执行异议之诉的内容作出了程序性规定，但并未回答本章节之争议问题。

《全国法院民商事审判工作会议纪要》引言部分指出，从现行法律规则来看，外观主义是为保护交易安全设置的例外规定，一般适用于因合理信赖权利外观或意思表示外观的交易行为。实际权利人与名义权利人的关系，应注重财产的实质归属，而不单纯地取决于公示外观。总之，审判实务中要准确把握外观主义的适用边界，避免泛化和滥用。案外人执行异议之诉以排除对特定标的物的执行为目的，从程序上而言，案外人提出执行异议被驳回的，

---

① 参见李春双：《借名协议排除强制执行路径研究》，载《法律适用》2020 年第 18 期。

即可向执行人民法院提起执行异议之诉。人民法院对执行异议之诉的审理，一般应当就案外人对执行标的物是否享有权利、享有什么样的权利、权利是否足以排除强制执行进行判断。至于是否作出具体的确权判项，视案外人的诉讼请求而定。案外人未提出确权或者给付诉讼请求的，不作出确权判项，仅在裁判理由中进行分析判断并作出是否排除执行的判项即可。但案外人既提出确权、给付请求，又提出排除执行请求的，人民法院对该请求是否支持、是否排除执行，均应当在具体判项中予以明确。执行异议之诉不以否定作为执行依据的生效裁判为目的，案外人如认为裁判确有错误的，只能通过申请再审或者提起第三人撤销之诉的方式进行救济。该条内容就执行异议之诉审理的思路、范围和程序作出更为具体的规定，但就“案外人享有什么样的权利、权利是否足以排除强制执行”依然未予以明确。

《最高人民法院关于人民法院办理执行异议和复议案件若干问题的规定》第 24 条规定，对案外人提出的排除执行异议，人民法院应当审查下列内容：（1）案外人是否系权利人；（2）该权利的合法性与真实性；（3）该权利能否排除执行。在借名买房中，借名人以出名人名义购买房屋并办理产权登记，该房屋的占有、使用、收益、处分权限仍归借名人享有。现在出名人是不动产登记簿记载的房屋权利人，借名人主张该房屋系借名买房，产权实际归其所有，必须对双方存在借名买房的合意，以及购房款全部为其出资的事实，承担证明责任。同时，根据该司法解释第 25 条的规定，对案外人的异议，人民法院应当按照下列标准判断其是否系权利人：已登记的不动产，按照不动产登记簿判断；未登记的建筑物、构筑物及其附属设施，按照土地使用权登记簿、建设工程规划许可、施工许可等相关证据判断。实际上，最终还是采取的登记生效主义的不动产物权变动规则。

综上，笔者认为，依据成本最小化的风险分配原则，除非申请执行人明知，否则借名登记中的“隐名权利”不能对抗强制执行。[①] 主要理由如下：一是根据《民法典》规定，不动产物权的设立、变更、转让和消灭，经依法登记，发生效力。借名买房协议是借名人与出名人之间就房产归属所作的内部约定，该约定并不发生物权效力，仅具有债权性质，并非法律规定的可以

---

① 参见张伟强：《借名登记问题的经济分析》，载《法学杂志》2019 年第 8 期。

发生物权变动的法定事由。二是无论双方之间的“借名买房”事实是否成立，在案涉房屋的所有权未经变更登记之前仍属于出名人所有，所以案外人要求停止对登记于出名人名下的房屋强制执行的请求，缺乏法律依据，不应得到支持。三是基于上述司法解释的规定。

典型案例14

林某信与冉某珍案外人执行异议之诉案①

典型案例裁判文书

典型案例14

广西壮族自治区高级人民法院（2020）桂民终1350号民事判决书

案情简介：涉案房屋购房合同、《个人住房（商业用房）借款合同》、中国建设银行个人贷款对账单及产权证所列当事人均为赖某昌。赖某昌出具一份《借名购房声明》，载明：“本人赖某昌，因刚参加工作无能力购房，现母亲冉某珍愿以积蓄购房一套（涉案房屋），首付20万元由母亲直接出资付款，贷款卡由母亲冉某珍保管，负责每月还贷，本人声明此房为母亲冉某珍借本人名义所有，不属本人或夫妻共同财产……”涉案房屋的产权证房屋所有权人处登记为赖某昌。冉某珍一直在涉案房屋居住至今。

裁判规则：本案中涉案房屋登记在赖某昌名下，应当认定涉案房屋的所有权人为赖某昌。冉某珍主张其是涉案房屋的实际权利人，其与赖某昌为借名买房关系，享有排除强制执行的民事权益。法院认为，冉某珍的主张不能成立。在借名买房情形中，借名人与出名人之间的协议为双方内部债权债务关系，并不发生物权变动的效力，不能以此认定借名人是不动产物权的所有权人。借名行为不具有公示效力，合同具有相对性，借名人不能以此行为对抗善意的申请执行人。即使冉某珍对涉案房屋有所出资，但其对涉案房屋登记在赖某昌名下并无异议，故涉案房屋登记机关将所有权人登记为赖某昌不属于登记错误，其对涉案房屋的出资属于其与赖某昌之间的债权债务关系，

① 参见广西壮族自治区高级人民法院（2020）桂民终1350号民事判决书。

可另案向赖某昌主张。

【规范指引】

《江苏省高级人民法院执行异议及执行异议之诉案件审理指南（二）》（审委会会议纪要〔2019〕1号）

四、案外人基于借名买房提起的执行异议之诉案件的处理

14. 金钱债权执行中，执行法院对案涉房屋采取查封措施后，案外人以其与被执行人存在借名买房关系，且系房屋实际所有权人为由提出异议的，应裁定驳回异议。由此引发的执行异议之诉案件，应驳回其诉讼请求。

15. 金钱债权执行中，执行法院对登记在被执行人名下的房屋采取强制执行措施，案外人与被执行人为套取银行贷款而虚构房屋买卖事实订立买卖合同的，该案外人以其系房屋实际所有权人为由，提起执行异议之诉，请求排除对该房屋执行的，不予支持。

第三节　调 控 政 策

一、调控政策

（一）政策沿革

针对房地产市场回升，部分城市出现房价上涨过快等问题，国务院办公厅2010年1月印发《关于促进房地产市场平稳健康发展的通知》，要求进一步加强和改善房地产市场调控，稳定市场预期，促进房地产市场平稳健康发展。通知第2条提出要合理引导住房消费抑制投资投机性购房需求：一是加大差别化信贷政策执行力度。金融机构在继续支持居民首次贷款购买普通自住房的同时，要严格二套住房购房贷款管理，合理引导住房消费，抑制投资投机性购房需求。对已利用贷款购买住房、又申请购买第二套（含）以上住房的家庭（包括借款人、配偶及未成年子女），贷款首付款比例不得低于40%，贷款利率严格按照风险定价。二是继续实施差别化的住房税收政策。要严格执行国家有关个人购买普通住房与非普通住房、首次购房与非首次购房的差别化税收政策。对不符合规定条件的，一律不得给予相关税收优惠。同时，要加快研究完善住房税收政策，引导居民树立合理、节约的住房消费观念。

同时，2010年4月，为进一步落实各地区、各有关部门的责任，坚决遏制部分城市房价过快上涨，切实解决城镇居民住房问题，国务院印发《关于坚决遏制部分城市房价过快上涨的通知》（国发〔2010〕10号），第2条提出要坚决抑制不合理住房需求：一是实行更为严格的差别化住房信贷政策。对购买首套自住房且套型建筑面积在90平方米以上的家庭（包括借款人、配偶及未成年子女，下同），贷款首付款比例不得低于30%；对贷款购买第二套住房的家庭，贷款首付款比例不得低于50%，贷款利率不得低于基准利率的1.1倍；对贷款购买第三套及以上住房的，贷款首付款比例和贷款利率应大幅度提高，具体由商业银行根据风险管理原则自主确定。人民银行、银监会要指导和监督商业银行严格住房消费贷款管理。住房和城乡建设部要会同人民银行、银监会抓紧制定第二套住房的认定标准。要严格限制各种名目的炒房和投机性购房。商品住房价格过高、上涨过快、供应紧张的地区，商业银行可根据风险状况，暂停发放购买第三套及以上住房贷款；对不能提供1年以上当地纳税证明或社会保险缴纳证明的非本地居民暂停发放购买住房贷款。地方人民政府可根据实际情况，采取临时性措施，在一定时期内限定购房套数。对境外机构和个人购房，严格按有关政策执行。二是发挥税收政策对住房消费和房地产收益的调节作用。财政部、税务总局要加快研究制定引导个人合理住房消费和调节个人房产收益的税收政策。税务部门要严格按照税法和有关政策规定，认真做好土地增值税的征收管理工作，对定价过高、涨幅过快的房地产开发项目进行重点清算和稽查。

2011年1月，国务院办公厅印发《关于进一步做好房地产市场调控工作有关问题的通知》（国办发〔2011〕1号）提出要继续完善严格的差别化住房信贷和税收政策，进一步有效遏制投机投资性购房，调整个人转让住房营业税政策，对个人购买住房不足5年转手交易的，统一按其销售收入全额征税，对贷款购买第二套住房的家庭，首付款比例不低于60%，贷款利率不低于基准利率的1.1倍。2013年2月，国务院办公厅再次印发《关于继续做好房地产市场调控工作的通知》（国办发〔2013〕17号），要求继续严格执行商品住房限购措施和严格实施差别化住房信贷政策，充分发挥税收政策的调节作用，并强调对执行住房限购和差别化住房信贷、税收等政策措施不到位、房价上涨过快的，要进行约谈和问责。

近年来，住房和城乡建设部等国家部委先后下发《关于进一步做好房地产市场调控工作有关问题的通知》《关于在部分城市先行开展打击侵害群众利益违法违规行为治理房地产市场乱象专项行动的通知》《关于持续整治规范房地产市场秩序的通知》等政策，进一步整顿和规范房地产市场秩序，健全房地产市场监管机制，切实维护人民群众合法权益。针对上述国家政策要求，北京、上海、杭州等城市陆续出台限购、限贷政策并辅之以税费政策予以调控房地产市场，随后全国各大城市陆续结合实际推出落实举措和实施细则，上述即为调控政策出台的沿革。

（二）调控政策的性质认定

近年来，因房地产调控政策的实施，导致大量购房合同因无法履行而被诉至法院，纠纷的主要类型有因限购导致丧失购房资格致合同不能实现 、因银行贷款首付比例提高，无法办理约定数额的贷款而要求解除合同或者网签登记后，因不符合新政规定的贷款条件而主张解除合同等。实践中，主要通过不可抗力、情势变更、不可归责于当事人双方的事由等制度来支持当事人无责解除合同。

1. 不可抗力。

不可抗力是指不能预见、不能避免且不能克服的客观情况，根据《民法典》第180条的规定，因不可抗力不能履行民事义务的，不承担民事责任。法律另有规定的，依照其规定。如何认识“不能避免且不能克服”，应是指当事人已经尽到最大努力和采取一起可以采取的措施，仍不能避免某种事件的发生并不能克服事件所造成的后果。“不能避免且不能克服”表明某个事件的发生和事件所造成的后果具有必然性。① 因此，司法实践中有观点认为调控政策的出台属于当事人不能预见、不能避免且不能克服的客观情况，应当适用不可抗力条款予以调整。

《民法典》第590条规定，当事人一方因不可抗力不能履行合同的，根据不可抗力的影响，部分或者全部免除责任，但是法律另有规定的除外。因不可抗力不能履行合同的，应当及时通知对方，以减轻可能给对方造成的损失，并应当在合理期限内提供证明。当事人迟延履行后发生不可抗力的，不免除

---

① 参见黄薇主编:《中华人民共和国民法典释义》，法律出版社2020年版，第355页。

其违约责任。因此，适用不可抗力条款调整合同，应当具备以下两个条件：一是发生了不可抗力事件；二是当事人因不可抗力事件不能履行合同。

笔者认为，从一般学理上说，不可抗力是指合同签订以后发生的意外事故，它的发生与合同任何一方当事人的意志无关，是当事人所无法预见、无法避免和无法控制的。由自然界的原因引起的不可抗力事故，包括水灾、旱灾、地震等；由社会原因造成的不可抗力事故，如战争状态、军事行动和封锁禁运等。[①] 国家对于房地产市场的宏观调控并非一个令所有市场主体猝不及防的突变过程，而是经历了一个从限贷到限购逐步加强和完善的发展过程。因此，房地产调控政策属于政府的宏观调控政策，并非社会突发性事件，调控政策不满足不可抗力的法律定义，不属于不可抗力的事由范畴。

【法官提示40】

房屋买卖合同作为一种标的额相对较大、与买卖双方切身利益密切相关的合同，当事人在签订合同时对合同订立后可能出现的房地产市场风险及各种履行障碍均应当有一定程度的预见和判断。

2. 情势变更。

情势变更是指合同依法成立后，客观情况发生了无法预见的重大变化，致使原来订立合同的基础丧失或者动摇，如继续履行合同则对一方当事人明显不公平，因此允许变更或者解除合同以维持当事人之间的公平。[②] 《民法典》第533条规定，合同成立后，合同的基础条件发生了当事人在订立合同时无法预见的、不属于商业风险的重大变化，继续履行合同对于当事人一方明显不公平的，受不利影响的当事人可以与对方重新协商；在合理期限内协商不成的，当事人可以请求人民法院或者仲裁机构变更或者解除合同。人民法院或者仲裁机构应当结合案件的实际情况，根据公平原则变更或者解除合同。

情势变更的发生，当事人签约时无法预见，而且根据实际能力和当时的具体条件，根本不可能预见，即情势的变更超出了正常的范围，使合同当事

① 参见韩世远：《合同法总论》，法律出版社2008年版，第66页。

② 参见黄薇主编：《中华人民共和国民法典释义》，法律出版社2020年版，第1017页。

人在当时情况下无以推测其可能发生。在订立合同时，如果当事人虽未预见，但情势变更的发生在客观上是可以预见的，那么应由该当事人自行承担不利后果，而不得主张适用情势变更原则。[①] 情势变更原则实际上是借助公权力的介入来变更合同内容或解除合同，以此来平衡由于客观情况的异常变动所引起的双方当事人利益失衡，这就要求情势变更导致的显失公平必须达到相当的严重程度。限购、限贷政策的出台，出卖人并未因此获取重大利益，买受人增加的负担并非严重失衡，交易尚未达到需要公权力直接介入调整的地步。因此，我们认为，限购、限贷政策的调整并不属于情势变更。[②]

司法实践中，曾对情势变更原则的适用提出明确要求，《最高人民法院关于当前形势下审理民商事合同纠纷案件若干问题的指导意见》强调要慎重适用情势变更原则，合理调整双方利益关系，人民法院在适用情势变更原则时，应当充分注意到全球性金融危机和国内宏观经济形势变化并非完全是一个令所有市场主体猝不及防的突变过程，而是一个逐步演变的过程。在演变过程中，市场主体应当对于市场风险存在一定程度的预见和判断。人民法院应当依法把握情势变更原则的适用条件，严格审查当事人提出的“无法预见”的主张。《最高人民法院关于正确适用〈中华人民共和国合同法〉若干问题的解释（二）服务党和国家的工作大局的通知》要求严格适用《合同法》要求各级人民法院务必正确理解、慎重适用情势变更原则，如果根据案件的特殊情况，确需在个案中适用的，应当由高级人民法院审核。必要时应提请最高人民法院审核。

3. 不可归责于当事人双方的事由。

《商品房买卖合同司法解释》第 4 条规定，因不可归责于当事人双方的事由，导致商品房买卖合同未能订立的，出卖人应当将定金返还买受人。参考该条规定，司法实践中，多地高级人民法院出台意见，将限购、限贷等调控政策认定为“不可归责于当事人双方的事由”，由此认定对当事人履约能力产生重大影响，并根据公平原则进行处理。

《浙江省高级人民法院民一庭关于审理受房地产市场调控政策影响的房屋

---

① 参见最高人民法院研究室编著：《最高人民法院关于合同法司法解释（二）理解与适用》，人民法院出版社 2009 年版，第 199 页。

② 参见李超主编：《法院审理房屋买卖案件观点集成》，中国法制出版社 2018 年版，第 357 页。

买卖合同纠纷案件的若干意见（试行）》第2条规定，纯粹因受限贷、限购、禁购等调控政策的直接影响，合同确实无法继续履行的，不属于“不可抗力”，一般应认定属于《商品房买卖合同司法解释》第4条、第23条规定的“不可归责于当事人双方的事由”。当事人据此请求解除合同的，可予以支持，但当事人另有约定的除外。《北京市高级人民法院民一庭关于妥善处理涉及“3·17新政”的房屋纠纷案件若干问题的会议纪要》认为，“3·17新政”具有公共政策的性质，其具体的限贷、限购、限售等措施，对部分房屋买卖合同会造成成本增加或履行不能等障碍。对于合同订立后由于“3·17新政”的实施致使合同无法继续履行的，属于因不可归责于双方当事人的原因导致合同目的无法实现。当事人要求解除合同的，除合同另有约定外，一般应予支持。《北京市高级人民法院关于涉及住房限购政策的房屋买卖合同纠纷案件处理的暂行意见》第5条规定，对于因住房限购政策实施导致当事人解除合同后，出卖人应当将收受的购房款或定金返还给买受人，买受人应将接受的房屋返还给出卖人。因解除合同造成的损失按照公平原则处理。《天津市高级人民法院关于依法妥善审理房屋买卖合同纠纷案件的通知》则进一步明确，因受限贷、限购、禁购等房地产调控政策的直接影响，合同确实无法继续履行的，一般应认定合同不能履行属于不可归责于双方当事人的情形，当事人据此请求人民法院变更或者解除合同的，人民法院应当结合案件的实际情况准予变更或者解除合同。因前述原因，当事人解除合同以后，出卖人应当将已经收到的购房款或定金返还给买受人，买受人应将接收的房屋返还给出卖人。因解除合同造成的损失一般情况下应按照公平原则由双方合理分担。如因一方当事人过错导致当事人利益严重失衡，损失方要求加大对方承担比例的，可酌情予以支持。

因此，将限购、限贷等调控政策认定为“不可归责于当事人双方的事由”，在排除上述不可抗力、情势变更原则的适用以外，更符合目前的法律制度设计，也更符合当前的司法实践。

典型案例15

绿地万峰公司与李某房屋买卖合同纠纷案①

案情简介：出卖人绿地万峰公司、买受人李某、朱某梅签订《商品房买卖合同》，建筑面积共51.23平方米。单价为17,724.42元/平方米，总金额908,022元。买受人采取按揭方式付款，首付款454,022元，剩余房款人民币454,000元，办理按揭贷款。李某、朱某梅合计付款452,022元。后来，绿地万峰公司向李某发送《催告函》，载明“商业贷款首付比例按银行要求二层不得低于60%，是否具备贷款资格……最终以银行批复为准”。

典型案例裁判文书

典型案例15
安徽省合肥市中级人民法院（2020）皖01民终380号民事判决书

裁判规则：涉案《商品房买卖合同》及补充协议系双方当事人真实意思表示，未违反法律法规的强制性规定，合法有效。合同签订后，李某按约支付了50%的首付房款，后因案涉房屋贷款首付比例的调整，致使双方无法按照《商品房买卖合同》及补充协议的约定继续履行以致发生争议，该调整事由不可归责于双方当事人。现双方就涉案《商品房买卖合同》的继续履行未能协商一致，李某及绿地万峰公司在合同履行过程中亦无其他违约情形，法院依据当事人的请求，认定涉案《商品房买卖合同》解除，绿地万峰公司退还李某基于房屋买卖目的而交付的购房款并支付资金占用期间的利息损失并无不当。

【规范指引】

《2015年全国民事审判工作会议纪要》

（三）关于房地产调控政策问题

28. 房屋买卖合同约定以按揭贷款方式付款，买受人以房贷政策变化不能办理按揭贷款导致无履约能力为由，请求解除合同，并要求出卖人返还所收受的购房款或定金的，经审查，买受人是否确因房贷政策变化而不能办理约定的按揭贷

---

① 参见安徽省合肥市中级人民法院（2020）皖01民终380号民事判决书。

款的，一般应予以支持其诉请。请求解除合同，并要求出卖人返还所收受的购房款或定金的，对其请求可予支持。

29. 因房地产政策调控引发房价波动较大，当事人因房屋价格明显下降或者出卖人因房屋价格较快上涨的原因，请求解除房屋买卖合同，或者请求补足房屋差价的，人民法院要依法维护房地产市场的诚信交易秩序，强调成立并生效的合同对当事人的法律约束力。

《山东省高级人民法院关于印发全省民事审判工作会议纪要的通知》（鲁高法〔2011〕297号）

（四）关于因信贷政策变化导致商品房买卖合同不能履行的处理问题

国家为遏制房地产价格的过快上涨，先后采取一系列宏观调控政策，其中以提高商品房款首付比例和贷款利率为主要内容的信贷政策的变化对商品房买卖合同的履行影响比较大。对于买受人以按揭贷款方式支付购房款的商品房买卖合同履行中，如买受人有证据举证证明确因信贷政策的变化而不能办理合同约定的按揭贷款，且双方对付款方式无法协商变更，而请求解除商品房买卖合同的，可予以支持。但合同有明确约定的除外。

《浙江省高级人民法院民一庭关于审理受房地产市场调控政策影响的房屋买卖合同纠纷案件的若干意见（试行）》

三、调控政策实施前订立的合同并未明确约定以按揭贷款方式付款，现买受人以其因受限贷政策影响而无法继续履行为由，请求解除合同的，一般不予支持。

四、调控政策实施前订立的合同约定以按揭贷款方式付款，现买受人举证证明其确因首付款比例提高、不能办理按揭贷款等导致无法继续履行，而请求解除合同的，可予以支持；出卖人应当将收受的购房款或者定金返还买受人。出卖人请求买受人承担其为订立合同而实际发生的费用等合理损失的，可酌情予以支持。

五、调控政策实施前订立的合同在限贷政策实施后，买受人既未按约履行也未提出解约，经出卖人催告后仍未在合理期限内履行或提出解约，出卖人请求继续履行合同或解除合同，并由买受人承担违约责任的，应予以支持。

六、调控政策实施前订立的合同确因限购、禁购政策而导致无法继续履行的，当事人均可以请求解除合同，出卖人应当将收受的购房款或者定金返还买受人。出卖人起诉或反诉请求买受人继续履行合同、承担违约责任或适用定金罚则的，不予支持；但出卖人请求买受人承担其为订立合同而实际发生的费用等合理损失的，可酌情予以支持。

二、以房抵债买卖合同

以房抵债是指出借人与借款人在签订借款合同时，同时签订买卖合同，约定当债务人不履行到期债务时，即转移房屋所有权给出借人，以此来抵偿债务，简言之，即在债务人未能清偿债务时，以其房产作为担保并作清偿。近年来，以房屋买卖合同担保借款即以房抵债的情形越来越普遍，在二手房买卖合同纠纷案件中借贷合同与房屋买卖合同同时存在，并约定在一定情形下以房屋过户交易的形式充抵借款的案件日益增多。

典型案例16

卓越公司与聂某梅房屋买卖合同纠纷案[①]

典型案例裁判文书

典型案例16
河南高院（2021）豫民再5号民事判决书

案情简介：聂某梅与卓越公司签订《商品房买卖合同》，约定购买独栋别墅，建筑面积为558.53平方米，单价3759.87元，总金额210万元，一次性付清全款。后来，聂某梅（乙方）、卓越公司（甲方）签订《〈商品房买卖合同〉补充协议》约定，如甲方违反以上合同约定，甲方双倍赔偿乙方已支付的购房款，同时乙方有权解除合同；若甲方归还乙方购房款210万元，乙方则无条件解除《商品房买卖合同》，否则属乙方违约，乙方应承担由此产生的经济责任和法律责任等。

裁判规则：聂某梅与卓越公司之间是否存在真实的商品房买卖合同关系，对此，应当围绕商品房买卖交易的目的以及外观特征，探究合同签订时双方当事人的真实意思，进而对当事人之间的法律关系作出判断。在商品房买卖合同关系中，买受人签订合同并履行支付房款的义务，其目的是取得合同标的房屋的所有权，出卖方则是希望通过出售房屋获取对价。而上述补充协议

① 参见河南省高级人民法院（2021）豫民再5号民事判决书。

约定的内容显示双方成立房屋买卖关系是以卓越公司没有归还聂某梅210万元款项为前提的，若卓越公司归还聂某梅210万元款项，则双方的《商品房买卖合同》予以解除。该行为不符合一般商品房买卖合同的订立目的。故双方签订案涉《商品房买卖合同》及补充协议应视为替卓越公司归还款项提供的一种担保。

实践中，以房抵债情形较为常见，有的是民间借贷与房屋买卖合同法律关系叠加，有的以房抵债协议签订于债务履行期限届满前，有的签订于债务履行期限届满后等。有的当事人为了规避法律，出借人在签订借款合同时，往往要求借款人再同时签订房屋买卖合同，房屋买卖合同中约定将该房屋出卖给出借人，当借款人到期不能还款时，双方即履行房屋买卖合同，由借款人将房屋出卖给出借人；有的出借人在与借款人签订借款合同时，甚至约定由出借人指定的购房人与借款人签订房屋买卖合同，并由借款人向出借人指定的受托人出具卖房委托公证书，当借款人到期不能还款时，由受托人直接将借款人的房屋过户至出借人指定的购房人名下，之后再连环转让，导致借款人无法追回房屋。

关于以房抵债合同的效力，当前法律中未有明确规定，实践中各地法院也处理不一。《最高人民法院关于审理民间借贷案件适用法律若干问题的规定》第23条规定，当事人以订立买卖合同作为民间借贷合同的担保，借款到期后借款人不能还款，出借人请求履行买卖合同的，人民法院应当按照民间借贷法律关系审理。当事人根据法庭审理情况变更诉讼请求的，人民法院应当准许。按照民间借贷法律关系审理作出的判决生效后，借款人不履行生效判决确定的金钱债务，出借人可以申请拍卖买卖合同标的物，以偿还债务。就拍卖所得的价款与应偿还借款本息之间的差额，借款人或者出借人有权主张返还或者补偿。该解释仅规定了民间借贷中约定买卖房屋的，按照借款合同审理。该条规定实际上也未明确以房抵债买卖合同的法律效力。

一般情形下，当事人设定以物抵债的目的是及时还清债务。但也有不少以物抵债是为了恶意逃避债务、损害第三人的合法权益而设立的。法院在审理以房抵债合同纠纷案件时，既要注重发挥好以房抵债在了结债务、化解纠纷、节约交易成本等方面的作用，不简单地否定合同效力；又要严格审查当事人缔结以房抵债合同的真实目的，杜绝损害相对人、第三人合法权益的行为。既为了避免出现流押、流质的情形，又为了实现上述双重目的，法院在审理以房抵债合同纠纷案件时，应该根据合同签订是否已届履行期，具体情况具体处理。[①]

典型案例17

李某章与李某金确认合同有效纠纷案[②]

典型案例裁判文书

典型案例17
广东省梅州市中级人民法院（2021）粤14民终1114号民事判决书

案情简介：李某章向李某金借款100,000元，并出具借条给李某金收执，但借款后李某章却未能按期足额偿还款项。涉案房屋由李某章开发建造，记载权利人为李某章。李某章将涉案房屋及房屋钥匙交付给李某金。后李某金以自己为屋主身份申请办理了用水入户手续，并对该房屋进行改造装修后居住使用至今。现李某章以返还原物纠纷为案由向法院提起诉讼，请求李某金返还涉案房屋。李某金抗辩认为李某章系以涉案房屋抵对借款。

裁判规则：首先，自李某金居住使用涉案房屋起至今已长达18年之久，无证据显示该期间内李某章曾要求李某金支付租金或归还房屋，与借用房屋的一般常理不相符。其次，李某金在占有使用涉案房屋一年后即以自己作为屋主办理了用水入户登记手续，本案并无证据显示李某章对此提出过异议。再次，李某金持有李某章出具的借条，该金额与当时的房屋价值基本相当，李某章虽主张已还清借款，但未提交相关证据予以证明，且借条原件仍由李某金收执。最后，民事法律行为可以采用书面形式、口头形式或者其他形式。据此，在李某章未进一步提供证据证实李某金系借用涉案房屋的情况下，法院认定双方之间因涉案10万元借款存在"以物抵债"的约定，并由李某章协

---

① 参见黄卉：《买卖型以房抵债合同的理论争点与实务思考》，载《人民司法（案例）》2019年第29期。

② 参见广东省梅州市中级人民法院（2021）粤14民终1114号民事判决书。

助李某金办理涉案房屋过户手续，并无不当。

【规范指引】

《江苏省高级人民法院关于以物抵债若干法律适用问题的审理纪要》

一、关于以物抵债行为的界定

“以物抵债”是指债务人与债权人约定以债务人或经第三人同意的第三人所有的财产折价归债权人所有，用以清偿债务的行为。

人民法院应当根据当事人设定以物抵债的不同时间、约定的具体内容、履行的具体情况等情形来判断以物抵债不同的法律性质，进而正确认定其效力。

《山东省高级人民法院关于印发全省民事审判工作会议纪要的通知》（鲁高法〔2011〕297 号）

（十一）关于以房抵债合同的效力问题

在房地产开发或者建设工程施工中，由于无力支付开发费用或者工程价款，开发商以已经建成或者在建的房屋抵偿所欠的债务。以房抵债的协议既是当事人之间履行债务的一种方式，也是双方就如何履行原债务达成的新协议，只要该协议不具有《合同法》第 52 条[①]规定的无效合同的情形，应依法认定有效，双方应诚信履行协议。抵债的房屋是否办理所有权变更手续不影响以房抵债协议的效力。

（一）债务履行期届满前的以房抵债合同

在债务履行期届满前，债权债务人达成以房抵债协议约定买卖型以房抵债的，如遇债权人要求履行买卖合同的，这类买卖型以房抵债合同在形式上是一个买卖合同，若债权人主张履行买卖合同，鉴于所谓的买卖合同因缺乏合意而从未成立，该主张不应得到支持。同时，标的物缔约时的价值与实现时的价值往往存在较大差距，如果直接认定以物抵债有效，既可能导致双方利益显著失衡，还可能存在流质（或流押）的嫌疑。具体应当区分该房产是否已经登记给债权人作不同处理：

1. 房产尚未过户登记的。债权人直接请求履行买卖合同并享有所有权，或者继续履行合同的，法院依法不予支持，只能根据原债权债务关系确定双

① 《合同法》已废止，无效合同的情形参考《民法典》相关条文。

方的权利义务关系。此亦符合上述民间借贷司法解释的规定。《全国法院民商事审判工作会议纪要》（法〔2019〕254 号）第 45 条明确，当事人在债务履行期届满前达成以物抵债协议，抵债物尚未交付债权人，债权人请求债务人交付的，因此种情况不同于本纪要第 71 条规定的让与担保，人民法院应当向其释明，其应当根据原债权债务关系提起诉讼。经释明后当事人仍拒绝变更诉讼请求的，应当驳回其诉讼请求，但不影响其根据原债权债务关系另行提起诉讼。

【法官提示 41】

债务履行期届满前的以房抵债合同，房产尚未过户登记的，当事人不能直接请求履行，但是经法院释明，当事人要求继续履行原债权债务合同的，法院应当继续审理。

2. 房产已经过户登记的。当事人在债务未届清偿期之前约定以房屋或土地等不动产进行抵债，并明确在债务清偿后可以回赎，债务人或第三人根据约定已办理了物权转移手续的，该行为符合让与担保的特征，因违反物权法定原则，不产生物权转移效力。同时，《2015 年全国民事审判工作会议纪要》第 32 条明确，当事人在债务未届清偿期之前约定以房屋进行抵债，并明确约定债务清偿后可以回赎，且双方根据约定已办理了房屋产权转移手续的，债务人未履行债务，债权人主张根据以房抵债协议请求确认其对房屋享有所有权的，债权人应当履行清算义务。

【规范指引】

《江苏省高级人民法院关于以物抵债若干法律适用问题的审理纪要》

二、关于债务未届清偿期之前以物抵债行为的性质及效力

认定对当事人在债务未届清偿期之前达成的以物抵债协议，应区分不同情形进行认定与处理：

（一）当事人在债务未届清偿期之前达成的以物抵债协议，该协议具有担保债权实现的目的，如债权人以债务人违反以物抵债的约定而要求继续履行以物抵债协议或对所抵之物主张所有权的，人民法院应驳回其诉讼请求。但经人民法院释明，当事人变更诉请要求继续履行原债权债务合同的，人民法院应当继续审理。

（二）当事人在债务未届清偿期之前达成以物抵债的协议，同时明确约定在债务清偿期届满时应进行清算，该以物抵债协议在当事人之间具有法律效力，但该约定不具有对抗其他债权人的效力。

（三）当事人在债务未届清偿期之前约定以房屋或土地等不动产进行抵债，并明确在债务清偿后可以回赎，债务人或第三人根据约定已办理了物权转移手续的，该行为符合让与担保的特征，因违反物权法定原则，不产生物权转移效力。债权人如根据抵债协议及物权转移凭证要求原物权人迁让的，人民法院应不予支持。

（二）债务履行期届满后的以房抵债合同

关于此类合同的效力，首先有以下两个问题需要厘清：一是当事人在债务清偿期届满后达成以房抵债协议，一方反悔，要求认定以房抵债协议无效的，人民法院经审查不存在虚假诉讼情形的，对其请求不予支持。但如当事人一方认为抵债行为具有可撤销情形的，可以依法请求人民法院或仲裁机构撤销。二是当事人在债务清偿期届满后达成以房抵债协议，在尚未办理物权转移手续前，债务人反悔不履行抵债协议，债权人要求继续履行抵债协议或要求确认所抵之物的所有权归自己的，人民法院应驳回其诉讼请求。但经释明，当事人要求继续履行原债权债务合同的，人民法院应当继续审理。

【规范指引】

《北京市高级人民法院关于审理房屋买卖合同纠纷案件若干疑难问题的会议纪要》（京高法发〔2014〕489 号）

二十五、民间借贷与以房抵债的处理

当事人在民间借贷债务履行期限届满前签订合同约定，借款人逾期不偿还借款即愿意以自己所有（或经第三人同意以第三人所有）的房屋抵偿归贷款人所有，该合同实为基础借贷债权的担保，应当根据当事人的真实意思表示认定双方之间系民间借贷法律关系。贷款人可以选择行使以下权利：（1）贷款人依原基础借贷法律关系主张偿还借款的，应予支持；（2）贷款人在履行清算义务的前提下，要求借款人办理房屋过户登记手续的，应予支持。房屋价值超过担保基础借贷债权（贷款本金、合法利息等）的，贷款人应将剩余款项返还给借款人。房屋价值以贷款人要求借款人办理房屋过户登记时予以确定。

当事人在民间借贷债务履行期限届满后签订合同约定以房抵债，性质上属于债务履行方式的变更，贷款人要求继续履行合同办理房屋过户登记手续的，应予支持。借款人认为抵债价格明显过低，显失公平的，可以参照本纪要第 24 条第 2 款规定处理。

对债务履行期届满后的以房抵债合同效力的理解：首先，一般认为此类买卖型以房抵债合同的实质为一份债务履行方式变更协议，主要内容为以房屋给付替代到期金钱债务的履行，因此双方当事人之间具有移转房屋所有权的合意。其次，流押或流质条款是指债务履行期届满前，债权人与债务人约定担保物直接归债权人所有的条款。之所以规定流押或者流质条款无效，主要是为了防止债权人利用自己的优势地位而获得暴利，但债务到期后，债权人已不再具有优势地位，双方在签订以物抵债协议时，抵债物的价值和债权的数额都是确定的，一般不会存在利益失衡问题。此时债务人与债权人签订的以房抵债合同，应当视为双方当事人基于平等地位产生的合意，属于私法自治的领域，法律不再强制干涉，在以物抵债行为不存在其他违反法律、行政法规强制性规定的情形下，应当认定其合法有效。①

案例索引裁判文书

案例索引15
最高院（2021）最高法民终746号李某龙与通安公司玉门分公司、黄某萍、宋某第三人撤销之诉民事裁定书

最高人民法院指导案例 72 号汤龙、刘新龙、马忠太、王洪刚诉新疆鄂尔多斯彦海房地产开发有限公司商品房买卖合同纠纷案，裁判要点认为借款合同双方当事人经协商一致，终止借款合同关系，建立商品房买卖合同关系，将借款本金及利息转化为已付购房款并经对账清算的，不属于《物权法》第 186 条规定禁止的情形，该商品房买卖合同的订立目的，亦不属于《最高人民法院关于审理民间借贷案件适用法律若干问题的规定》第 23 条规定的“作为民间借贷合同的担保”。在不存在《合同法》第 52 条规定情形的情况下，该商品房买卖合同具有法律效力。但对转化为已付购房款的借款本金及利息数额，人民法院应当结合借款合同等证据予以审查，以防止当事人将超出法律规定保护限额的高额利息转化为已付购房款。此案例虽然为涉及商品房，但

---

① 案例索引 15：参见最高人民法院（2021）最高法民终 746 号李某龙与通安公司玉门分公司、黄某萍、宋某第三人撤销之诉民事裁定书。

涉及相关法律问题是一致的。

在具体处理上，可以区分两种情形予以处理：

1. 房产尚未登记过户的。此时，债权人享有的仅是债权性质的权利，并未享有物权，故其有权请求债务人履行以物抵债协议，但不能直接请求确认对该抵债物享有所有权。《全国法院民商事审判工作会议纪要》（法〔2019〕254 号）第 44 条明确规定，当事人在债务履行期限届满后达成以物抵债协议，抵债物尚未交付债权人，债权人请求债务人交付的，人民法院要着重审查以物抵债协议是否存在恶意损害第三人合法权益等情形，避免虚假诉讼的发生。经审查，不存在以上情况，且无其他无效事由的，人民法院依法予以支持。

2. 房产已经登记过户的。如果房产已经过户登记于债权人名下的，此时，可以直接认定债权人对房产享有所有权。但为防止一方当事人利用以物抵债损害对方的合法权益，当存在《民法典》第 147～151 条规定的情形时，债务人可请求变更或撤销以物抵债协议。最高人民法院对此的观点一以贯之，《2015 年全国民事审判工作会议纪要》第 33 条规定，当事人在债务清偿届满后达成以房抵债协议并已经办理了产权转移手续后，一方反悔，要求确认以房抵债协议无效的，一般不予支持。如果以房抵债行为具有《合同法》第 54 条[①]规定的可撤销情形的，可以依法请求变更或撤销。《第八次全国法院民事商事审判工作会议（民事部分）纪要》第 17 条规定，当事人在债务清偿期届满后达成以房抵债协议并已经办理了产权转移手续，一方要求确认以房抵债协议无效或者变更、撤销，经审查不属于《合同法》第 52 条、第 54 条规定情形的，对其主张不予支持。该条文对于以房抵债协议的效力问题没有明确规定，只是从正面明确对完成产权变更手续的协议，当事人没有正当理由不能主张无效或可变更可撤销，但不能因此得出协议没有完成产权变更手续即不发生效力的结论。

---

① 《合同法》已废止，《合同法》第 54 条对应《民法典》第 147 条。

【规范指引】

《天津市高级人民法院关于审理房屋买卖合同纠纷案件若干问题的审判委员会纪要》（津高法〔2018〕230号）

二、二手房买卖相关问题

（五）以房抵债问题

当事人在债务清偿期届满后达成以房抵债协议并已经办理了房屋所有权转移登记手续，一方要求确认以房抵债协议无效或者撤销，经审查不属于《合同法》第五十二条、第五十四条规定情形的，对其主张不予支持。

在尚未办理房屋所有权转移登记手续前，债务人反悔不履行抵债协议，债权人要求办理房屋所有权转移登记手续或要求确认所抵房屋的所有权归自己的，人民法院不予支持。当事人要求继续履行原债权债务合同的，人民法院应当告知其可以另行主张。

《江苏省高级人民法院关于以物抵债若干法律适用问题的审理纪要》

三、关于债务清偿期届满之后以物抵债行为的性质及效力认定

会议认为，对当事人在债务清偿期届满后的以物抵债协议，应区分两种情况进行认定与处理：

（一）债务清偿期届满后当事人达成以物抵债协议，在尚未办理物权转移手续前，债务人反悔不履行抵债协议，债权人要求继续履行抵债协议或要求确认所抵之物的所有权归自己的，人民法院应驳回其诉讼请求。但经释明，当事人要求继续履行原债权债务合同的，人民法院应当继续审理。

（二）当事人在债务清偿期届满后达成以物抵债协议并已经办理了物权转移手续后，一方反悔，要求认定以物抵债协议无效的，人民法院不予支持。但如当事人一方认为抵债行为具有《中华人民共和国合同法》第五十四条[①]规定的可变更、可撤销情形的，可以依法请求人民法院或仲裁机构变更或撤销。

债权人在债务清偿期届满后通过以物抵债协议取得了所抵之物的所有权，后要求债务人承担标的物瑕疵担保责任的，人民法院可参照《中华人民共和国合同法》关于买卖合同的相关规定进行处理。

（三）虚假诉讼问题

以房抵债虚假诉讼主要存在以下几种情况：一是以规避国家法定税收为

---

① 《合同法》已废止，《合同法》第54条对应《民法典》第147条。

目的，主要表现为将房产价值作低用以抵偿虚构债务，按照抵债房产价值计税，达到逃税目的；二是以规避过国家商品房限购政策为目的，主要表现为当事人通过诉讼和申请强制执行，将涉案目标房产过户，以达到规避政府限购政策的目的；三是以恶意逃废债务、规避执行为目的，主要表现为在债务人资不抵债或者存在多个债权人的情况下，与某个债权人恶意串通，以其仅有的房产抵偿该债权人的债权，损害其他债权人的利益，或者债务人与他人虚构债务关系恶意转移财产，利用法院判决或调解书或者仲裁裁决等形式使该非法行为合法化，损害案外人的合法权益。

主流观点认为，在以房抵债协议纠纷处理过程中对虚假诉讼进行甄别，防止当事人恶意串通，利用诉讼、调解等手段侵害国家、集体利益或者侵害其他人的合法权益，但以房抵债协议是诺成性合同，无论是否办理转移登记，只要以房抵债协议系双方当事人的真实意思表示，且所抵偿的债务真实合法，则债权人请求履行以房抵债协议的，应当予以支持。[①]

关于虚假诉讼，房屋买卖合同纠纷、民间借贷纠纷、以物抵债纠纷等类纠纷是虚假诉讼易发领域。2013 年，最高人民法院发布《关于房地产调控政策下人民法院严格审查各类虚假诉讼的紧急通知》（法明传〔2013〕359 号），要求在审理相关纠纷案件时，要认真审查当事人的诉讼请求及相关的证据，遇到以下情况，要慎重对待，妥善处理：（1）当事人在以房抵债协议中约定管辖法院，但抵债的房产与协议管辖法院属异地的，要严格按照民事诉讼法关于专属管辖的规定认定协议管辖的效力；（2）借贷等债权债务关系仅有借据和双方的认可，但未提供款项来源等证据的，对债权债务关系的真实有效性要严格审查，不能简单认定；（3）双方以债权债务纠纷为由诉讼至法院，但是立案后对案件事实及实体处理等均无争议并迅速达成“以房抵债”协议的，务必在严格依法查明案件事实的基础上决定是否出具调解书；（4）当事人在人民法院调解组织等主持下达成包含以房抵债内容的调解协议，并共同申请司法确认的，应当加大审查确认力度，慎重出具确认调解协议有效的裁定；（5）当事人对以房抵债生效法律文书或者调解协议申请执行的，原则上

---

① 参见睢晓鹏：《以房抵债协议履行请求的处理与虚假诉讼的司法规制》，载《人民法院报》2016 年 9 月 28 日，第 7 版。

不得出具以房抵债裁定书或者要求登记机构办理过户的协助执行通知书，当事人要求以房产清偿债务的，应当采取拍卖等执行变价措施。

2021年，最高人民法院发布《关于深入开展虚假诉讼整治工作的意见》（法〔2021〕281号），要求慎查调解协议，确保真实合法。当事人对诉讼标的无实质性争议，主动达成调解协议并申请人民法院出具调解书的，应当审查协议内容是否符合案件基本事实、是否违反法律规定、是否涉及案外人利益、是否规避国家政策。调解协议涉及确权内容的，应当在查明权利归属的基础上决定是否出具调解书。不能仅以当事人可自愿处分民事权益为由，降低对调解协议所涉法律关系真实性、合法性的审查标准，尤其要注重审查调解协议是否损害国家利益、社会公共利益或者他人合法权益。当事人诉前达成调解协议，申请司法确认的，应当着重审查调解协议是否存在违反法律、行政法规强制性规定、违背公序良俗或者侵害国家利益、社会公共利益、他人合法权益等情形；诉前调解协议内容涉及物权、知识产权确权的，应当裁定不予受理，已经受理的，应当裁定驳回申请。

因此，为了防止可能发生的虚假诉讼，甚至是骗取法院调解书的，人民法院应当谨慎审查，防止当事人利用以物抵债、虚假诉讼，损害他人合法权益。有的地方司法文件中，对以物抵债协议涉及出具调解书的，规定了较为严格的条件甚至完全排除了出具调解书。比如《江苏省高级人民法院关于以物抵债若干法律适用问题的审理纪要》规定，在债权债务案件诉讼过程中，当事人自愿达成以物抵债协议，并要求法院制作调解书的，人民法院应建议当事人申请撤诉。当事人不申请撤诉而要求法院制作调解书的，人民法院应不予支持，对当事人之间债权债务法律关系继续审理。当事人双方持人民调解组织主持达成的以物抵债调解协议，向人民法院申请司法确认的，经审查，当事人尚未完成物权转移手续的，人民法院应裁定驳回申请。

【法官提示42】

在债权债务案件诉讼过程中，当事人自愿达成以房抵债协议，并要求法院制作调解书的，人民法院应当严格审查，防止当事人利用虚假诉讼，损害其他债权人利益。

【规范指引】

《第八次全国法院民事商事审判工作会议（民事部分）纪要》

16. 当事人达成以房抵债协议，并要求制作调解书的，人民法院应当严格审查协议是否在平等自愿基础上达成；对存在重大误解或显失公平的，应当予以释明；对利用协议损害其他债权人利益或者规避公共管理政策的，不能制作调解书；对当事人行为构成虚假诉讼的，严格按照民事诉讼法第一百一十二条和《最高人民法院关于适用〈中华人民共和国民事诉讼法〉的解释》第一百九十条、第一百九十一条的规定处理；涉嫌犯罪的，移送刑事侦查机关处理。

第四节　特殊房产买卖

农村房屋，是建造于集体所有的土地上的房屋，系相对于在城镇区域开发的建造于国有土地上的房屋而言的，主要包括宅基地房屋与“小产权房”两类。

一、农村宅基地房屋买卖

宅基地房屋系村民在审批的宅基地上自建的用于居住的房屋，是典型的传统意义上的农村房屋。根据购买主体的不同，农村宅基地房屋买卖合同纠纷主要涉及以下三种类型：一是本集体经济组织的成员购买农村房屋。二是其他集体经济组织的成员购买农村房屋。但是因为农村房屋在不同集体经济组织的村民之间流动性比较小，此类纠纷占比不大。三是城镇居民购买农村房屋。

随着经济社会发展，城镇居民购买农村房屋日趋活跃，随之而来的纠纷案件也日益增多。实践当中探讨农村房屋买卖合同纠纷更多的其实是围绕着宅基地的相关规定展开，由于房屋和土地有着天然的关联性，并且在我国仍然采取的是“房地一体”的原则，农村房屋的买卖不单纯是房屋所有权的转移，同时涉及房屋所占土地的宅基地使用权的转移。

根据《土地管理法》等相关法律规定，宅基地是农村村民用于建造住宅及其附属设施的集体建设用地，包括住房、附属用房和庭院等用地。农村村民一户只能拥有一处宅基地，面积不得超过本省、自治区、直辖市规定的标准。农村村民应严格按照批准面积和建房标准建设住宅，禁止未批先建、超面积占用宅基地。经批准易地建造住宅的，应严格按照“建新拆旧”要求，将原宅基地交还村集体。农村村民出卖、出租、赠与住宅后，再申请宅基地的，不予批准。对历史形成的宅基地面积超标和“一户多宅”等问题，要按照有关政策规定分类进行认定和处置。人均土地少、不能保障一户拥有一处宅基地的地区，县级人民政府在充分尊重农民意愿的基础上，可以采取措施，按照省、自治区、直辖市规定的标准保障农村村民实现户有所居。《中央农村工作领导小组办公室、农业农村部关于进一步加强农村宅基地管理的通知》（中农发〔2019〕11号）对上述问题再次作了强调，并要求严格落实“一户一宅”规定。

（一）同一集体经济组织成员之间的房屋买卖合同关系

对于该问题，《土地管理法》第9条规定，农村和城市郊区的土地，除由法律规定属于国家所有的以外，属于农民集体所有；宅基地和自留地、自留山，属于农民集体所有。买卖双方属于同一集体组织成员的，因不违反《土地管理法》中宅基地由农民集体所有的规定，对集体经济组织利益没有侵害，因此房屋买卖协议应认定为有效。

但该种情形下，延伸出另外一个问题，即是否存在违反“一户一宅”甚至“一户多宅”问题，此时如何认定买卖合同效力问题。反对观点认为，《土地管理法》第62条明确规定，农村村民一户只能拥有一处宅基地，其宅基地的面积不得超过省、自治区、直辖市规定的标准。农村村民出卖、出租、赠与住宅后，再申请宅基地的，不予批准。国家允许进城落户的农村村民依法自愿有偿退出宅基地，鼓励农村集体经济组织及其成员盘活利用闲置宅基地和闲置住宅。对于本集体经济组织成员购买本集体经济组织的宅基地房屋的，一般应认定为有效，然此种情况还应考虑购买者是否已经具有宅基地和住房以及宅基地面积是否已经达到当地标准等情况，如购买者已经具有宅基地且其面积已经达到当地标准的情况，不应轻易认定其购买本集体经济组织宅基地和房屋有效，否则有违“一户一宅”原则。

笔者认为，不能简单地以违反“一户一宅”原则为由认定该类房屋买卖合同无效，应当结合买卖双方系同一集体经济组织的特殊性予以综合考虑。村民对于房屋的自由转让从保护私有财产权角度而言是不应当受到干预的。

但是由于我国的农村土地所有权归农村集体经济组织所有，农民对土地只有使用权，对于宅基地来说，它是无偿分配给农民使用的，带有一种福利的性质。

宅基地的福利性质决定了宅基地使用权的主体资格、流转范围要受到极大的限制。但是再多的限制也要在保护公民合法私有财产权的前提之下，“一户一宅”原则也是有适用范围的，不是绝对的。对“一户一宅 ”原则的正确理解应当是，限制重复申请宅基地、多占宅基地的行为，并非限制通过取得房屋所有权而另外获得宅基地。同时，“一户一宅”原则是农村集体土地方面的管理性规定，并非规范农村房屋买卖合同的效力性规定，故是否违反“一户一宅”原则不影响房屋买卖合同的效力。因此，笔者认为，基于同一集体经济组织成员之间的房屋买卖合同不因违反“一户一宅”原则而无效。

【法官提示 43】

当事人之间转让农村宅基地房屋，买卖双方为同一农村集体经济组织成员的，可以认定合同有效，但只能转让给符合申请宅基地的条件的成员，并且将房屋转让他人后，将不能再申请宅基地。

（二）非同一集体经济组织成员之间的房屋买卖合同关系

根据《土地管理法》第 62 条的规定，农村村民一户只能拥有一处宅基地，农村村民出卖、出租住房后，再申请宅基地的，不予批准。因此，农村私有房屋买卖后，出卖人将成为失地农民，不利于保护农民的利益，同时也违反农村集体经济组织的利益，故在当前城乡界限尚未完全打破，土地制度没有变革的情况下，根据现行法律规定，仍应认定买卖合同无效。但在无效后的处理上，应综合权衡买卖双方的利益，尤其是出卖人因土地升值或征收补偿所获利益，以及买受人因房屋现值和原买卖价格的差异造成的损失，妥善处理房屋的返还与补偿问题。[①] 根据《第八次全国法院民事商事审判工作会议（民事部分）纪要》的规定，实践当中应当作如下区分：

1. 在国家确定的宅基地制度改革试点地区，可以按照国家政策及相关指导意见处理宅基地使用权因抵押担保、转让而产生的纠纷。

---

① 参见潘军锋：《房屋买卖合同效力疑难问题研究》，载《法律适用》2014 年第 4 期。

2. 在非试点地区，农民将其宅基地上的房屋出售给本集体经济组织以外的个人，该房屋买卖合同认定为无效。合同无效后，买受人请求返还购房款及其利息，以及请求赔偿翻建或者改建成本的，应当综合考虑当事人过错等因素予以确定。[①]

案例索引裁判文书

案例索引16
北京高院（2021）京民申5279号余某瑞与贺某、韩某兰农村房屋买卖合同纠纷民事裁定书

【规范指引】

《安徽省高级人民法院关于审理房屋买卖合同纠纷案件适用法律问题的指导意见》

14. 非同一农村集体经济组织成员之间签订的房屋买卖合同，应当认定为无效合同。但买受人在一审法庭辩论终结前取得出卖人所属的农村集体经济组织成员资格且符合其他购买条件的，可以认定合同有效。

（三）城镇居民购买农村房屋的行为

农村宅基地使用权转让不仅涉及法律问题，还涉及政策问题和社会问题。城镇居民能否购买农村房屋，我国现行法律法规对此没有明文规定，但国家先后出台相关政策予以规范和调整。

1999 年 5 月 6 日《国务院办公厅关于加强土地转让管理严禁炒卖土地的通知》（国办发〔1999〕39 号）第 2 条明确规定，“农民的住宅不得向城市居民出售，也不得批准城市居民占用农民集体土地建住宅，有关部门不得为违法建造和购买的住宅发放土地使用证和房产证”。

2004 年《国务院关于深化改革严格土地管理的决定》规定，“改革和完善宅基地审批制度，加强农村宅基地管理，禁止城镇居民在农村购置宅基地”。2004 年国土资源部《关于加强农村宅基地管理的意见》[②] 规定，“严禁城镇居民在农村购置宅基地，严禁为城镇居民在农村购买和违法建造的住宅发放土地使用证”。

2007 年《国务院办公厅关于严格执行有关农村集体建设用地法律和政策的通知》再次强调，农村住宅用地只能分配给本村村民，城镇居民不得到农

① 案例索引 16：参见北京市高级人民法院（2021）京民申 5279 号余某瑞与贺某、韩某兰农村房屋买卖合同纠纷民事裁定书。

② 该意见已废止，其中的规定仅供参考。

村购买宅基地、农民住宅或“小产权房”。单位和个人不得非法租用、占用农民集体所有土地搞房地产开发。农村村民一户只能拥有一处宅基地，其面积不得超过省、自治区、直辖市规定的标准。农村村民出卖、出租住房后，再申请宅基地的，不予批准。

司法实践当中，因为缺乏法律规定，导致法院在处理该类纠纷时，缺乏裁判依据，主流观点认为，显然，无论是保护农民利益、保持农村稳定还是保障经济社会可持续发展都属于社会公共利益的范畴。进言之，城镇居民购买农村房屋的合同，在违反现行国家政策的同时也损害了其所维护的社会公共利益，故应按照法律规定认定无效。当然对于 1999 年之前订立并已履行完毕的合同而言，因当时的国家政策并未禁止城镇居民购买农村房屋故不涉及损害社会公共利益的问题，自然也不应当以损害社会公共利益为由认定其无效。[①] 但从司法实践来看，不同法院认定合同无效的裁判依据和说理论证却并不相同。对此，最高人民法院《2015 年全国民事审判工作会议纪要》中关于农村房屋买卖纠纷处理的问题认为，现阶段，我国城市化还处于较低层次，农村社会保障体系还不完善，宅基地还具有较强的社会保障和社会福利性质，完全放开对宅基地使用权限制的条件还不具备。对于已将宅基地流转确定为试点地区的，可以按照国家政策即相关指导意见处理宅基地使用权因抵押担保、转让而产生的纠纷。对于宅基地流转处于非试点地区的，农民出售其宅基地上的房屋给城市居民或者出售给不同农村集体经济组织成员，该房屋买卖合同一般应认定无效。合同无效后，买受人可以请求返还购房款并支付中国人民银行同期同类银行贷款利息。买受人已经对该房屋进行改建或者翻建，也可以一并请求赔偿翻建或者改建成本。

笔者认为，《民法典》第 363 条规定，宅基地使用权的取得、行使和转让，适用土地管理的法律和国家有关规定。立法者认为，目前，我国农村社会保障体系尚未全面建立，宅基地使用权是农民基本生活保障和安身立命之本。从全国范围来看，放开宅基地使用权转让和抵押的条件尚不成熟。特别是农民一户只有一处宅基地，这一点与城市居民是不同的。农民一旦失去住

---

① 参见戴孟勇：《城镇居民购买农村房屋纠纷的司法规制》，载《清华法学》2009 年第 5 期。

房及其宅基地，将丧失基本生存条件，影响社会稳定。[①] 综上，城镇居民买受农村宅基地使用权及地上住宅房屋的，原则上应认定合同无效，处理此类案件，应当本着尊重历史、照顾现实的原则，综合平衡买卖双方的利益关系。

典型案例18

张某平、徐某波与杨某、王某波农村房屋买卖合同纠纷案[②]

案情简介：张某平、徐某波与杨某、王某波均系夫妻关系。双方签订《房屋买卖协议书》一份，协议签订及杨某付清房款后，徐某波将该房屋的相关证件包括土地使用证、房产证件交给了杨某。后来，张某平、徐某波以杨某、王某波不是本村村民，而且户口性质为非农业，并且认为双方之间买卖宅基地及宅基地上的房屋的行为是无效的。为此，张某平、徐某波请求人民法院依法确认双方之间农村宅基地及宅基地上房屋的买卖行为无效。

典型案例裁判文书

典型案例18
山东高院（2020）鲁民再190号民事判决书

裁判规则：《土地管理法》及相关法律法规和国家政策对农村宅基地使用权的流转作出严格的限制性规定，其目的在于禁止农村宅基地的使用权流转至集体经济组织外，以保护集体组织成员利益。国家政策层面上，均明确严禁城镇居民购买宅基地上的农村房屋。故涉案《房屋买卖协议书》违反了法律和国家政策对农村宅基地使用权流转的强制性规定，应认定涉案房屋买卖行为无效。

【规范指引】

《安徽省高级人民法院关于审理房屋买卖合同纠纷案件适用法律问题的指导意见》

13. 城镇居民、法人或其他组织购买农村集体所有土地上建设的房屋签订的房屋买卖合同，应当根据《中华人民共和国合同法》第五十二条和《中华人民共

① 参见黄薇主编：《中华人民共和国民法典释义》，法律出版社 2020 年版，第 702 页。
② 参见山东省高级人民法院（2020）鲁民再 190 号民事判决书。

和国土地管理法》第四十三条的规定，认定为无效合同。①

二、小产权房

（一）概念厘清及特点

小产权房是指未经法定征地和审批等程序，在集体经济组织拥有的土地上建设的，以较低价格向非本集体经济组织成员出售的商品性住宅。这类房屋一般由乡镇府、村委会自行开发建设，或者与开发商合作开发建设。相较于由国家房管部门颁发房屋所有权证的房屋，其产权证由乡镇府或者村委会颁发。简言之，“小产权房”是指在没有被法律允许进行商品房开发建设的农村集体土地上建筑、销售的房屋。利用宅基地使用权建房主要有两种不合法现象：一是宅基地使用权人出地，其他人出资共同建造，最后共同居住、出卖或收益的情况；二是超出宅基地房屋买卖主体资格范畴，形成非法流转。现有法律规定基于宅基地修建的房屋不仅在原始取得上受到严格限制，而且买卖也只限于集体组织成员之间。

实践领域，一般认为包括集体建设用地上开发的商品房和农民在宅基地上建造后出卖给所在集体经济组织以外成员的房屋，本节所讨论的小产权房仅指集体建设用地上开发的商品房。农村小产权房主要通过旧城改造、城中村改造、新农村建设、拆迁安置等途径和形式建设，不包括建设在宅基地上农民用来自住的房屋。小产权房的出现是各种因素综合作用的结果。由于小产权房不需要支付土地出让金、土地征用费、耕地占用税、房产开发税、城市基础设施配套费等成本，价格优势明显。此外，不断上扬的房价是小产权房的催生剂，快速推进的城市化是小产权房的发展推动剂。②

“小产权房”并不是严格的法律概念，而是我国特有的一种现象，其产生根源在于土地分别归属国家和农民集体所有的二元土地制度，其中国有土地用于城市建设及其经济建设需要，而农村集体土地则用于解决农民的生活及非农业户口人员的粮食问题。现实生活中常见的开发项目多是由集体经济组

---

① 《合同法》和《土地管理法》已经废止和修改，该意见第13条中的法律条文仅供参考。

② 参见林晞吟、王丽娟：《农村小产权房买卖应恪守诚实信用原则》，载《人民司法》2014年第18期。

织单独或者和开发商合作在农村集体土地上开发销售，这种类型的房屋按照我国的法律规定，不能办理由国家房屋管理部门颁发的房产证，只能领取由乡镇政府或者村委会盖章的产权证明，这种商品房的产权性质不受我国法律的保护，不受国家的认可。小产权房具有在农村集体土地上开发建设、开发建设审批手续不齐全和不能办理房屋产权证书的特点。

【法官提示44】

“小产权房”是宅基地或集体土地上建设和销售未履行审批和批准程序，从而形成的一种非法权利状态，其产权之所以“小”，不被国家法律承认，原因在于两点：一是违法建设；二是违法销售给集体外人员。

（二）性质认定

市场的需求、利益的驱动、程序的缺失以及法律的空白，让小产权房自出现以来便一直成为政府和社会公众关注的热点问题。小产权房问题的核心在于，小产权房的交易中，法律不允许集体土地使用权随着房屋所有权的转移而转移。即房屋的交易合法，土地的交易却是违法的，以致形成了产权不完整的小产权房。实际上，中央对小产权房一直持否定态度，对建设、销售、购买小产权房的均不予保护。

国务院早在 1999 年《关于加强土地转让管理严禁炒卖土地的通知》就申明“农民的住宅不得向城市居民出售”，2004 年《关于深化改革严格土地管理的决定》又重申“加强农村宅基地管理，禁止城镇居民在农村购置宅基地”，2007 年《关于严格执行有关农村集体建设用地法律和政策的通知》再次强调“农村住宅用地只能分配给本村村民，城镇居民不得到农村购买宅基地、农民住宅或‘小产权房’”。2013 年，国土资源部办公厅、住房和城乡建设部办公厅发布《关于坚决遏制违法建设、销售“小产权房”的紧急通知》，要求正确认识“小产权房”问题的危害性和严重性，强调建设、销售“小产权房”，严重违反土地和城乡建设管理法律法规，不符合土地利用总体规划和城乡建设规划，不符合土地用途管制制度，冲击了耕地保护红线，扰乱了土地市场和房地产市场秩序，损害了群众利益，影响了新型城镇化和新农村建设的健康发展，建设、销售和购买“小产权房”均不受法律保护。要全面、正确地领会十八届三中全会关于建立城乡统一的建设用地市场等改革措施，坚持依法依规，严格执行土地利用总体规划和城乡建设规划，严格实行土地用途管制制度，严守耕地红线，坚决遏制在建、在售“小产权房”行为。同时，要求坚决查处“小产权房”在建、在售行为。近年来，国务院有关部门多次重申农村集体土地不得用于经营性房地产开发，城镇居民不得到农村购买宅基地、农民住房和“小产权房”。2012 年 8 月 8 日，国土资源部办公厅住房和城乡建设部办公厅专门发布《关于坚决遏制违法建设、销售“小产权房”的通知》（国土资电发〔2012〕98 号），各级国土资源和住房城乡建设主管部门要按照通知要求，对在建、在售的“小产权房”坚决叫停，严肃查处，对顶风违法建设、销售，造成恶劣影响的“小产权房”案件，要公开曝光，挂牌督办，严肃查处，坚决拆除一批，教育一片，发挥警示和震慑作用。2017 年 9 月 11 日，国土资源部和住房和城乡建设部联合发布的《关于房屋交易与不动产登记衔接有关问题的通知》要求“防止小产权房通过不动产登记合法化”。

但是关于小产权房买卖合同的效力，“有效说”认为，让小产权房科学合法化，有利于增进农村资源的流动性，有利于农民增加财产性收入，有利于增加农村经济活动总量，进而推进农村整体市场化进程；不允许农民开发小产权房，不允许市民购买小产权房，不是保护农民的财产权，反而是侵害农民的财产权，侵害低收入者的财产权。①

同时，根据《民法典》第 362 条的规定，宅基地使用权人依法对集体所有的土地享有占有和使用的权利，有权依法利用该土地建造住宅及其附属设施。既然法律允许建造，亦未反对转让，国家政策并非合同无效之法定条件，因此该类合同有效。

笔者认为，小产权房属于违法建筑，有关买卖合同属于无效合同，理由如下：

1.《城乡规划法》第 41 条第 4 款规定，建设单位或者个人在取得乡村建设规划许可证后，方可办理用地审批手续。《建筑法》第 7 条规定，建筑工程

---

① 参见闵桂林：《重新认识与评价“小产权房”合法化的几个认识误区》，载《社会科学家》2017 年第 5 期。

开工前，建设单位应当按照国家有关规定向工程所在地县级以上人民政府建设行政主管部门申请领取施工许可证。《土地管理法》第 44 条规定，建设占用土地，涉及农用地转为建设用地的，应当办理农用地转用审批手续。第 59 条规定，乡镇企业、乡（镇）村公共设施、公益事业、农村村民住宅等乡（镇）村建设，应当按照村庄和集镇规划，合理布局，综合开发，配套建设；建设用地，应当符合乡（镇）土地利用总体规划和土地利用年度计划，并依照《土地管理法》第 44 条、第 60 条、第 61 条、第 62 条的规定办理审批手续。第 61 条规定，乡（镇）村公共设施、公益事业建设，需要使用土地的，经乡（镇）人民政府审核，向县级以上地方人民政府自然资源主管部门提出申请，按照省、自治区、直辖市规定的批准权限，由县级以上地方人民政府批准；其中，涉及占用农用地的，依照《土地管理法》第 44 条的规定办理审批手续。根据上述法律条文，实际上，在我国农村土地只能用于乡镇企业、乡（镇）村公共设施、公益事业、农村村民住宅等乡（镇）村建设，不能用于其他目的的建设。因此，小产权房的开发建设是违反上述法律规定的，不属于合法建筑。

2. 农村集体、集体成员以及其他主体在商品性房地产开发大潮中，为了获得利益的回报，利用法律的空白在农村集体土地上建造了大量的小产权房。这些主体建造小产权房的目的无疑是进入市场，或租或售，此时在农村集体土地与资本之间就有了一个可能的连接桥梁。一旦小产权房合法化，在遵循市场经济基本原则的基础上，资本通过拥有合法后的小产权房就可以占有、使用农村土地更进一步，由于农村土地现在的所有权不同于国有土地的全国同一性，它是分散的，资本进而甚至会逐步拥有农村土地的所有权。[①] 购买“小产权房”虽然能够在价格上享受些实惠，但是“小产权房”无法迁户口，无法享受房产增值的红利，如果遇到征地拆迁，“小产权房”的购买人无法享受拆迁政策，遇到其他类型的纠纷也无法得到物权法的保护。因为购买“小产权房”违反国家的强制性法律法规，即便是起诉到法院，村集体与非本集体成员之间买卖“小产权房”法院一般认定合同无效，也就是说，通过诉讼“小产权房”的购买人也不可能获得国有土地的使用权，购房人很可能竹篮打

---

① 参见刘升：《公民住房权视域下小产权房的合法与非法》，载《东方法学》2015 年第 3 期。

水一场空，还可能引发复杂的社会矛盾。[①]

但对于该类纠纷诉至法院的，司法实践中对此较为谨慎，各地处理并不一致，《山东省高级人民法院关于印发全省民事审判工作会议纪要的通知》（鲁高法〔2011〕297号）中规定，当事人之间以违法建筑为标的物签订的买卖、租赁合同发生的争议，人民法院应当依法受理，并依法确认以违法建筑为标的物的买卖、租赁合同无效。对于因买卖在集体所有的土地上开发的“小产权房”而引发的纠纷案件，要严格贯彻国家的公共政策和诚信交易秩序，依法确认“小产权房”买卖合同无效，并通过出卖人承担缔约过失责任等方式避免当事人之间利益关系失衡。但是，也有的司法实践认为，小产权房属于行政机关处理的范畴，人民法院对于小产权房买卖不予受理。已经受理的，驳回起诉。

笔者认为，因小产权房政策性强、群众关注度高、社会影响较大，由政府部门处理更为妥当。2016年，《第八次全国法院民事商事审判工作会议（民事部分）纪要》中关于违法建筑相关纠纷的处理问题规定上，第21条规定，对于未取得建设工程规划许可证或者未按照建设工程规划许可证规定内容建设的违法建筑的认定和处理，属于国家有关行政机关的职权范围，应避免通过民事审判变相为违法建筑确权。当事人请求确认违法建筑权利归属及内容的，人民法院不予受理；已经受理的，裁定驳回起诉。但第22条同时认为，因违法建筑倒塌或其搁置物、悬挂物脱落、坠落造成的损害赔偿纠纷，属于民事案件受案范围，应按照侵权责任法有关物件损害责任的相关规定处理。因此，对于确认所有权的诉讼请求应当裁定不予受理。

三、经济适用房买卖

自20世纪80年代末实行住房货币化改革以来，我国合理借鉴西方发达国家发展经验，逐步构建了具有国情特色的住房保障制度，至今已经形成以经济适用房、廉租房为主的保障性住房供应体系，极大地改善了城市中低收入居民的住房水平。1998年《国务院关于进一步深化城镇住房制度改革加快

---

① 参见刘勋：《要坚决遏制“小产权房”野蛮生长》，载《人民法院报》2018年11月27日，第2版。

住房建设的通知》颁布实施，我国保障性住房制度得以正式确立。此后，我国保障性住房呈现出高速发展的态势，建设数量不断攀升，类型也日趋多样。

（一）制度规定

经济适用住房，是指政府提供政策优惠，限定套型面积和销售价格，按照合理标准建设，面向城市低收入住房困难家庭供应，具有保障性质的政策性住房。城市低收入住房困难家庭，是指城市和县人民政府所在地镇的范围内，家庭收入、住房状况等符合市、县人民政府规定条件的家庭。经济适用住房制度是解决城市低收入家庭住房困难政策体系的组成部分。经济适用住房供应对象要与廉租住房保障对象相衔接。

2007 年，《国务院关于解决城市低收入家庭住房困难的若干意见》（国发〔2007〕24 号）明确要改进和规范经济适用住房制度：即从规范经济适用住房供应对象、合理确定经济适用住房标准、严格经济适用住房上市交易管理、加强单位集资合作建房管理等方面提出了明确要求。2007 年，住房和城乡建设部等七部委修订出台《经济适用住房管理办法》（建住房〔2007〕258 号），对改进和规范经济适用住房制度作出了安排，经济适用住房的建设、供应、使用及监督管理，均应适用该办法。

2010 年，国务院办公厅下发《关于促进房地产市场平稳健康发展的通知》，要适当加大经济适用住房建设力度，扩大经济适用住房供应范围。商品住房价格过高、上涨过快的城市，要切实增加限价商品住房、经济适用住房、公共租赁住房供应。2010 年，住建部根据上述国务院办公厅通知要求，下发《关于加强经济适用住房管理有关问题的通知》，从严格建设管理、规范准入审核、强化使用监督、加强交易管理、完善监督机制等方面提出 19 条意见。

2011 年，国务院办公厅印发《关于保障性安居工程建设和管理的指导意见》，规范发展经济适用住房，严格执行建设标准，单套建筑面积控制在 60 平方米以内。房价较高的城市，要适当增加经济适用住房、限价商品住房供应。

上述规定构成了我国调整经济适用房的基本政策框架，根据上述规定，需要注意的是，经济适用住房建设用地以划拨方式供应。经济适用住房建设用地应纳入当地年度土地供应计划，在申报年度用地指标时单独列出，确保优先供应。建造者无须支付相应的土地使用费，购房者购买经适房的同时也取得该房屋所依附的建设用地使用权。另外，在房屋的物权上，购房者仅享有对房屋的“有限产权”，收益和处分权能都受到很大限制。

经济适用住房管理应建立严格的准入和退出机制。经济适用住房由市、县人民政府按限定的价格，统一组织向符合购房条件的低收入家庭出售。经济适用住房供应实行申请、审核、公示和轮候制度。市、县人民政府应当制定经济适用住房申请、审核、公示和轮候的具体办法，并向社会公布。

城市低收入家庭申请购买经济适用住房，根据《经济适用住房管理办法》第25条的规定，应当符合以下条件：(1) 具有当地城镇户口。(2) 家庭收入符合市、县人民政府划定的低收入家庭收入标准。(3) 无房或现住房面积低于市、县人民政府规定的住房困难标准。经济适用住房供应对象的家庭收入标准和住房困难标准，由市、县人民政府根据当地商品住房价格、居民家庭可支配收入、居住水平和家庭人口结构等因素确定，实行动态管理，每年向社会公布一次。

购买程序上，应当注意以下几个方面：(1) 经济适用住房资格申请采取街道办事处（镇人民政府）、市（区）、县人民政府逐级审核并公示的方式认定。审核单位应当通过入户调查、邻里访问以及信函索证等方式对申请人的家庭收入和住房状况等情况进行核实。申请人及有关单位、组织或者个人应当予以配合，如实提供有关情况。(2) 经审核公示通过的家庭，由市、县人民政府经济适用住房主管部门发放准予购买经济适用住房的核准通知，注明可以购买的面积标准。然后按照收入水平、住房困难程度和申请顺序等因素进行轮候。(3) 符合条件的家庭，可以持核准通知购买一套与核准面积相对应的经济适用住房。购买面积原则上不得超过核准面积。购买面积在核准面积以内的，按核准的价格购买；超过核准面积的部分，不得享受政府优惠，由购房人按照同地段同类普通商品住房的价格补交差价。(4) 居民个人购买经济适用住房后，应当按照规定办理权属登记。房屋、土地登记部门在办理权属登记时，应当分别注明经济适用住房、划拨土地。

（二）有限产权的认定

相较于普通商品房，经济适用房的特殊性在于购房者拥有的产权是“有限”的，其处分权受到严格限制，具体体现在以下几个方面：

1. 经济适用房只能用于自住。根据《住房和城乡建设部关于加强经济适用住房管理有关问题的通知》第8条的规定，在取得完全产权前，经济适用住房购房人只能用于自住，不得出售、出租、闲置、出借，也不得擅自改变住房用途。《经济适用住房管理办法》第33条规定，个人购买的经济适用住房在取得完全产权以前不得用于出租经营。

【法官提示45】

同时根据上述规定，如果违规出售、出租、闲置、出借经济适用住房，或者擅自改变住房用途且拒不整改的，按照有关规定或者合同约定收回。

2. 经济适用房的转让必须符合规定。《住房和城乡建设部关于加强经济适用住房管理有关问题的通知》第11条规定，经济适用住房上市交易，必须符合有关政策规定并取得完全产权。住房保障部门应当对个人是否已缴纳相应土地收益等价款取得完全产权、成交价格是否符合正常交易、政府是否行使优先购买权等情况出具书面意见。根据《经济适用住房管理办法》和《国务院关于解决城市低收入家庭住房困难的若干意见》（国发〔2007〕24号）的规定，严格经济适用住房上市交易管理。经济适用住房属于政策性住房，购房人拥有有限产权。购买经济适用住房不满5年，不得直接上市交易，购房人因各种原因确需转让经济适用住房的，由政府按照原价格并考虑折旧和物价水平等因素进行回购。购买经济适用住房满5年，购房人可转让经济适用住房，但应按照届时同地段普通商品住房与经济适用住房差价的一定比例向政府交纳土地收益等价款，具体交纳比例由城市人民政府确定，政府可优先回购；购房人向政府交纳土地收益等价款后，也可以取得完全产权。上述规定应在经济适用住房购房合同中予以明确。政府回购的经济适用住房，继续向符合条件的低收入住房困难家庭出售。

3. 经济适用房具有强制退出性。2011年，《国务院办公厅关于保障性安居工程建设和管理的指导意见》规定，经济适用住房购房人通过购置、继承、受赠等方式取得其他住房，不再符合经济适用住房保障条件的，应当退出经济适用住房，或者通过补交土地收益等价款取得完全产权。同时，根据《经济适用住房管理办法》和《住房和城乡建设部关于加强经济适用住房管理有关问题的通知》，已购买经济适用住房的家庭，再购买其他住房的，必须办理经济适用住房退出手续，或者通过补交土地收益等价款取得已购经济适用住房的完全产权。政府回购的经济适用住房，仍应用于解决低收入家庭的住房困难。已参加福利分房的家庭在退回所分房屋前不得购买经济适用住房，已购买经济适用住房的家庭不得再购买经济适用住房。

（三）合同效力的认定

实践中，存在当事人获取经济适用房后即行转让，或者约定 5 年后办理过户手续，5 年期满后出卖人反悔引发纠纷，对此司法实践中处理亦不统一。实践中，对于经济适用房转让合同的效力存在争议：一种观点认为，经济适用房满 5 年即可上市转让，合同有效。另一种观点认为，经济适用房除符合交付满 5 年的条件外，尚需具备其他上市条件，合同方为有效。

笔者认为，为妥善处理经济适用房买卖纠纷，应区分以下情形：

一是购买 5 年内转让的合同效力。虽然《国务院关于解决城市低收入家庭住房困难的若干意见》和住房和城乡建设部等七部委发布的《经济适用住房管理办法》不属于法律、行政法规，但体现了国家对低收入群体的权益保护，体现了社会公共利益。购买经济适用房不满 5 年，经济适用房购买人与他人签订经济适用房买卖合同，交付房屋的，由于不符合经济适用房解决城市低收入家庭住房困难政策的目的，扰乱了社会秩序，损害了其他低收入群体的利益，应认定为违反社会公共利益，该买卖合同无效。当事人通过不正当手段办理经济适用房过户手续的，该行为应予以撤销。

二是经济适用房购买 5 年后转让的合同效力。购买经济适用房 5 年后，购房者再行转让房屋的，此时经济适用房已可以流通，因此，经济适用房房屋买卖合同有效。[①] 当事人要求办理经济适用房过户手续的，应当按照政府相关规定补交土地收益。对于地方政府附加的其他上市条件，属于合同履行

案例索引裁判文书

案例索引17
山西高院（2021）晋民申2408号张某红、张某平等与曹某强房屋买卖合同纠纷民事裁定书

① 案例索引 17：参见山西省高级人民法院（2021）晋民申 2408 号张某红、张某平等与曹某强房屋买卖合同纠纷民事裁定书。

问题，不影响买卖合同的效力。但由此导致合同不能履行，出卖人可以请求解除合同，买受人可以主张损害赔偿。

三是如果约定5年后再行过户，5年期满后双方发生纠纷，经政府主管部门同意的，转让人取得完全的处分权，合同效力得到补正，可以认定为有效，但需按照政府相关规定补交土地收益。[①]

案例索引裁判文书

案例索引18
湖南省高级人民法院（2020）湘民申1003号刘某燕与张某花房屋买卖合同纠纷民事裁定书

【规范指引】

《北京市高级人民法院关于审理房屋买卖合同纠纷案件适用法律若干问题的指导意见（试行）》（京高法发〔2010〕458号）

第六条 相关政策、法规规定的限制上市交易期限内买卖已购经济适用住房，当事人主张买卖合同无效的，可予支持。政策、法规有新规定的，适用其规定。

出卖人转让的经济适用住房的原购房合同系2008年4月11日（含）之前签订，当事人又在转让该已购房屋的合同中约定在限制上市交易期限届满后再办理房屋所有权转移登记或在一审法庭辩论终结前该房屋已具备上市交易条件的，可以认定合同有效。

经出卖人主张房屋买卖合同被确认无效的后果，适用《合同法》第五十八条的规定，并考虑居住安置问题妥善处理，在认定买受人所受损失数额时应当综合考虑出卖人因房屋升值获得的利益、买受人因此丧失的订约机会损失、买受人装修房屋的添附价值及双方的过错程度等因素，公平合理的予以确定。

---

① 案例索引18：参见湖南省高级人民法院（2020）湘民申1003号刘某燕与张某花房屋买卖合同纠纷民事裁定书。

第三章　房屋租赁合同纠纷

《民法典》第14章专门规定了租赁合同的内容，根据该法第703条的规定，租赁合同是出租人将租赁物交付承租人使用、收益，承租人支付租金的合同。房屋租赁同样受该法调整，同时由于租赁物系房屋不动产，鉴于该特殊性，《城市房地产管理法》对此又进行了规范和调整，同时住房和城乡建设部于1995年发布《城市房屋租赁管理办法》（已失效），并于2010年修订发布《商品房屋租赁管理办法》。根据《城市房地产管理法》第53条的规定，房屋租赁，是指房屋所有权人作为出租人将其房屋出租给承租人使用，由承租人向出租人支付租金的行为。房屋租赁合同具有双务性、有偿性、期限性、诺成性、标的物特定性以及租赁期限内租赁物的占有权、使用权发生转移等法律特点。最高人民法院于2009年制定出台《关于审理城镇房屋租赁合同纠纷案件具体应用法律若干问题的解释》（以下简称《城镇房屋租赁合同纠纷案件司法解释》），并于2020年进行了修订，该司法解释成为司法实践中处理城镇房屋租赁合同纠纷案件，依法保护当事人的合法权益的重要依据。需要注意的是，该司法解释所称城镇房屋，是指城市、镇规划区内的房屋。乡、村庄规划区内的房屋租赁合同纠纷案件，可以参照解释处理。但法律另有规定的，适用其规定。当事人依照国家福利政策租赁公有住房、廉租住房、经济适用住房产生的纠纷案件，不适用该解释。

第一节　房屋租赁合同

一、房屋租赁合同的效力

（一）关于合同效力的类型

合同的效力是指合同经过法律的评价所反映出的效果。根据法律规定，房租租赁合同的效力一般可以区分为有效合同、无效合同、可撤销的合同、效力未定的合同四种类型。司法实践中，更多的是针对合同是否有效展开。《城市房地产管理法》第54条规定，房屋租赁，出租人和承租人应当签订书面租赁合同，约定租赁期限、租赁用途、租赁价格、修缮责任等条款，以及双方的其他权利和义务，并向房产管理部门登记备案。该条规定亦符合《民法典》要求的租赁合同的内容一般包括租赁物的名称、数量、用途、租赁期限、租金及其支付期限和方式、租赁物维修等条款。《商品房屋租赁管理办法》第14～20条，对房屋租赁合同的备案提出了更为具体明确的要求。

1. 关于合同的生效要件。

《民法典》第143条规定，具备下列条件的民事法律行为有效：行为人具有相应的民事行为能力；意思表示真实；不违反法律、行政法规的强制性规定，不违背公序良俗。结合上述规定，生效合同应当具有以下要件：

一是当事人签订合同时具有相应的缔约能力。就自然人而言，完全民事行为能力人可以在法律规定范围内订立各种合同；限制民事行为能力人可以订立与其年龄、智力、精神健康状况相适应的合同；无民事行为能力人由法定代理人代理民事活动。就法人而言，只能在核准登记的经营范围内从事经营活动。认定合同效力的首要问题就是合同的主体资格问题，就房屋租赁合同而言，根据法律规定，合同主体可以是自然人也可以是法人。

二是合同当事人的意思表示真实。意思表示真实，是指表意人的表示行为应真实反映其内心的效果意思。意思表示中含有效果意思和表示行为这两个要素即告成立，但须真实始能有效。如果存在意思与表示不一致、意思表示不自由等意思表示瑕疵的，则根据法律规定，有的合同将归于无效，有的合同归于可撤销。房屋租赁合同同样应当是基于当事人真实意思表示签订的合同。

三是双方签订合同不违反法律或者社会公共利益。民法理论上所称的合同不违反法律，不损害国家和社会公共利益，既指合同的目的，又指合同的内容。合同的目的，是指当事人缔结合同的直接内心原因；合同的内容，是指合同中的权利义务及其指向的对象。合同内容违法，有的体现为标的违法，有的体现为标的物违法，比如，非法出版物的加工承揽。合同内容违法固然使合同无效，内容虽不违法，但其目的违法者，如租赁房屋以开赌场或妓院，同样使合同无效。[1]

2. 关于无效合同。

根据《民法典》的规定，下列民事行为无效：（1）无民事行为能力人实施的。（2）限制民事行为能力人依法不能独立实施的。（3）行为人与相对人以虚假的意思表示实施的民事法律行为无效；违反法律、行政法规的强制性规定的民事法律行为无效。但是，该强制性规定不导致该民事法律行为无效的除外。（4）违背公序良俗的民事法律行为无效。（5）行为人与相对人恶意串通，损害他人合法权益的民事法律行为无效。

上述规定，就是当前实践中认定无效合同的法律依据，房屋租赁合同作为《民法典》规定的租赁合同之一，同样受到上述法律条款的约束。

典型案例19

饶国礼诉某物资供应站等房屋租赁合同纠纷案[2]

典型案例裁判文书

典型案例19
最高人民法院指导案例170号

案情简介：晶品酒店，经营者系饶某礼，通过公开招标的方式中标获得租赁某物资供应站所有的办公大楼的权利。双方签订《租赁合同》，合同签订后，物资供应站依照约定交付了租赁房屋。晶品酒店向物资供应站给付20万元履约保证金，1000万元投标保证金。中标后物质供应站退还了800万元投标保证金。晶品酒店与上海永祥加固技术工程有限公司签订加固改造工程《协议书》，在加固施工过程中，案涉建筑物大部分垮塌。安全生产监督管理站出具《房屋安全鉴定意见》，鉴定结果和建议是：该大楼按房屋危险性等级划分，属D级危房，应予以拆除。

裁判规则：违反行政规章一般不影响合同效力，但违反行政规章签订租赁合同，约定将经鉴定机构鉴定存在严重结构隐患，或将造成重大安全事故

① 参见韩世远：《合同法总论》，法律出版社2008年版，第140页。
② 参见最高人民法院指导案例170号。

的应当尽快拆除的危房出租用于经营酒店，危及不特定公众人身及财产安全，属于损害社会公共利益、违背公序良俗的行为，应当依法认定租赁合同无效，按照合同双方的过错大小确定各自应当承担的法律责任。

3. 关于可撤销的合同。

根据《民法典》的规定，下列合同，当事人一方有权请求人民法院或者仲裁机构变更或者撤销：（1）基于重大误解实施的民事法律行为，行为人有权请求人民法院或者仲裁机构予以撤销。《最高人民法院关于适用〈中华人民共和国民法典〉总则编若干问题的解释》第 19 条规定，行为人对行为的性质、对方当事人或者标的物的品种、质量、规格、价格、数量等产生错误认识，按照通常理解如果不发生该错误认识行为人就不会作出相应意思表示的，人民法院可以认定为《民法典》第 147 条规定的重大误解。行为人能够证明自己实施民事法律行为时存在重大误解，并请求撤销该民事法律行为的，人民法院依法予以支持；但是，根据交易习惯等认定行为人无权请求撤销的除外。第 20 条规定，行为人以其意思表示存在第三人转达错误为由请求撤销民事法律行为的，适用本解释第 19 条的规定。（2）一方以欺诈手段，使对方在违背真实意思的情况下实施的民事法律行为，受欺诈方有权请求人民法院或者仲裁机构予以撤销。《最高人民法院关于适用〈中华人民共和国民法典〉总则编若干问题的解释》第 21 条规定，故意告知虚假情况，或者负有告知义务的人故意隐瞒真实情况，致使当事人基于错误认识作出意思表示的，人民法院可以认定为《民法典》第 148 条、第 149 条规定的欺诈。（3）第三人实施欺诈行为，使一方在违背真实意思的情况下实施的民事法律行为，对方知道或者应当知道该欺诈行为的，受欺诈方有权请求人民法院或者仲裁机构予以撤销。（4）一方或者第三人以胁迫手段，使对方在违背真实意思的情况下实施的民事法律行为，受胁迫方有权请求人民法院或者仲裁机构予以撤销。《最高人民法院关于适用〈中华人民共和国民法典〉总则编若干问题的解释》第 22 条规定，以给自然人及其近亲属等的人身权利、财产权利以及其他合法权益造成损害或者以给法人、非法人组织的名誉、荣誉、财产权益等造成损害为要挟，迫使其基于恐惧心理作出意思表示的，人民法院可以认定为《民法典》第 150 条规定的胁迫。（5）一方利用对方处于危困状态、缺乏判断能力等情形，致使民事法律行为成立时显失公平的，受损害方有权请求人民法院或者仲裁机构予以撤销。同时，根据《民法典》第 152 条的规定，有下列情形之一的，撤销权消灭：当事人自知道或者应当知道撤销事由之日起 1 年内、重大误解的当事人自知道或者应当知道撤销事由之日起 90 日内没有行使撤销权；当事人受胁迫，自胁迫行为终止之日起 1 年内没有行使撤销权；当事人知道撤销事由后明确表示或者以自己的行为表明放弃撤销权。当事人自民事法律行为发生之日起 5 年内没有行使撤销权的，撤销权消灭。

4. 关于效力未定的合同。

（1）限制民事行为能力订立的合同。《民法典》第 145 条规定，限制民事行为能力人实施的纯获利益的民事法律行为或者与其年龄、智力、精神健康状况相适应的民事法律行为有效；实施的其他民事法律行为经法定代理人同意或者追认后有效。相对人可以催告法定代理人自收到通知之日起 30 日内予以追认。法定代理人未作表示的，视为拒绝追认。民事法律行为被追认前，善意相对人有撤销的权利。撤销应当以通知的方式作出。限制民事行为能力所签订的合同从主体资格上来看是有瑕疵的，因为当事人缺乏完全的缔约能力、代签合同的资格和处分能力。

（2）无权代理订立的合同。《民法典》第 171 条规定，行为人没有代理权、超越代理权或者代理权终止后，仍然实施代理行为，未经被代理人追认的，对被代理人不发生效力。相对人可以催告被代理人自收到通知之日起 30 日内予以追认。被代理人未作表示的，视为拒绝追认。行为人实施的行为被追认前，善意相对人有撤销的权利。撤销应当以通知的方式作出。行为人实施的行为未被追认的，善意相对人有权请求行为人履行债务或者就其受到的损害请求行为人赔偿。但是，赔偿的范围不得超过被代理人追认时相对人所能获得的利益。相对人知道或者应当知道行为人无权代理的，相对人和行为人按照各自的过错承担责任。当然，《民法典》第 503 条规定，无权代理人以被代理人的名义订立合同，被代理人已经开始履行合同义务或者接受相对人履行的，视为对合同的追认。此系参考并延续了《最高人民法院关于适用〈中华人民共和国合同法〉若干问题的解释（二）》第 12 条的规定。

【法官提示46】

关于效力待定的房屋租赁合同，实践当中不多，但在实践中，往往多有涉及无权代理、表见代理的认定。

5. 慎用无效。

合同的订立和履行，属于合同当事人之间的民事权利义务关系，主要涉及当事人的利益，只要当事人的意思不与强制性规范、社会公共利益和社会公德相抵触，就承认合同的法律效力，国家及法律尽可能尊重合同当事人的意思，一般不予干预，由当事人自主约定，采取自愿的原则。①《民法典》有关合同编的基本目标是通过合同这一私人间的合意使人们能实现私人目的，从而鼓励交易。在无碍社会基本秩序的前提下，应尽可能维持合同效力，尊重当事人意思自治，实现社会效益最大化。特别是房屋租赁合同，不仅关系出租方、承租方的利益，还关系承租人的安居乐业、生产经营利益保护，不仅出租人投入了一定的人力、物力、财力，承租人同样投入了一定的成本进行了装饰装修，如果简单认定合同无效，则无异于使原本简单的法律关系变为复杂。在审判实务中应当准确认定合同效力。

当事人未主张合同效力，人民法院是否应当主动审查。合同的效力是该类案件的审查重点。即使案件当事人并未对合同效力产生异议，人民法院也应当主动对合同的效力进行认定，也就是说，人民法院应当依职权主动审查案件所涉房屋租赁合同的效力。在审查合同效力时，同时也应当对合同解除、可撤销等问题进行审查，尤其是当事人一方提出可撤销之诉或合同解除之诉时，需要结合合同约定和合同履行中的实际情况，对上述当事人的请求作出判断。根据法律行政法规的强制性规定被认定为无效的合同，说明该类合同违背国家意志和立法者的初衷，不符合经济社会发展的方向和要求，应当对该类合同进行强制性干预，使其无效并自始无效，而不管当事人是否主张合同的效力。

【法官提示47】

在租赁关系真实性的审查过程中，承租人无书面合同又主张长期租

① 参见胡康生主编：《中华人民共和国合同法释义》，法律出版社2013年版，第10页。

赁的，或者虽有租赁合同复印件但不能提供原件又无其他证据佐证的，一般不认可租赁关系的真实性。

（二）违法建筑物的租赁合同效力

1. 违法建筑物的认定。

（1）法律规定。违法建筑物，是指未取得建设工程规划许可证或者未按照建设工程规划许可证规定内容建设的房屋及建筑物。《浙江省违法建筑处置规定》第3条规定，本规定所称违法建筑，是指未依法取得规划许可或者未按照规划许可内容建设的建筑物和构筑物，以及超过规划许可期限未拆除的临时建筑物和构筑物，包括城市、镇规划区内的违法建筑和乡、村庄规划区内的违法建筑。

《城乡规划法》第40条规定，在城市、镇规划区内进行建筑物、构筑物、道路、管线和其他工程建设的，建设单位或者个人应当向城市、县人民政府城乡规划主管部门或者省、自治区、直辖市人民政府确定的镇人民政府申请办理建设工程规划许可证。第41条第1款规定，在乡、村庄规划区内进行乡镇企业、乡村公共设施和公益事业建设的，建设单位或者个人应当向乡、镇人民政府提出申请，由乡、镇人民政府报城市、县人民政府城乡规划主管部门核发乡村建设规划许可证。同时，如果未取得建设工程规划许可证或者未按照建设工程规划许可证的规定进行建设的，根据该法第64条的规定，由县级以上地方人民政府城乡规划主管部门责令停止建设；尚可采取改正措施消除对规划实施的影响的，限期改正，处建设工程造价5%以上10%以下的罚款；无法采取改正措施消除影响的，限期拆除，不能拆除的，没收实物或者违法收入，可以并处建设工程造价10%以下的罚款。在乡、村庄规划区内未依法取得乡村建设规划许可证或者未按照乡村建设规划许可证的规定进行建设的，根据该法第65条的规定，由乡、镇人民政府责令停止建设、限期改正；逾期不改正的，可以拆除。

虽然国家对违法建筑进行全面否定性评价，并且规定了严厉的处罚措施，但由于历史、部门监管等原因，且涉及群众利益，违法建筑在现实生活中客观存在。房屋租赁领域不可避免地出现以违法建筑为标的物的合同关系，对于该类合同的效力问题，理论和实践中一度争议较大，《商品房屋租赁管理办法》第6条规定，有下列情形之一的房屋不得出租：（1）属于违法建筑的；（2）不符合安全、防灾等工程建设强制性标准的；（3）违反规定改变房屋使用性质的；（4）法律、法规规定禁止出租的其他情形。《城镇房屋租赁合同纠纷案件司法解释》主要限于以下两种情形：一是出租人就未取得建设工程规划许可证或者未按照建设工程规划许可证的规定建设的房屋。建设工程规划许可主要针对建设项目的具体方案进行审查，其主要目的是控制标高、建筑密度、建筑层数等，以确保建设工程的安全性和协调性。二是未经批准或者未按照批准内容建的临时建筑，或者临时建筑的建设虽经批准，但超过规定使用期限的。所谓临时建筑，是指单位和个人因生产、生活需要搭建的结构简易并在规定期限内必须拆除的建筑物、构筑物或其他设施。

（2）违法建筑物法律效果。根据上述《城乡规划法》第40条、第41条的规定，在城镇、乡村规划区内进行建筑物、构筑物、道路、管线和其他工程建设的，建设单位或者个人应当申请办理建设工程规划许可证。通过对建设工程的规划许可：一是可以确认城市中有关建设活动符合法定规划的要求，确保建设主体的合法权益；二是可以作为建设活动进行过程中接受监督检查时的法定依据；三是可以作为城乡建设档案的重要内容。[①] 因此，建设工程规划许可证是有关建设工程符合城市规划要求的法律凭证，未取得建设规划审批手续的项目不得建设。

未取得建设工程规划许可证或者未按照建设工程规划许可证的规定进行建设的建设工程实际上就是违法建筑，当事人就该类违法建筑签订房屋租赁合同的效力，《城镇房屋租赁合同纠纷案件司法解释》对此作出了明确规定，该司法解释第2条规定，出租人就未取得建设工程规划许可证或者未按照建设工程规划许可证的规定建设的房屋，与承租人订立的租赁合同无效。但在一审法庭辩论终结前取得建设工程规划许可证或者经主管部门批准建设的，人民法院应当认定有效。[②]

案例索引裁判文书

案例索引19
最高院（2019）最高法民申785号于某深、于某与唐某平等租赁合同纠纷民事裁定书

① 参见安建主编：《中华人民共和国城乡规划法释义》，法律出版社2009年版，第77页。

② 案例索引19：参见最高人民法院（2019）最高法民申785号于某深、于某与唐某平等租赁合同纠纷民事裁定书。

典型案例20

国民普惠公司与锋之行公司租赁合同纠纷案[①]

典型案例裁判文书

典型案例20
北京高院（2021）京民再43号民事判决书

案情简介：国民普惠公司（甲方）与锋之行公司（乙方）签订租赁合同约定，就房屋的租赁使用与管理达成共识。双方还对权利义务、争议解决等问题进行了约定。后，锋之行公司解除合同，并退还上述租金及保证金。

裁判规则：当事人对自己提出的诉讼请求所依据的事实或者反驳对方诉讼请求所依据的事实有责任提供证据加以证明。没有证据或者证据不足以证明当事人的事实主张的，由负有举证责任的当事人承担不利后果。出租人就未取得建设工程规划许可证或者未按照建设工程规划许可证的规定建设的房屋，与承租人订立的租赁合同无效。本案中，双方均未能提供证据证明涉案房屋已取得建筑工程规划许可证或经过相关主管部门批准建设，故锋之行公司与国民普惠公司签署的租赁合同无效。合同无效或者被撤销后，因该合同取得的财产，应当予以返还。

违法建筑损害了国家利益，规避了国家对规划体系、建筑产品质量、房地产交易市场等系列行为的监管，使违法建筑在现行体制以外生存，直接危及社会的公共安全，直接危及人民群众的生命财产安全。故违法建筑直接损害国家和社会公共利益，并不是在当事人私权范畴内就能解决的问题，人民法院作为公权力的行使者，应当旗帜鲜明地认定就违法建筑物订立的房屋租赁合同无效。[②] 可见，国家法律对违法建筑的评价是否定性，并且具有强制干预的效果。

从审判实务角度，主流观点一般认为有关建设工程规划许可证的法律规

① 参见北京市高级人民法院（2021）京民再43号民事判决书。

② 参见最高人民法院民事审判第一庭编著：《最高人民法院关于审理城镇房屋租赁合同纠纷案件司法解释的理解与适用》，人民法院出版社2009年版，第37页。

定，属于效力性强制性规范，发包人未取得该证与承包人签订的建设工程施工合同因违反法律强制性规定而无效。《最高人民法院关于审理建设工程施工合同纠纷案件适用法律问题的解释（一）》第3条规定，当事人以发包人未取得建设工程规划许可证等规划审批手续为由，请求确认建设工程施工合同无效的，人民法院应予支持，但发包人在起诉前取得建设工程规划许可证等规划审批手续的除外。发包人能够办理审批手续而未办理，并以未办理审批手续为由请求确认建设工程施工合同无效的，人民法院不予支持。

一方面，从权利基础上看，违法建筑在本质上违反了《城乡规划法》等相关法律规定，而依据我国《民法典》关于物权的取得必须符合法律规定的要求，违法建筑不能认定为合法财产。也就是说，虽然建筑人基于对违法建筑的占有而享有一定的利益，但这种利益表现为建筑人对违法建筑的一种基于事实状态的占有，建筑人并不能对违法建筑享有所有权，也就不能享有基于所有权而派生的占有、使用、收益和处分的权利。另一方面，从社会效果上看，违法建筑严重危害了我国法律所保护的社会管理秩序，甚至不少违法建筑存在重大的安全隐患，给人民生命财产安全带来了严重威胁，因此，以违法建筑物为出租标的物的租赁合同应认定为无效。

【法官提示48】

这种无效，并不是绝对无效，为了促进合同交易，在一审法庭辩论终结前补正相关合法手续的，还是应认定为有效。

【规范指引】

《上海市高级人民法院民一庭城镇房屋租赁合同纠纷办案要件指南》

存在《合同法》[①] 第五十二条规定的合同无效情形，或者租赁房屋系违法建筑的要件事实时，租赁合同应当认定为无效。

2. 违法临时建筑物。

临时建筑是指在城市、镇规划区内，根据形势的客观需要，经建设行政主管部门审核批准后，在核定的临时建设工程规划许可证记载的使用期限、

---

① 《合同法》已废止，“合同无效情形”参考《民法典》相关条文。

范围、用途内，建造的供临时使用的建筑物。主要法律特征：一是权利人有权在临时建设工程规划许可证记载的使用期限内利用临时建筑物；二是在临时建设工程规划许可证取得的使用期限届满前，权利人应当自行拆除临时建筑物；三是权利人应当按照临时建设工程规划许可证记载的临时建筑物的使用用途，利用临时建筑物。

《城乡规划法》第 44 条规定，在城市、镇规划区内进行临时建设的，应当经城市、县人民政府城乡规划主管部门批准。临时建设影响近期建设规划或者控制性详细规划的实施以及交通、市容、安全等的，不得批准。临时建设应当在批准的使用期限内自行拆除。第 66 条规定，建设单位或者个人有下列行为之一的，由所在地城市、县人民政府城乡规划主管部门责令限期拆除，可以并处临时建设工程造价 1 倍以下的罚款：（1）未经批准进行临时建设的；（2）未按照批准内容进行临时建设的；（3）临时建筑物、构筑物超过批准期限不拆除的。

如果临时建筑物未经批准或者未按照批准内容建设，则构成违法临时建筑物，此时如果当事人以该临时建筑物为出租标的签订房屋租赁合同，该合同效力如何?《城镇房屋租赁合同纠纷案件司法解释》第 3 条规定，出租人就未经批准或者未按照批准内容建设的临时建筑，与承租人订立的租赁合同无效。但在一审法庭辩论终结前经主管部门批准建设的，人民法院应当认定有效。租赁期限超过临时建筑的使用期限，超过部分无效。但在一审法庭辩论终结前经主管部门批准延长使用期限的，人民法院应当认定延长使用期限内的租赁期间有效。

（三）登记备案与合同效力

《城市房地产管理法》第 54 条规定，房屋租赁，出租人和承租人应当签订书面租赁合同，约定租赁期限、租赁用途、租赁价格、修缮责任等条款，以及双方的其他权利和义务，并向房产管理部门登记备案。该法 1994 年公布、1995 年施行，2007 年、2009 年、2019 年修订时，均保留了该条内容，对房屋租赁合同始终提出备案要求。《民法典》第 153 条规定，违反法律、行政法规的强制性规定的民事法律行为无效。因此，对于当事人违反法律规定，未对租赁合同进行备案的，是否属于《民法典》规定的“违反法律、行政法规的强制性规定”?

笔者认为，备案只是行政机关对房屋租赁的一种监督，是对房屋租赁市场的管理措施，体现了国家对房屋租赁的干预和监督，备案制度并不代表房屋租赁合同必须经行政部门审查批准后才生效，备案不是合同生效要件，当事人是否对合同进行备案，并不影响合同效力，有效的房屋租赁合同不会因为备案而具备更高的法律效力，无效的房屋租赁合同也不会因为通过了备案就变为有效，没有备案的房屋租赁合同不会当然无效。

【法官提示 49】

合同备案只是行政管理的措施，属于行政管理范畴，违反备案管理制度应当受到行政处罚，不会对合同效力产生影响。

2009 年，最高人民法院出台的《城镇房屋租赁合同纠纷案件司法解释》第 4 条规定，当事人以房屋租赁合同未按照法律、行政法规规定办理登记备案手续为由，请求确认合同无效的，人民法院不予支持。当事人约定以办理登记备案手续为房屋租赁合同生效条件的，从其约定。但当事人一方已经履行主要义务，对方接受的除外。司法解释实际上对该问题作出了正面回应并作出具体解释。2020 年修订时该条文内容被删除，究其原因，是由于《民法典》对备案与合同效力问题作出了规定，该法第 706 条规定，当事人未依照法律、行政法规规定办理租赁合同登记备案手续的，不影响合同的效力。由此，第一次从法律角度该问题作出规定，吸收了司法实践的成熟做法和理论成果。

【法官提示 50】

登记备案对合同效力的影响，应当以法律和行政法规将登记作为合同的生效条件为前提，法律和行政法规未规定登记后生效的，当事人未办理登记手续不影响合同效力。[①]

案例索引裁判文书

案例索引20
广西壮族自治区高级人民法院（2021）桂民申745号张某源、广西贵港市美家居投资有限公司房屋租赁合同纠纷民事申请再审审查裁定书

① 案例索引 20：参见广西壮族自治区高级人民法院（2021）桂民申 745 号张某源、广西贵港市美家居投资有限公司房屋租赁合同纠纷民事申请再审审查裁定书。

【规范指引】

《江苏省高级人民法院关于审理城镇房屋租赁合同纠纷案件若干问题的意见》

第四条 当事人以房屋租赁合同未办理登记备案手续为由，要求确认房屋租赁合同无效的，人民法院不予支持。

当事人在合同中明确约定以办理登记备案手续为房屋租赁合同生效条件，当事人未办理登记备案手续的，房屋租赁合同不生效，但当事人已经实际履行的除外。

（四）一房数租的处理

此类情形的出现主要在于签订房屋租赁合同与交付房屋至今存在时间差，在该期间租金出现上涨情形。由于当前房屋租赁市场属于出租方市场，租金不菲，承租人处于弱势地位，此时，出租方出于经济利益考虑，又与其他一个甚至多个承租人签订租赁合同，此时，导致同一出租房上有两个以上有效的房屋租赁合同，即出现“一房数租”情况，如果多个承租人均主张履行的，如何判定？由于租赁标的只有特定的一个，最终只能有一份合同得到实际履行。

根据《城镇房屋租赁合同纠纷案件司法解释》第5条的规定，出租人就同一房屋订立数份租赁合同，在合同均有效的情况下，承租人均主张履行合同的，人民法院按照下列顺序确定履行合同的承租人：

1. 已经合法占有租赁房屋的。占有是一种事实状态，《民法典》未对占有的性质作出明确规定，但在第20章单独规定了占有，并且只规定了占有，未用“占有权”的表述，表明我国立法上已经明确认可占有是一种事实状态。占有根据是否具有法律的根据和原因，可以分为合法占有和非法占有。合法占有是指基于合同关系等债权关系产生的占有，比如根据房屋租赁合同关系，承租人对房屋的占有。《民法典》第458条规定，基于合同关系等产生的占有，有关不动产或者动产的使用、收益、违约责任等，按照合同约定；合同没有约定或者约定不明确的，依照有关法律规定。合法占有房屋，说明租赁合同已经得到了实际履行，若不肯定其第一履行顺序，再逆转到初始状态

案例索引裁判文书

案例索引21
最高院（2020）最高法民申2053号中石油杭州分公司与杭燃石油公司等第三人撤销之诉民事裁定书

会产生不必要的交易成本，不符合经济原则。①

典型案例21

谭某卫与段某令占有保护纠纷案②

典型案例裁判文书

典型案例21

山东省烟台市中级人民法院（2021）鲁06民终5382号民事判决书

案情简介：荆某与段某令签订《厂房租赁合同书》，将厂房租赁给段某令，租期30年，荆某将厂房交付给段某令管理使用。因荆某无钱支付潭某卫工程款，故与潭某卫签订了《厂房租赁合同》，约定荆某将厂房出租给潭某卫，租期20年。现在，潭某卫向法院起诉请求依法判令段某令立即腾房。

裁判规则：本案的争议焦点为潭某卫能否依据厂房租赁合同要求段某令腾房。本案中，段某令与荆某签订的《厂房租赁合同书》以及潭某卫与荆某签订的《厂房租赁合同》均为有效合同。但涉案厂房现由段某令占有使用且其与荆某签订《厂房租赁合同》的日期早于潭某卫，故法院确定履行合同的承租人为段某令，对潭某卫要求段某令腾房的请求依法不予支持，其可另行向荆某主张权利。

2. 已经办理登记备案手续的。《城市房地产管理法》第54条规定，房屋租赁，出租人和承租人应当签订书面租赁合同，约定租赁期限、租赁用途、租赁价格、修缮责任等条款，以及双方的其他权利和义务，并向房产管理部门登记备案。登记备案只是国家有关部门对房屋租赁行为的一种监管，具有对抗第三人的效力，是为了保护第三人的权益，并非合同生效要件。此观点已为《民法典》吸收。

---

① 案例索引21：参见最高人民法院（2020）最高法民申2053号中石油杭州分公司与杭燃石油公司等第三人撤销之诉民事裁定书。

② 参见山东省烟台市中级人民法院（2021）鲁06民终5382号民事判决书。

【法官提示51】

房屋租赁合同是否生效，应当根据合同是否为当事人真实意思表示、订立程序是否合法、合同内容是否违反法律法规和社会公共利益等。合同的登记备案是房屋所有权有效转移的要件，不是合同生效要件。

因此，为配合行政机关对房屋租赁市场的管理和社会治安的维护，同时考虑登记备案虽然不是法律规定的公示行为，但当事人可以查阅，客观上起到公示的效果，本司法解释确定已经办理登记备案手续的承租人为第二顺位合同履行主体。[①] 如不存在前述已占有房屋情形的，已备案的合同应得到优先履行。

3. 合同成立在先的。当事人订立合同，可以采取要约、承诺方式或者其他方式。承诺生效时合同成立，但是法律另有规定或者当事人另有约定的除外。因此，合同的成立是指当事人通过要约和承诺方式对合同的内容达成合意。根据《民法典》第490条的规定，当事人采用合同书形式订立合同的，自当事人均签名、盖章或者按指印时合同成立。在签名、盖章或者按指印之前，当事人一方已经履行主要义务，对方接受时，该合同成立。法律、行政法规规定或者当事人约定合同应当采用书面形式订立，当事人未采用书面形式但是一方已经履行主要义务，对方接受时，该合同成立。因此，本条规定的合同成立时间，应当是指当事人签名或者盖章的时间，也就是当事人中最后签字盖章的时间。需要注意的是，“合同成立在先”并非“合同生效在先”，前者属于事实判断问题，后者则往往属于法律价值判断问题。

【法官提示52】

民事主体从事民事活动，应当遵循诚信原则，秉持诚实，恪守承诺。本规定实际上从诚实信用原则出发，保护最先订立合同的承租人的利益，进而达到维护房屋租赁市场交易稳定，鼓励诚信的目的。

4. 不能取得租赁房屋的承租人请求解除合同、赔偿损失的，依照《民法典》的有关规定处理。根据《民法典》第563条的规定，因合同目的无法实

---

① 参见最高人民法院民事审判第一庭编著：《最高人民法院关于审理城镇房屋租赁合同纠纷案件司法解释的理解与适用》，人民法院出版社2009年版，第37页。

现，当事人可以解除合同。其他承租人无法取得租赁房屋时，应当允许其法定解除权。同时，合同因违约解除的，解除权人（承租人）可以请求违约方（出租方）承担违约责任，但是当事人另有约定的除外。

实践中，要求实际履行的承租人，应当举证证明相应租赁合同的签订、履行等情况以及其符合《城镇房屋租赁合同纠纷案件司法解释》第5条规定的履行序位条件和要求，具有优先顺序请求履行的权利。

【法官提示53】

根据法律法规及司法解释的规定，合同无效的，该无效合同的承租人无权请求履行合同，因此，人民法院在处理该类纠纷时，一定要首先对租赁合同的效力作出审查。如前所述，对租赁合同的效力审查，本身属于法院主动审查范围。

【规范指引】

《上海市高级人民法院民一庭城镇房屋租赁合同纠纷办案要件指南》

第五条 出租人就同一房屋订立数份租赁合同的情况下，要求实际履行的承租人，需要举证证明存在优先请求履行的要件事实。

二、不定期租赁和优先承租权

（一）不定期租赁

从是否约定租赁期限来看，房屋租赁可以分为定期租赁和不定期租赁。定期租赁合同的当事人在合同中约定了租赁期限，合同于租赁期限届满时即告终止。根据《民法典》第705条的规定，房屋租赁期限不得超过20年。超过20年的，超过部分无效。房屋租赁期限届满，当事人可以续订租赁合同；但是，约定的租赁期限自续订之日起不得超过20年。

在不定期租赁中，当事人未在合同中约定租赁期限。关于不定期租赁，根据《民法典》的规定，主要存在以下情形：

1. 未签订书面合同的房屋租赁。根据《民法典》第707条的规定，租赁期限6个月以上的，应当采用书面形式。当事人未采用书面形式，无法确定租赁期限的，视为不定期租赁。房屋租赁更具有特殊性，根据《城市房地产管理法》第54条的规定，房屋租赁，出租人和承租人应当签订书面租赁合同，约定租赁期限、租赁用途、租赁价格、修缮责任等条款，以及双方的其他权利和义务，并向房产管理部门登记备案。因此，房屋租赁期限即使不满6个月，亦应当签订上述书面合同。

典型案例22

张某喜、王某节与冯某旺房屋租赁合同纠纷案①

典型案例裁判文书

典型案例22

北京市第三中级人民法院（2021）京03民终17999号民事判决书

案情简介： 张某喜、王某节承租入住冯某旺房屋，双方系口头协议，没有达成书面协议，月租金650元，每月14日按月收取租金。冯某旺称，张某喜、王某节多次与邻居发生争执，影响不好。冯某旺让张某喜、王某节搬家，之后也报警多次协调，给对方时间搬家，对方始终予以拒绝。冯某旺遂诉至法院要求腾房。

裁判规则： 当事人订立合同，可以采用书面形式、口头形式或者其他形式。租赁期限6个月以上的，应当采用书面形式。当事人未采用书面形式，无法确定租赁期限的，视为不定期租赁。根据在案证据材料，无法确认双方曾对租赁期限存在明确约定，故双方之间的合同应视为不定期租赁合同。当事人可以随时解除不定期租赁合同，但是应当在合理期限之前通知对方。

2. 未约定租赁期限的房屋租赁。根据《民法典》第730条的规定，当事人对租赁期限没有约定或者约定不明确时，依据本法第510条的规定进行协议补充，即有出租人和承租人就租赁期限进行再磋商，如果能够达成协议，合同即按照协议的期限履行，如果不能达成补充协议的，按照合同相关条款或者交易习惯确定。如果当事人既不能达成补充协议，又不能按照合同相关条款或者交易习惯确定的，双方又继续按照合同内容履行的，则此时视为不定期租赁。

---

① 参见北京市第三中级人民法院（2021）京03民终17999号民事判决书。

3. 租赁期限届满之后的房屋租赁。房屋租赁期限届满，承租人继续占有、使用租赁物，出租人没有提出异议的，原租赁合同继续有效，但此时根据《民法典》第734条的规定，租赁期限为不定期。

关于不定期租赁的法律效果，《民法典》第563条规定，以持续履行的债务为内容的不定期合同，当事人可以随时解除合同，但是应当在合理期限之前通知对方。第730条于租赁合同章节再次强调，不定期租赁，当事人可以随时解除合同，但是应当在合理期限之前通知对方。需要注意的，该任意解除权，并非一方当事人单独享有，而是双方当事人都有解除权，并且应当在合理期限之前通知对方。“合理期限”可以考虑当事人之间合作时间和合同关系持续时间的长短、另一方当事人未履行合同所付出的努力和投资、寻找新的合同对方所可能需要的时间、双方履行之间的时间间隔等。①

【规范指引】

《江苏省高级人民法院关于审理城镇房屋租赁合同纠纷案件若干问题的意见》

第三十二条 房屋租赁合同约定的租赁期限届满后，承租人继续使用租赁房屋，出租人未提出异议的，原房屋租赁合同继续有效，租赁期间为不定期，当事人可以随时解除合同，但出租人解除房屋租赁合同的，必须给予承租人合理的准备期间。

（二）优先承租权

《民法典》第734条第2款规定，租赁期限届满，房屋承租人享有以同等条件优先承租的权利。该条文首次在立法中规定房屋承租人享有优先承租权。该规定虽简单，但在保护承租人权利以及居住稳定上具有十分重要的意义。优先承租权是指承租人依法或者依约享有的，在租赁期限届满后以同等条件优先承租原租赁物的权利。优先承租权的确立，对承租人的权益进行了一定程度的保护，防止出租人随意变更租赁关系从而影响承租人的生活经营，有效防范纠纷的产生。长远来看，优先承租权制度对于社会市场秩序的稳定发展具有一定积极意义。②

---

① 参见黄薇主编：《中华人民共和国民法典释义》，法律出版社2020年版，第1083页。

② 参见黄薇主编：《中华人民共和国民法典释义》，法律出版社2020年版，第1373页。

优先承租权的行使包括以下几个要件：一是存在合法的房屋租赁关系，如果双方租赁关系尚未成立或者租赁合同尚未实际履行，利用优先承租人保护承租人利益就无从谈起。二是出租人继续出租房屋，如果出租人收回房屋自用不再出租，尚无缔约之现实可能，更无优先承租之说。三是满足同等条件，同等条件的要求体现了立法者利益平衡的价值理念，即承租人优先承租权的行使并不导致出租人的利益受损，是立法者利益平衡和维护公平正义的体现。至于何为同等条件，可以参考承租人优先购买权制度中同等条件的相关规定，即相同的租期、租金、付款方式等。但还需注意出租人在第三人签订租赁合同之时，是否存在恶意串通，用虚拟高额价格、严苛的支付方式和支付期限，规避承租人优先承租权行使的情形。[①] 四是在合理期限内主张。合理期限的认定应当综合合同履行情况、当事人现实状况等因素，基于常人之理解予以判断。

典型案例23

张某与陈某华房屋租赁合同纠纷案[②]

典型案例裁判文书

典型案例23
陕西省渭南市中级人民法院（2021）陕05民终1523号民事判决书

案情简介：陈某华（出租人）与张某（承租人）签订《租房合同》一份，该合同约定租赁期共12个月，年租金30,000元；并约定了因租用该房屋所发生的土地费、大修费以外的其他费用负担问题。合同签订后，陈某华如约将房屋交付张某承租，直至合同到期，陈某华告知不再出租，并要求腾房，双方由此产生纠纷。

裁判规则：本案所涉房屋租赁合同明确记载租赁期限为1年，期限届满后，张某继续使用房屋，原租赁合同继续有效，但是租赁期限为不定期。后来，张某要求继续履行租赁合同，但陈某华已经明确表示案涉房屋将由其家

---

① 参见曹湘芹：《民法典中房屋承租人优先承租权制度的司法适用》，载《人民法院报》2020年12月17日，第7版。

② 参见陕西省渭南市中级人民法院（2021）陕05民终1523号民事判决书。

人自用，不再出租，故张某的优先承租权不成立。

三、商铺转让费和占有使用费

（一）商铺转让费

根据《民法典》第716条的规定，承租人经出租人同意，可以将租赁物转租给第三人。承租人转租的，承租人与出租人之间的租赁合同继续有效；第三人造成租赁物损失的，承租人应当赔偿损失。承租人未经出租人同意转租的，出租人可以解除合同。

【法官提示54】

因此，房屋转租并不违反法律规定，法律亦未对此作出额外规定，只是强调应当经出租人同意。

房屋租赁实践中，尤其是商铺、店面等经营性房屋租赁领域，承租人将承租的经营门面转租第三人并在租金之外收取一定数额的转让费，且原出租人一般并不参与转让费的确定，是当前经济活动中的普遍现象，但法律对转让费的合法性规定并不明确。司法实践中也存在第三人经营不善要求返还转让费的诉讼，各地法院判决不一。

关于商铺转让费的性质，主要有以下观点：(1) 商铺转让费是承租人在有权转租房屋的情况下，第三人为获得剩余的租赁期限向承租人所支付的一种对价，如果所转让的房屋还包括装潢、设备等，转让费则有部分是对装潢、设备的购买。(2) 因承租人自身的经营行为，形成了一定的经营条件和经营优势，承租人收取的转让费是对其形成经营条件、经营优势所付出劳动的合理补偿。

商铺转让属当前市场经济发展之常态现象，有利于活跃市场经济和资源的优化配置。但法律规范缺失，使该现象长期游离于法律之外，致使相关方利益失衡，纠纷频发。关于商铺转让费条款，司法实践中主要存在以下观点：

1. 认定为交易习惯或者商业惯例。商铺转让费在房屋租赁领域已经盛行多年、形成惯例，并无履行上的障碍。根据《最高人民法院关于适用〈中华人民共和国合同法〉若干问题的解释（二）》第7条①的规定，下列情形，不

① 该解释已废止，其中第7条的规定仅供参考。

违反法律、行政法规强制性规定的，人民法院可以认定为合同法所称“交易习惯”：（1）在交易行为当地或者某一领域、某一行业通常采用并为交易对方订立合同时所知道或者应当知道的做法；（2）当事人双方经常使用的习惯做法。对于交易习惯，由提出主张的一方当事人承担举证责任。据此，商铺转让费可以看作房屋租赁领域的交易习惯，当事人应该予以遵守。只要不存在欺诈、胁迫等情形，在当事人之间自愿产生的转让费应该予以认可。

2. 认定为当事人真实意思表示。虽然法律并未规定商铺转让费，但亦未禁止，经出租方同意，承租人与第三人达成转租合意，属于当事人意思自治范畴，不违反法律、行政法规规定，属于有效约定。因此，第三人未按照合同条款支付转让费的，则承租人有权要求其按照约定支付。

司法实践中主流观点认为，从商法角度来看，商铺转让是商事营业资产的买卖。商铺转让费是受让人支付给转让人的包括现有设备、余货价款、余期租金、装饰费用、顾客群体、商号、商铺招牌、商标等有形资产和无形资产价值的总和。其中，顾客群体是商事营业资产的重要组成部分，因为其具有无形性和不确定性、价值属性和价值的难以评估性、附属性和难以迁移性的特征，实践中易被人们忽略。商铺转让费客体明确，法律对其数额高低不宜过多干预，最好的策略是通过市场的杠杆作用予以调节。① 因此，承租人或次承租人主张租赁合同中约定的租金之外的转让费条款无效的，不予支持。但该条款具有《民法典》规定的无效情形的除外。

在处理房屋租赁合同纠纷或者转让费纠纷时，如何返还转让费也成为实践争议焦点。有的法院判决全部返还，有的法院酌情考虑部分返还，有的法院不支持返还。笔者认为，现实中，转让费虽然受经营期限的制约，但转让费往往是在经营期限的基础上作为一个整体确定收取的，基本上不存在按年或按月计算转让费的情况。但法院在考虑酌情返还时，综合考虑租赁期限、剩余租赁期限等，按照转让费总额扣减实际使用时间，也较为合理。

【法官提示55】

司法实践中，更多的是结合了双方租赁期限的长短进行一定抵扣，有利于平衡双方利益。

---

① 参见徐海勇：《商铺转让费法律性质辨析》，载《人民司法》2014 年第 15 期。

（二）合同无效情形下的占有使用费

根据《民法典》的规定，房屋租赁合同有可能因以下原因无效：（1）无民事行为能力人实施的。（2）限制民事行为能力人依法不能独立实施的。（3）行为人与相对人以虚假的意思表示实施的民事法律行为无效；违反法律、行政法规的强制性规定的民事法律行为无效。但是，该强制性规定不导致该民事法律行为无效的除外。（4）违背公序良俗的民事法律行为无效。（5）行为人与相对人恶意串通，损害他人合法权益的民事法律行为无效。

关于无效合同的处理。根据《民法典》第157条的规定，民事法律行为无效、被撤销或者确定不发生效力后，行为人因该行为取得的财产，应当予以返还。有过错的一方应当赔偿对方由此所受到的损失；各方都有过错的，应当各自承担相应的责任。法律另有规定的，依照其规定。因此，如果房屋租赁合同被认定为无效的，应当适用返还财产、赔偿损失等原则。

返还财产比较好理解。房屋租赁合同被认定为无效后，承租人应当返还房屋，但其是否应当支付占有使用房屋期间的费用？有的观点认为，无效合同自始无效，如果一方面认定房屋租赁合同无效，另一方面要求承租人支付占有使用费，则事实上认可并支持了无效合同的履行。笔者认为，合同无效的后果主要体现在债权的第二次效力阶段，即当事人的合同履行请求权不能得到国家机关强制力的支持，而并非一定不能约束自愿履约的合同双方当事人。① 此项，笔者认为可以参考建设工程领域，《最高人民法院关于审理建设工程施工合同纠纷案件适用法律问题的解释（一）》第24条规定，当事人就同一建设工程订立的数份建设工程施工合同均无效，但建设工程质量合格，一方当事人请求参照实际履行的合同关于工程价款的约定折价补偿承包人的，人民法院应予支持。实际履行的合同难以确定，当事人请求参照最后签订的合同关于工程价款的约定折价补偿承包人的，人民法院应予支持。

主流观点认为，房屋租赁合同被宣告无效后，承租人应当返还根据无效合同所取得的财产，这种财产的范围既应当包括有形的财产即房屋，也应当包括承租人实际占有房屋期间在事实上所获得的利益。由于承租人基于占有

---

① 参见郝佳佳：《违法建筑租赁合同无效不应给付免租期内占有使用费》，载《人民司法》2018年第11期。

房屋所获得的利益并非有形财产，无法现实返还，而只能以折价方式进行补偿。支付房屋使用费正是这种折价补偿的方式的体现。[①]

关于占有使用费的计算，从既保障当事人诉讼权益，又方便当事人诉讼的角度来讲，占有使用费的计算应当在遵循公平原则的基础上，考虑必要的诉讼成本问题。

【法官提示56】

如果严格的以市场租赁标准参照计算，虽然对双方都比较公平，但必然增加诉讼成本，因为势必进行询价、审计等，不利于及时定分止争。

客观来讲，房屋租赁合同虽然无效或解除，但双方约定的租金条款，确是双方经磋商后达成的一致的意思表示，根据意思自治的基本原则，确定使用费时应当首先参照合同中的约定标准进行处理，这样可以使诉讼公平与诉讼效率同时得到兼顾。对此，《城镇房屋租赁合同纠纷案件司法解释》第4条第1款规定，房屋租赁合同无效，当事人请求参照合同约定的租金标准支付房屋占有使用费的，人民法院一般应予支持。同时，尽管该规定仅针对合同无效情形，未提及履行期届满或合同解除等情形，但这些情形下所涉使用费问题的本质相同，故可以按相同标准处理。

当然，参照合同约定的租金标准，并不是完全依照该标准进行裁判。本司法解释在这一问题上赋予审理案件的法官自由裁量权，由审理案件的法官根据案件具体情况，酌情进行处理。合同约定的租金标准只是裁量的依据之一，并非不可动摇，存在如约定租金标准明显高于市场价值的情况，法官当然可以裁量酌减。[②] 如果承租人举证证明，在签订租赁合同时存在欺诈、胁迫等事实的，就不应再参照原租赁合同约定的租金标准，因为在欺诈、胁迫等情形下签订的合同，并非承租人内心意思的自由表示，如果参照适用会产生明显的不公，此时在确定房屋使用费时还是要参照房屋租赁的市场价格标准。

---

① 参见最高人民法院民事审判第一庭编著：《最高人民法院关于审理城镇房屋租赁合同纠纷案件司法解释的理解与适用》，人民法院出版社2009年版，第64页。

② 参见最高人民法院民事审判第一庭编著：《最高人民法院关于审理城镇房屋租赁合同纠纷案件司法解释的理解与适用》，人民法院出版社2009年版，第71页。

【法官提示 57】

司法实践中，人民法院判决承租人支付房屋占有使用费，应当以当事人主张为前提，当事人未主张的，根据“不告不理”原则，法院不能主动裁判。

典型案例24

张某丽与罗某谋、第三人陈某惠房屋租赁合同纠纷案[①]

典型案例裁判文书

典型案例24
四川高院（2021）川民再9号民事判决书

案情简介：罗某谋与陈某惠签订《商铺租赁合同》，约定罗某谋租用陈某惠所有的房屋，用途为商业。合同还约定：租赁期限5年，租金标准为每月68,162元，罗某谋需事先征得陈某惠书面同意，方可在租赁期内将该房屋部分或全部转租给他人，罗某谋不支付租金达15日或擅自将房屋转租给第三人的，陈某惠有权单方解除合同。后来，罗某谋与张某丽签订《房屋租赁转让合同》，约定罗某谋将其从陈某惠处租赁的店铺部分转租给张某丽，年租金为42万元/年，转让费合计12万元。后来，三方发生争议，张某丽起诉要求返还装修转让费。

裁判规则：《房屋租赁转让合同》系双方当事人的真实意思表示，内容不违反法律、行政法规的强制性规定，应属有效。承租人未经出租人同意转租的，损害的是出租人的利益，法律赋予出租人的救济手段是可以解除其与承租人之间的租赁合同，而非否定转租合同的效力。张某丽支付转让费是为了取得商铺的使用权，其使用了该商铺一段时间，获取了相应收益，该期间的转让费不应再予返还，因此应按张某丽实际使用租赁商铺时间分摊转让费较为合理。

---

① 参见四川省高级人民法院（2021）川民再9号民事判决书。

【规范指引】

《北京市高级人民法院关于审理房屋租赁合同纠纷案件若干疑难问题的解答》

19. 房屋租赁合同无效、履行期限届满或解除后，出租人要求承租人和次承租人支付逾期腾房的房屋使用费的，如何处理？

房屋租赁合同无效、履行期限届满或解除后，承租人和次承租人逾期腾退房屋给出租人造成损失，出租人要求承租人和次承租人共同支付逾期腾房的房屋使用费的，应予支持。房屋使用费可依出租人请求参照租赁合同约定、转租合同约定或当时当地同地段房屋的租金标准酌情确定。

35. 诉讼期间发生的租金或房屋使用费如何承担？

出租人起诉要求承租人腾退房屋但未同时主张诉讼期间租金或房屋使用费的，法院可予以释明，告知其可以增加诉讼请求，要求承租人支付至实际腾退之日止的租金或房屋使用费。诉讼期间发生的租金或房屋使用费根据承租人是否实际占有使用房屋、房屋是否符合合同约定的使用条件、评估鉴定期限延长的原因、当事人过错程度等因素予以确定。

诉讼期间，当事人双方同意终止合同或者经审查合同确实无法继续履行的，法院应当组织双方尽快办理房屋交接，需要对装饰装修进行评估鉴定的，在完成鉴定所需要求后，法院也应尽快组织房屋交接。经法院释明当事人一方仍拒绝办理交接的，应当承担在此期间的房屋租金或房屋使用费。

《上海市高级人民法院民一庭关于城镇房屋租赁合同纠纷办案要件指南》

第十三条　在租赁合同确认无效前后，或者履行期限届满、租赁合同解除之后，承租人占有、使用房屋的，出租人可主张参照租赁合同约定的租金标准计算房屋使用费；承租人能够举证证明订立合同时存在欺诈、胁迫等事实的，可以要求不参照该约定标准计算。

第十四条　房屋租赁合同无效、履行期限届满或者解除，出租人请求次承租人支付逾期腾房占有使用费的，应当举证证明对方占用房屋、使用费的计算标准等要件事实。

第二节　房屋租赁合同的解除

《民法典》第 509 条规定，当事人应当按照约定全面履行自己的义务。这是合同法律效力的重要内容，也是审判实践中应遵循的一项重要原则。比如房屋租赁合同中，出租人应当按照约定将租赁物交付承租人，并在租赁期限内保持租赁物符合约定的用途，承租人应当按照约定的方法使用租赁物并按约足额支付租金。但社会生活中，由于一方违约或者其他客观情况发生变化，造成合同履行不必要或者不可能的不在少数。为此，法律规定了合同解除制度。当然，法律设立合同解除制度的重要目的在于保障合同解除的合法性，禁止当事人在没有任何法定或约定根据的情况下任意解除合同。

一、法律规定及解除实务问题

（一）法律规定的合同解除制度

1. 协商解除。协商解除是指合同产生法律约束力后，当事人以解除合同为目的，经协商一致，订立一个解除原来合同的协议。《民法典》第 562 条第 1 款规定，当事人协商一致，可以解除合同。协商解除是双方的民事法律行为，是通过订立一个新的合同而解除原来的合同，因此应当遵循民事法律行为和合同的一般规定，即双方当事人应当对解除合同意思表示一致，协议未达成之前，原合同仍然有效。如果协商解除违反了法律规定的法律行为有效的条件，则解除合同的协议不能发生法律效力，原有的合同仍要履行。在协商解除中，最为重要的是当事人具有明确的解除意思表示，如果双方都明确同意解除，即使双方未就协商解除后的法律后果作出约定，只要双方解除合同的意思是明确形成一致的，一般也可以认为构成协商解除，除非协商解除的意思表示以对解除后果形成一致意见为前提。[①]

2. 约定解除。当事人于合同中约定当出现某种情况时，当事人一方或者双方可以解除合同。《民法典》第 562 条第 2 款规定，当事人可以约定一方解除合同的事由。解除合同的事由发生时，解除权人可以解除合同。解除权可以在订立合同时约定，也可以在履行合同的过程中约定；可以约定一方享有解除合同的权利，也可以约定双方享有解除合同的权利。当合同约定的解除合同情形出现时，享有解除权的当事人即可行使解除权。

3. 法定解除。合同具有法律约束力之后，当事人在法律规定的解除事由出现时即可行使解除权，终止合同的权利义务关系。法定解除的事项系由法

---

① 参见黄薇主编：《中华人民共和国民法典释义》，法律出版社 2020 年版，第 1073 页。

律规定，而约定解除的事项系由合同当事人在合同中约定。《民法典》第563条规定，有下列情形之一的，当事人可以解除合同：因不可抗力致使不能实现合同目的；在履行期限届满前，当事人一方明确表示或者以自己的行为表明不履行主要债务；当事人一方迟延履行主要债务，经催告后在合理期限内仍未履行；当事人一方迟延履行债务或者有其他违约行为致使不能实现合同目的；法律规定的其他情形。

【法官提示58】

《民法典》虽然规定了法定解除事项，但并非具备了上述事项，当事人就必须解除合同，当事人有权利自行决定是否行使合同解除权。

（二）与合同解除相关

1. 合同解除的时间认定问题。合同解除的时间认定问题，是处理房屋租赁合同纠纷案件中经常遇到的重要问题。合同解除的时间点是对租赁法律关系存在与否的重要判断，对该问题的正确认定，关系到当事人的切身利益。司法实践中，法官对合同解除的时间点如何认定往往会有不同的意见。《北京市高级人民法院关于审理房屋租赁合同纠纷案件若干疑难问题的解答》认为，实践中应区分以下情形处理：（1）诉讼前，当事人一方行使合同解除权，通知对方当事人解除合同，相对方有异议致双方形成诉讼，法院审理后认为当事人行使合同解除权符合合同约定或法律规定的，解除合同通知送达之日即为合同解除之日。当事人诉讼请求中未要求确认合同解除具体时间的，可以在判决理由部分予以明确。（2）当事人一方未通知对方，径行向法院起诉或反诉要求解除合同，法院审理后认为当事人行使合同解除权符合合同约定或法律规定的，应当判决解除合同。（3）当事人双方对合同是否解除存在争议，法院审理后认为主张解除的当事人无合同解除权，合同应当继续履行，但当事人在诉讼中均同意解除合同的，以双方合意解除之日为合同解除之日。笔者赞同上述解答对该问题的处理意见，在司法实践中可予以参照适用。

2. 合同纠纷处理原则。在房屋已经交付承租人使用的情况下，无论哪一方违约情形符合约定或法定解除条件，守约方都可以依法行使合同解除权，法院或仲裁机构对此应当予以支持。若承租人并无违约行为，或者虽有违约，但未达到约定或法定解除条件，且合同具备继续履行的条件，一般不要轻易判决解除合同。也就是说，出租人不得以承担违约责任为代价解除不符合法定或约定解除条件的房屋租赁合同，除非该合同实际上无法继续履行。这样处理，一方面是为了维护诚信原则和社会经济秩序稳定，另一方面是为了判决和执行的互相衔接，有效减少和避免强制迁让问题，从而防止社会矛盾激化，促进社会和谐。①

《最高人民法院关于当前形势下进一步做好房地产纠纷案件审判工作的指导意见》曾经强调，要妥善处理拖欠租金引发的房屋租赁合同纠纷案件。在处理小型企业租赁他人厂房、仓库等经营性用房的案件时，如果承租人因资金短缺临时拖欠租金，但企业仍处于正常生产经营状态的，要从维护企业的生存发展入手，加大调解力度，尽可能促成合同继续履行。

【规范指引】

《上海市高级人民法院民一庭关于城镇房屋租赁合同纠纷办案要件指南》

第十二条 出租人或承租人主张解除合同的，应当举证证明存在约定或法定解除情形的要件事实。

3. 经营性房屋租赁合同的解除。经营性房屋主要是指店面、商铺等。该类房屋租赁主要存在以下两种情况：

第一，从事经营活动的承租人以租赁房屋存在行政管理限制致其无法办理营业执照为由，要求解除租赁合同的，如何处理。实践中应区分以下情形处理：

（1）因租赁房屋在使用上存在行政管理限制，致使承租人无法以该房屋为经营场所办理营业执照，租赁合同目的无法实现，承租人依据法律规定主张解除租赁合同，并要求出租人承担违约责任的，应予支持。但承租人违反合同约定用途使用房屋，或者承租人在签订合同时知道或应当知道租赁房屋存在上述限制的除外。

（2）租赁房屋在使用上虽存在行政管理限制，但承租人无法以该房屋为经营场所办理营业执照系因不可归责于双方当事人的原因，致使租赁合同目

① 参见孙蕾、刘尊知：《房屋租赁合同解除条件的司法完善》，载《人民司法》2011 年第 14 期。

的无法实现，当事人一方要求解除租赁合同的，应予支持。

【法官提示 59】

租赁合同存续期间发生的租金，可以根据承租人是否实际使用租赁房屋、租赁房屋瑕疵是否影响承租人实际经营、租赁合同目的是否实现、当事人过错程度等因素酌情予以减免。

第二，从事经营活动的承租人以出租人未协助其办理营业执照为由，要求解除租赁合同的，如何处理。租赁房屋在使用上不存在不能办理营业执照的行政管理限制，出租人迟延履行协助承租人以该房屋为经营场所办理营业执照的义务，经催告后在合理期限内仍未履行，承租人依据法律规定要求解除租赁合同的，应予支持，但合同另有约定或根据出租房屋用途、合同签订目的等可以确定出租人不负有此协助义务的除外。

二、合同当事人解除权

（一）出租人的合同解除权

1. 承租人未按照约定支付租金。[①] 支付租金时承租人的主要义务，也是出租人出租房屋的最大期待和目的。对于租金的支付，一般在房屋租赁合同中均会对租金数额、支付期限、支付方式等作出具体约定。租金的支付期限可以按年、月、日计算，再具体一点甚至可以到小时；租金的支付方式可以是一次性支付，也可以是分期按月、按季支付；可以是事前支付也可以是租赁期限届满支付。以上，均可由当事人在合同中自行约定。但在房屋租赁领域，有的当事人未约定租金支付期限或者约定不明确，此时需要当事人进一步协商达成补充协议，但如果不能达成协议且不能按照有关交易习惯确定的，则根据《民法典》第 721 条的规定，可以按照以下规定确定租金支付期限：

案例索引裁判文书

案例索引22

北京高院（2021）京民申4275号管某纯与陈某德、高某红房屋租赁合同纠纷民事裁定书

（1）对支付租金的期限没有约定或者约定不明确，依据本法第 510 条的

① 案例索引 22：参见北京市高级人民法院（2021）京民申 4275 号管某纯与陈某德、高某红房屋租赁合同纠纷民事裁定书。

规定仍不能确定，租赁期限不满 1 年的，应当在租赁期限届满时支付。

（2）租赁期限 1 年以上的，应当在每届满 1 年时支付，剩余期限不满 1 年的，应当在租赁期限届满时支付。

承租人应当按照合同约定的时间、金额、方式向出租人支付租金，承租人无正当理由未支付或者迟延支付租金的，根据《民法典》第 722 条的规定，出租人可以请求承租人在合理期限内支付；承租人逾期不支付的，出租人可以解除合同。关于正当理由，一般认为主要是指不可抗力或意外事件以及出租人没有履行义务的情形。关于合理期限，应当根据到期租金的数额、承租人的支付能力以及出租人的经济状况等确定。

2. 承租人未正常使用房屋。承租人应当按照约定的方法使用租赁物。对租赁物的使用方法没有约定或者约定不明确，依据《民法典》第 510 条的规定仍不能确定的，应当根据租赁物的性质使用。承租人按照约定的方法或者根据租赁物的性质使用租赁物，致使租赁物受到损耗的，不承担赔偿责任。但如果承租人未按照约定的方法或者未根据租赁物的性质使用租赁物，致使租赁物受到损失的，此时如果救济出租人的权利？立法者认为，承租人不按照约定的方法使用租赁物，是一种根本违约的行为。按约定的方式或依据租赁物性质进行使用是承租人的一项基本义务，同时，对租赁物的使用又是承租人的一项基本权利，权利与义务是相对应的，当事人享有权利的同时就相应承担一定的义务。① 因此，《民法典》第 711 条规定，此时出租人可以解除合同并请求赔偿损失。

在房屋租赁合同领域，主要存在承租人擅自变动房屋建筑主体和承重结构或者扩建等不按照约定占有、使用房屋的情况。对此，《城镇房屋租赁合同纠纷案件司法解释》第 6 条规定，承租人擅自变动房屋建筑主体和承重结构或者扩建，在出租人要求的合理期限内仍不予恢复原状，出租人请求解除合同并要求赔偿损失的，人民法院依照《民法典》第 711 条的规定处理。

【法官提示 60】

根据司法解释的规定，承租人擅自变动房屋建筑主体和承重结构或者扩建的，出租人无权直接通知承租人解除合同，只能要求承租人在合

① 参见黄薇主编：《中华人民共和国民法典释义》，法律出版社 2020 年版，第 1345 页。

理期限内恢复原状，承租人在合理期限内仍不恢复原状的，出租人才可以行使解除权。

关于出租人可以行使解除权的情形，即承租人未经出租人同意转租的，出租人可以解除合同，以及不定期租赁中的合同解除权，已在其他章节阐述，本节不再赘述。

3. 出租人行使解除的方式。一是出租人通知解除。因解除权是形成权，只要通知到达承租人即产生合同解除的法律效果。二是出租人向法院提起诉讼，请求解除合同。需要注意的是，如果法院通过判决确认出租人解除合同有效，则合同解除的时间仍是出租人通知到达承租人的时间，而不是法院判决生效时间。

另外，产生房屋租赁纠纷后，出租人是否有权对租赁房屋采取断电、断水措施，其行为是否正当合法？自力救济又称私力救济，指纠纷主体在没有中立的第三者介入的情形下，依靠自己的力量捍卫自己权利的行为。自力救济一般用以弥补公力救济的不足。自力救济分为自卫行为和自助行为，正当防卫和紧急避险属于自卫行为，《民法典》第1177条规定了自助行为，该条规定，合法权益受到侵害，情况紧迫且不能及时获得国家机关保护，不立即采取措施将使其合法权益受到难以弥补的损害的，受害人可以在保护自己合法权益的必要范围内采取扣留侵权人的财物等合理措施；但是，应当立即请求有关国家机关处理。受害人采取的措施不当造成他人损害的，应当承担侵权责任。据此从法律层面规定了自助行为，虽然该内容规定于侵权责任编，但笔者认为同样适用于合同领域。在处理该类纠纷时，首先，要审查租赁合同对此行为是否有约定，有约定的按照约定执行，未约定且合同未解除情形下，出租人的行为可构成违约。其次，还要根据“合同相对性”的原则进行审查，对于承租人与供水、供电部门直接签约建立供水供电合同关系的，如果出租人断水、断电，则可认定出租人构成侵权。最后，在排除前述可能违约和侵权情形之后，对于租赁合同已到期或解除后，承租人继续使用房屋且拒不归还时，出租人采取断水、断电行为，通常会被认为属于典型的自力救济。因为供水、供电正是保证房屋正常使用的内容之一，租赁合同终止后，出租人无须继续履行其合同义务。

【法官提示61】

房屋租赁合同履行过程中，承租人经出租人催告并事先告知将采取断电、断水等行为的情况下，在合理期限内仍未依约支付租金，出租人采取前述行为属于行使合同履行抗辩权的行为，但合同另有约定的除外。承租人应当支付断电、断水期间的租金。出租人采取断电、断水等行为对合同履行造成的影响应当与承租人欠付租金的数额、比例及过错程度相适应，超过必要限度给承租人造成损失的，应当承担赔偿损失等违约责任。

（二）承租人的合同解除权

1. 非因承租人原因致使租赁物无法使用时的解除权。根据《民法典》第724条的规定，有下列情形之一，非因承租人原因致使租赁物无法使用的，承租人可以解除合同：（1）租赁物被司法机关或者行政机关依法查封、扣押；（2）租赁物权属有争议；（3）租赁物具有违反法律、行政法规关于使用条件的强制性规定情形。适用该条并不意味着承租人可以任意行使解除权，还必须有一个必要前提，即该情形的出现导致“租赁物无法使用”。比如房屋虽然被查封了，但该查封可能只是限制出租房屋的转让，并不影响房屋正常使用的，此时承租人无权要求解除合同。又如虽然房屋的权属有争议，但该争议并未影响承租人正常使用，甚至争议已经诉至法院，但也未影响承租人正常使用的，承租人无权要求解除合同。

实践中，租赁房屋被行政机关或司法机关查封，可能由于出租人的原因，也可能是由于承租人的原因。如果由于出租人的原因，承租人在要求解除的合同的同时可以要求出租人赔偿损失；如果是由于承租人的原因被查封，出租人因此而遭受损失的，出租人除了可以提起反诉要求承租人赔偿损失以外，也可以另行诉讼要求承租人赔偿损失。因此，不同当事人的原因导致房屋被查封，实际处理结果是不一样的，实践中应尤其重视。

同时，当租赁房屋权属有争议时，意味着出租人有可能不是房屋的真正所有权人，如果出租人最后被确认为房屋的所有权人，则房屋租赁合同有效，如果出租人最后被确认为不是房屋的所有权人，则因其无权处分该房屋，导致房屋租赁合同无效。对于违反了《建筑法》《消防法》等法律法规的租赁房屋，一般不会影响租赁合同的效力，但可能会影响房屋的正常使用，承租人可要求解除租赁合同。当然，如果不影响正常使用的，不得要求解除。

【法官提示62】

根据法律规定精神，虽然该条规定的是承租人的法定解除权，但如果出租人依据该条请求解除房屋租赁合同的，人民法院根据具体情况可以支持。

2. 租赁物毁损、灭失时承租人之请求权。承租人应当妥善保管租赁物，因保管不善造成租赁物毁损、灭失的，应当承担赔偿责任。但根据《民法典》第729条的规定，因不可归责于承租人的事由，致使租赁物部分或者全部毁损、灭失的，承租人可以请求减少租金或者不支付租金；因租赁物部分或者全部毁损、灭失，致使不能实现合同目的的，承租人可以解除合同。适用本条的前提是承租人已尽了善良管理人的义务，由于其他原因，造成租赁物毁损、灭失的。“不可归责于承租人的事由”有以下几种情况：

一是不可抗力。不可抗力的适用条件是不能预见、不能避免并且不能克服。比如由于地震、洪水等造成房屋损坏甚至倒塌的，该情形承租人难以克服。

二是意外事件。例如房屋由于交通事故被汽车撞毁，该意外承租人无法预见。

三是出租人原因。比如出租人应当履行租赁物的维修义务，房屋出现质量问题需要维修，但出租人迟迟未维修导致房屋倒塌的，承租人可以解除合同。

【法官提示63】

该条规定的解除权有别于协议解除，属于法定解除权，是一种形成权，承租人解除合同的通知到达出租人时，合同即解除。即使出租人对此有异议诉至法院，法院也只是对承租人行使解除权的行为进行效力确认。

3. 房屋质量不合格时承租人的解除权。根据《民法典》第731条的规定，租赁物危及承租人的安全或者健康的，即使承租人订立合同时明知该租赁物质量不合格，承租人仍然可以随时解除合同。在住房租赁中，出租人对于房屋的质量应负严格的产品责任，也就是说，只要房屋的质量不合格，危及承租人的人身安全或者健康时，无论承租人在订立合同时知道与否，承租人均有权随时解除合同。

4. 承租人擅自搬离租赁房屋的。承租人在合同租赁期限内单方搬离租赁房屋，并主张解除合同，而出租人坚持要求继续履行合同的，如何处理？承租人在租赁合同履行期限内拒绝接收房屋，或者单方搬离租赁房屋并通知出租人收回房屋的行为，属于以自己的行为表明其不再履行租赁合同，其拒绝接收或搬离房屋的行为不符合法律规定的解除条件，《北京市高级人民法院关于审理房屋租赁合同纠纷案件若干疑难问题的解答》对此认为承租人的行为不具有单方解除合同的效力，出租人有权据此解除合同，但合同另有约定的除外。

如果出租人坚持不解除房屋租赁合同的，考虑到承租人又不愿继续履行租赁合同，该义务性质又不宜强制履行，租赁合同目的已无法实现，司法实践中，法院可以直接判决解除房屋租赁合同，并根据案件具体情况以出租人收回房屋、当事人起诉或判决生效之日等时间合理确定合同解除的具体时间。由此给出租人造成损失的，承租人应当承担赔偿损失的违约责任。当然，出租人也负有减少损失扩大的义务。

【法官提示64】

非因承租人原因，而是出租人私自解除租赁合同意图收回房屋的，不符合法律规定的法定解除条件，承租人要求继续履行合同的，应予支持，但合同另有约定的除外。

第三节 转　租

随着房地产市场的发展，房屋租赁的流转性增强，转租纠纷成为司法实践经常遇到的问题。转租是指承租人将租赁物转让给第三人使用、收益，承租人与第三人形成新的租赁合同关系，而承租人与出租人的租赁关系继续合法有效的一种交易形式。转租是以转租人与出租人的原租赁合同为基础，加之转租人与次承租人达成的合意以及原出租人对转租的同意糅合在一起，形成的一种特殊的租赁关系。在转租法律关系中，存在着出租人与承租人之间的原合同关系、转租人与次承租人之间的转租关系、出租人与转租人的三种相互联系的法律关系。

一、转租法律关系认定

从法律性质而言，转租系承租人与次承租人之间成立新租赁合同，转租人与次承租人之间的转租合同成立生效后，除合同有特别约定外，双方权利义务与普通租赁合同上当事人的权利义务内容并无差异。当然，转租合同上的租赁期限不得超过原租赁合同的期限，否则原租赁合同因期限届满而终止后，次承租人继续占有租赁物就属于无权占有，出租人可基于所有权向次承租人请求返还房屋。同时，如果承租人将房屋无偿提供给第三人使用，则不符合承租人追求经济效益的转租目的，则不构成转租。

【法官提示65】

转租涉及两个租赁合同，即房屋租赁合同和房屋转租合同，出租人与承租人之间的法律关系不因转租行为发生任何变化。

（一）出租人与承租人的关系

出租人与承租人之间的租赁合同效力不受转租行为影响继续有效存在，出租人和转租人各自继续享有合同上的权利和承受合同上的义务。承租人如果未及时足额支付租金的，出租人可以解除房屋租赁合同，无须通知次承租人。因出租人或承租人的过错致租赁合同解除，租赁物被出租人收回，造成次承租人损害的，次承租人可依转租合同要求承租人赔偿，承租人赔偿后，认为系出租人过错造成的，可向出租人追偿。

另外，次承租人对租赁物造成损失时，承租人应向出租人承担损害赔偿责任。在原租赁关系中，承租人负契约上善良管理人的保管义务，出租人可依债权向承租人请求损害赔偿，承租人赔偿损失后，可以转租人身份依转租合同向次承租人求偿。但承租人与次承租人承担的并非连带责任，而是基于两个不同法律关系产生的责任。[①]

---

① 参见最高人民法院民事审判第一庭编著：《关于审理城镇房屋租赁合同纠纷案件司法解释的理解与适用》，人民法院出版社2009年版，第192页。

（二）承租人与次承租人的关系

该转租合同涉及的权利义务，适用《民法典》中有关租赁关系的规定。实际上此时还涉及一个理论上或者实践中经常发生的问题，即次承租人可否再另行转租的问题？房屋租赁领域所谓“二房东”“三房东”较为普遍，甚至出现最终的承租人并不知道房屋真正的所有权人系何人。有观点认为对于该再转租行为，应予否定性评价。笔者认为，法律对此并无明文规定，再转租行为符合市场需求、可以物尽其用，从理论上看，按照契约自由和当事人意思自治原则，应予肯定。另外，房屋发生质量问题需要维修时，次承租人如何主张权利？笔者认为，鉴于合同之合同相对性，次承租人应当向承租人主张修缮义务，其无权直接请求出租人进行修缮，承租人修缮后，可向出租人追偿。

（三）出租人与次承租人的关系

根据传统理论，合同相对性在大陆法系称为债的相对性，是指债只能在债权人和债务人之间产生法律拘束力，并不及于第三人。债权债务关系发生在特定的享有权利的债权人和承担义务的债务人之间。合同权利由合同中的权利人向相对人主张，而不能向合同外的第三人主张，只有合同中的权利人有权要求义务人向其履行合同义务，合同以外的第三人不能要求该义务人履行合同中的义务。合同相对性，包括以下三个方面：（1）主体相对性。合同关系只能发生在特定的主体之间即订立合同的主体之间，只有合同的一方当事人才能向合同另一方当事人提出请求或者提起诉讼，在诉讼程序中，只有合同相对方才能作为当事人。（2）内容相对性。合同内容是指合同中的权利义务。内容相对性是指只有合同当事人才享有合同中约定的权利，并承担合同中约定的义务，合同当事人以外的第三人不能主张合同权利也不承担合同义务。合同权利与义务主要是合同当事人为彼此设定的，主要对合同当事人产生约束力，即主要是一种对内效力。（3）责任相对性。合同责任也即违约责任是合同当事人不履行合同债务所应承担的法律后果。合同责任的承担，只能发生在特定的合同当事人之间，合同当事人之外的第三人不承担合同责任。

【法官提示66】

在转租法律关系中，存在两个合同，即出租人与承租人之间的租赁合同和承租人与次承租人之间的转租合同。在这两个合同中，存在两类权利义务关系，即出租人与承租人之间的权利义务关系和承租人与次承租人的权利义务关系。基于合同相对性原则，出租人与次承租人并不发生直接的法律关系，即使转租得到了出租人的同意，但出租人与次承租人之间并不存在租赁合同法律关系，出租人仅能向租赁合同相对人，即承租人要求其违约责任。

二、出租人意思表示对转租效力的影响

（一）经出租人同意的转租[1]

案例索引裁判文书

案例索引23
北京高院（2019）京民再18号民促会与瀚海公司房屋租赁合同纠纷民事判决书

《民法典》第716条第1款规定，承租人经出租人同意，可以将租赁物转租给第三人。承租人转租的，承租人与出租人之间的租赁合同继续有效；第三人造成租赁物损失的，承租人应当赔偿损失。《商品房屋租赁管理办法》第11条第1款规定，承租人转租房屋的，应当经出租人书面同意。

经出租人同意的转租主要包括以下两种情形：一是出租人与承租人签订房屋租赁合同时，即在合同中约定承租人有权转租。二是在租赁期限内，承租人经承租人同意，将房屋转租。出租人与承租人之间的房屋租赁关系不受转租影响，依然有效，承租人仍然应当向出租人履行支付租金等义务，即使次承租人造成房屋损毁的，承租人仍然应当向出租人承担责任。

【法官提示67】

需要注意的是，房屋租赁合同终止或者被解除的，承租人与次承租人之间的转租合同关系即终止。

承租人将房屋转租，且转租期间超过承租人从出租人处获得的租赁期间的，该约定或者行为是否有效？理论界对此争议较大。第一种观点认为，该约定无效，次承租人取得的租赁期限，已经超过了承租人在房屋租赁合同中

① 案例索引23：参见北京市高级人民法院（2019）京民再18号民促会与瀚海公司房屋租赁合同纠纷民事判决书。

取得的租赁期限，承租人无权进行处分，损害了出租人的权益。第二种观点认为，超过承租人剩余租赁期限的转租期间无效，承租人未超过剩余租赁期限的部分为有效，超过剩余租赁期限的为无效，因为在剩余租赁期限内承租人对于房屋是有处分权的。第三种观点认为，属于效力待定，如果得到出租人的追认并不损害任何人的利益，应为有效。

对该争议问题，《民法典》第717条规定，承租人经出租人同意将租赁物转租给第三人，转租期限超过承租人剩余租赁期限的，超过部分的约定对出租人不具有法律约束力，但是出租人与承租人另有约定的除外。立法者认为，该约定只要不存在法律规定的无效事由即为有效，次承租人也因此取得相应权利，但该权利仅对出租人不产生法律效力。原租赁合同期限届满后，出租人可以要求次承租人限期返还租赁物，次承租人则可依据转租合同的约定向承租人主张违约责任。[①]

（二）出租人同意转租的推定

《民法典》第140条规定，行为人可以明示或者默示作出意思表示。沉默只有在有法律规定、当事人约定或者符合当事人之间的交易习惯时，才可以视为意思表示。意思表示原则上都需要以明示或者默示的方式作出。但是在现实生活中也会出现一种特殊情形，即行为人作出意思表示的时候既无语言等明示方式，也无行为等默示方式，在一定条件下仍可视为意思表示。比如房屋租赁领域，出租人知道或者应当知道承租人转租，但迟迟未有表示的，此时将使承租人与此承租人的利益长期陷入不稳定状态。因此，《民法典》第718条规定，出租人知道或者应当知道承租人转租，但是在6个月内未提出异议的，视为出租人同意转租。该条文赋予出租人一定的期限，即6个月，目的是平衡出租人与次承租人的利益，时间太长，不利于稳定现有的转租关系，时间太短，不利于保护出租人的利益。

【法官提示68】

6个月是出租人行使合同解除权和主张合同无效的权利期间，应当理解为除斥期间，不适用诉讼时效关于中断、中止、延长的规定。

---

① 参见黄薇主编:《中华人民共和国民法典释义》，法律出版社2020年版，第1354页。

【规范指引】

《上海市高级人民法院民一庭关于城镇房屋租赁合同纠纷办案要件指南》

第十一条 对于出租人提出的转租合同无效主张予以否认的，承租人应当举证证明存在出租人明示或默示同意转租的要件事实。

（三）未经出租人同意的转租

承租人擅自转租涉及出租人、承租人、次承租人三方利益的保护与平衡。未经出租人同意的转租，尽管转租合同的效力不受影响，但是该转租行为毕竟是违背出租人的意志，违反法律规定的行为，因此，法律也赋予出租人在这种情况下的解除合同的权利。《民法典》第716条第2款规定，承租人未经出租人同意转租的，出租人可以解除合同。因为承租人未经出租人同意擅自将租赁物转租他人，直接破坏了出租人对承租人的信任，也直接损害了出租人对租赁物的所有权或处分权，同时造成多层次的对租赁物的占有关系，增加了出租人要求返还租赁物的困难或使租赁物的毁损程度加重，所以出租人有权解除合同。[①]《商品房屋租赁管理办法》第11条第2款规定，承租人未经出租人书面同意转租的，出租人可以解除租赁合同，收回房屋并要求承租人赔偿损失。

【法官提示69】

未经出租人同意的转租，出租人可以解除与承租人之间的房屋租赁合同，也可以不解除。出租人不解除合同的，转租关系继续存续有效。

三、次承租人代为清偿权

一般的房屋租赁合同关系中仅涉及出租人和承租人，但如果一旦承租人进行转租，则法律关系则相对复杂。经出租人同意转租的，承租人与次承租人之间形成新的租赁关系，而出租人与承租人之间的租赁关系继续合法有效。根据合同相对性原理，次承租人应当向承租人支付租金，承租人应当向出租人支付租金。次承租人与出租人之间不存在合同关系，因此，次承租人没有

---

① 参见黄薇主编：《中华人民共和国民法典释义》，法律出版社2020年版，第1354页。

向出租人支付租金的义务。

（一）合同相对性对次承租人的影响

房屋租赁领域，根据《民法典》第 722 条的规定，承租人无正当理由未支付或者迟延支付租金的，出租人可以请求承租人在合理期限内支付；承租人逾期不支付的，出租人可以解除合同。因此，当承租人未按期足额支付租金的，出租人对房屋租赁合同享有法定解除权，当然出租人仅能解除与承租人之间的合同。但是如果该房屋租赁存在转租情形的，则是否允许出租人自由行使该解除权？有观点认为，出租人与承租人之间的合同不受转租行为影响，即出租人、承租人之间的承租合同及承租人、次承租人之间的转租合同是两个独立的合同，从合同的相对性出发，出租人的解除权行使不应受到次承租人的约束。

司法实践中，《江苏省高级人民法院关于审理房地产合同纠纷案件若干问题的解答》第 53 条关于租赁合同解除后转租合同的效力如何认定？该解答认为，转租合同系依附于前手的租赁合同，前手租赁合同被解除的，次承租人丧失了继续占有、使用涉案房屋所赖以存在的权利基础，第一手出租人主张解除转租合同的，应予支持。笔者认为该观点过于片面保护出租人的权益，对依法守约的次承租人明显不利，特别是承租人对此并无任何过错时，显然对承租人有失公平，尤其是次承租人愿意支付租金的情况下，依然赋予出租人的强制解除权，并不利于双方合同目的实现，不利于经济社会正常秩序，不利于社会和谐。如果次承租人完全具备支付租金的能力，并且有意愿将转租合同延续下去，那么，是不是可以突破合同相对性原理，改由次承租人代承租人向出租人支付租金以延续出租合同呢？囿于合同的相对性理论，次承租人始终处于弱势的地位，因为其抗辩只能针对合同的相对人即承租人，而不能对抗转租合同以外的第三人，当然也不能对抗出租人。这对于善意的无过错的次承租人是很不公平的，因此，有必要对于传统的合同的相对性理论加以突破。[①]

（二）次承租人利益平衡和保护

社会生活纷繁复杂，在许多情况下第三人也会对债务的履行具有法律上

---

① 参见最高人民法院民事审判第一庭编著：《最高人民法院关于审理城镇房屋租赁合同纠纷案件司法解释的理解与适用》，人民法院出版社 2009 年版，第 226 页。

的利益，此时严格按照债的关系的相对性阻止第三人履行债务，不仅会影响债务的履行、影响债的关系当事人利益的实现，而且会严重影响第三人的利益。为解决这一问题，第三人代为履行制度应运而生。该制度旨在使第三人在对债务履行具有法律上利益时有权代债务人作出履行，对于该履行债权人不得予以拒绝，从而保护第三人的利益。① 出租人法定解除权的行使，主要在于维护出租人在租赁合同中的重大利益，特别是租金的收取方面，当次承租人愿意并代为清偿欠付租金的，并未损害他人权益。《民法典》第 524 条第 1 款规定，债务人不履行债务，第三人对履行该债务具有合法利益的，第三人有权向债权人代为履行；但是，根据债务性质、按照当事人约定或者依照法律规定只能由债务人履行的除外。

1. 次承租人可代为支付租金。出租人解除合同后收回租赁房屋对次承租人有权占有并使用该租赁房屋形成了利害关系，即次承租人对该债务的履行具有“合法权益”，应属于第三人清偿范围内。并且租金属于金钱之债，不具有只能由承租人履行的性质，因此次承租人有权向出租人代为履行，出租人不得拒绝。因此，次承租人代为支付承租人拖欠的租金和违约金的行为，属于第三人清偿之债的具体类型。② 因此，《民法典》第 719 条规定，承租人拖欠的租金的，次承租人可以代承租人支付其欠付的租金和违约金，但是转租合同对出租人不具有法律约束力的除外。次承租人代为支付的租金和违约金，可以充抵次承租人应当向承租人支付的租金；超出其应付的租金数额的，可以向承租人追偿。根据该条规定，由次承租人代为支付承租人拖欠的租金和违约金，既保障了出租人对租金的收取权利，也保障了次承租人权利的稳定性，而且完全符合民法保护作为弱者的承租人利益之价值取向，还防止了出租人与承租人恶意串通损害次承租人的权益。

同时，根据《民法典》第 524 条第 2 款的规定，债权人接受第三人履行后，其对债务人的债权转让给第三人，但是债务人和第三人另有约定的除外。因此，次承租人代为支付租金和违约金后，依据债权转让规则，出租人对承租人的租金债权转让给次承租人，次承租人应当通知承租人，次承租人享有

---

① 参见王利明：《论第三人代为履行》，载《法学杂志》2021 年第 8 期。

② 参见黄薇主编：《中华人民共和国民法典释义》，法律出版社 2020 年版，第 1356 页。

要求承租人减少租金、延长租期等权利。

【法官提示 70】

以上规定和论述建立在“经出租人同意”的转租基础上，如果未经出租人同意，承租人擅自转租的，则转租合同对出租人不具有法律约束力，承租人欠付租金，次承租人要求代为清偿，出租人有权拒绝。

出租人因承租人怠于交纳租金为由行使解除权之前，应对次承租人履行告知义务，否则不得行使解除权。次承租人在接到出租人的解除通知后，应在合理期间内决定是否行使代偿权，超出这个期间而不代位清偿的，视为放弃代位清偿权，原合同解除，转租合同也将因原出租合同解除而相应中止。

2. 租赁物的返还。《民法典》第 733 条规定，租赁期限届满，承租人应当返还租赁物。返还的租赁物应当符合按照约定或者根据租赁物的性质使用后的状态。因此，在租赁期限届满时，承租人返还租赁物系其一项基本义务，该项规定同样适用于承租人作为出租人的转租合同法律关系中。如果房屋租赁关系终止，则承租人占有租赁房屋的合法依据就不存在，所以承租人应当在租赁关系终止时返还租赁房屋。次承租人在房屋租赁关系终止时，不再拥有占有、使用租赁房屋的合法依据，形成了对出租人所有的租赁房屋的无权占有。此时，如果次承租人逾期腾房的，构成不当得利，次承租人应当支付房屋使用费。至于房屋使用费的标准，由当地法院确定。《城镇房屋租赁合同纠纷案件司法解释》第 13 条规定，房屋租赁合同无效、履行期限届满或者解除，出租人请求负有腾房义务的次承租人支付逾期腾房占有使用费的，人民法院应予支持。

【法官提示 71】

次承租人非法占有期间的不当得利，以当时当地的房屋租赁市场价格作为标准较为公平。

3. 次承租人的诉讼地位。关于房屋租赁合同纠纷中次承租人的诉讼地位，争议焦点是次承租人在转租诉讼中系有独立请求权的第三人还是无独立请求权的第三人。笔者认为，次承租人系无独立请求权的第三人。理由如下：第一，次承租人因其与承租人之间的房屋转租合同而产生权利义务关系，但是次承租人与出租人之间并没有合同权利义务关系，也不可能干涉出租人与承租人之间的法律关系，次承租人参加诉讼只是因为对出租人与承租人的纠纷标的有利害关系。第二，次承租人与出租人之间没有合同关系，其与出租人和承租人之间的纠纷一般也没有法律意义上的联系，因此，一般情况下，次承租人参加诉讼需要依附于承租人的诉讼地位来主张权利，而不能单独作为诉讼一方独立行使诉讼权利。

【规范指引】

《北京市高级人民法院关于审理房屋租赁合同纠纷案件若干疑难问题的解答》

17. 房屋租赁合同无效、履行期限届满或解除，出租人要求返还房屋的，次承租人的诉讼地位如何确定？

房屋租赁合同无效、履行期限届满或解除，转租合同亦不能履行，出租人既可以依据合同约定要求承租人返还房屋，也可以房屋物权人名义要求次承租人（实际使用房屋的承租人）腾退房屋。出租人仅以承租人为被告提起诉讼的，法院可以向其释明，告知其可以追加次承租人为共同被告，或者申请通知次承租人作为无独立请求权第三人参加诉讼；法院也可基于判决生效后的执行以及保护次承租人利益的需要，直接通知次承租人作为无独立请求权第三人参加诉讼。如果次承租人为多人，且各方利益不同，则不宜追加次承租人为第三人，可根据案件实际情况，由当事人另行分别解决。

房屋租赁合同无效、履行期限届满或解除纠纷中，次承租人要求租赁合同的承租人或出租人赔偿装饰装修损失或承担违约责任的，与租赁合同纠纷不属于同一法律关系，不构成反诉，应告知次承租人可另行起诉。法院判决次承租人腾退房屋的，应当告知次承租人可就装饰装修物申请采取必要的证据保全措施。

22. 次承租人在房屋租赁合同解除纠纷中如何行使代偿请求权？

出租人以承租人欠付租金为由主张解除房屋租赁合同，次承租人依据《城镇房屋租赁合同纠纷案件司法解释》第十七条第一款规定主张代承租人向出租人履行租赁合同债务的，可以作为无独立请求权第三人参加诉讼，法院应当根据案件具体情况要求次承租人在合理期限内（一般为三十日），按照出租人主张的租金和违约金数额向法院提供等额现金担保，逾期不提供的，对次承租人的该主张，不予支持。

第四节　装饰装修物的处理

一、承租人房屋使用规定和扩建问题处理

（一）承租人使用房屋的义务性规定

承租人承租房屋的目的，在于占有、使用房屋，使用租赁物是承租人在房屋租赁合同中的一项基本权利。但承租人对房屋享有的系基于房屋租赁合同取得的使用权和收益权，并没有所有权，且租赁期限到期后，负有返还房屋的义务，因此，承租人对房屋的占有使用并非没有任何限制。《民法典》第709条规定，承租人应当按照约定的方法使用租赁物。对租赁物的使用方法没有约定或者约定不明确，依据本法第510条的规定仍不能确定的，应当根据租赁物的性质使用。适用该条的前提：（1）出租人已经按照约定向承租人交付房屋，承租人实际占有房屋，取得对房屋的使用权和实际控制权。（2）房屋的状况符合双方合同约定，符合承租人预期。

房屋租赁合同关系中，承租人应当按照约定的用途使用房屋，比如房屋租赁合同中明确约定房屋用于自住，但承租人违反约定从事经营活动的，即违反了上述法律规定。《民法典》第711条规定，承租人未按照约定的方法或者未根据租赁物的性质使用租赁物，致使租赁物受到损失的，出租人可以解除合同并请求赔偿损失。未按照约定的方法，既包括合同有约定情形下，未按照租赁合同约定的用途使用房屋，未按照双方约定的具体使用方式使用房屋，也包括合同未约定，或约定不明的情形下，未按照《民法典》第510条确定的使用方法使用租赁物，即无法确定情形下依据租赁物本身性质使用租赁物的情况。“损失”不等于“损耗”，损耗是合法的，损失是违约行为造成非正常预期之内的，《民法典》第710条规定，承租人按照约定的方法或者根据租赁物的性质使用租赁物，致使租赁物受到损耗的，不承担赔偿责任。

【法官提示72】

承租人按照约定方法或者根据房屋性质进行使用是其一项基本义务，不按约定的方法使用租赁物，属于根本违约行为，如果造成损失的，出租人可以解除合同并请求赔偿损失。此时，法律赋予出租人自主决定权。

另外，关于承租人对房屋的使用权方面，根据《民法典》第715条的规定，承租人经出租人同意，可以对租赁物进行改善或者增设他物。承租人未经出租人同意，对租赁物进行改善或者增设他物的，出租人可以请求承租人恢复原状或者赔偿损失。

（二）承租人扩建相关问题的处理

承租人应当按照约定的方法使用租赁物。《民法典》第711条规定，承租人未按照约定的方法或者未根据租赁物的性质使用租赁物，致使租赁物受到损失的，出租人可以解除合同并请求赔偿损失。

房屋租赁中，有的承租人经出租人同意对房屋进行扩建，有的承租人未经出租人同意，擅自扩建，甚至擅自变动房屋主体和承重结构，损害房屋并侵害出租人合法权益，对此，出租人应当如何救济自己的权益？相关的扩建费用如何处理？《商品房屋租赁管理办法》第10条规定，承租人应当按照合同约定的租赁用途和使用要求合理使用房屋，不得擅自改动房屋承重结构和拆改室内设施，不得损害其他业主和使用人的合法权益。承租人因使用不当等原因造成承租房屋和设施损坏的，承租人应当负责修复或者承担赔偿责任。《城镇房屋租赁合同纠纷案件司法解释》第6条规定，承租人擅自变动房屋建筑主体和承重结构或者扩建，在出租人要求的合理期限内仍不予恢复原状，出租人请求解除合同并要求赔偿损失的，人民法院依照《民法典》第711条的规定处理。根据该条规定，以上两种情形，出租人可以解除合同并请求赔偿损失。

1. 擅自变动房屋建筑主体和承重结构。

工程质量关系人民群众切身利益、国民经济投资效益、建筑业可持续发展，国家对建设工程质量历来要求十分严格。房屋建筑主体和承重结构属于房屋重要部分，质量安全尤为重要，国家对此从施工、交付、使用等诸多方面进行调整、规范。根据《建筑法》第60条的规定，建筑物在合理使用寿命内，必须确保地基基础工程和主体结构的质量。建筑工程竣工时，屋顶、墙面不得留有渗漏、开裂等质量缺陷；对已发现的质量缺陷，建筑施工企业应当修复。因此，承包人在建设工程的合理使用寿命内对地基基础工程和主体结构质量承担民事责任，也就是说，无论建筑工程是否经过验收，发包人是否擅自使用，如果建筑工程在合理使用寿命内地基基础工程和主体结构质量出现问题，承包人仍然要承担责任，这是承包人依照法律规定必须履行的工程质量保证义务。《建筑法》第 61 条规定，交付竣工验收的建筑工程，必须符合规定的建筑工程质量标准，有完整的工程技术经济资料和经签署的工程保修书，并具备国家规定的其他竣工条件。建筑工程竣工经验收合格后，方可交付使用；未经验收或者验收不合格的，不得交付使用。《建设工程质量管理条例》第 15 条规定，涉及建筑主体和承重结构变动的装修工程，建设单位应当在施工前委托原设计单位或者具有相应资质等级的设计单位提出设计方案；没有设计方案的，不得施工。房屋建筑使用者在装修过程中，不得擅自变动房屋建筑主体和承重结构。此处的房屋建筑使用者，当然包括了房屋承租人。

【法官提示 73】

上述法律强制性规定，并非为了限制承租人对房屋的装饰装修，而是一方面强调了建筑主体和承重结构的重要性，另一方面要求承租人的装饰装修应当在合理范围之内。

《建设工程质量管理条例》第 69 条规定，违反本条例规定，涉及建筑主体或者承重结构变动的装修工程，没有设计方案擅自施工的，责令改正，处 50 万元以上 100 万元以下的罚款；房屋建筑使用者在装修过程中擅自变动房屋建筑主体和承重结构的，责令改正，处 5 万元以上 10 万元以下的罚款。有前款所列行为，造成损失的，依法承担赔偿责任。

2. 擅自扩建。

房屋的扩建，是指在房屋原有基础上的加层加高。根据《建筑法》《建设工程质量管理条例》等法律法规规定，有关工程施工、房屋建设项目实行强制许可制度，建设单位只有在取得建设工程和其他有关批准文件后，才可以办理开工手续进行施工。同时，建筑施工企业和作业人员在施工过程中，应当遵守有关安全生产的法律、法规和建筑行业安全规章、规程，不得违章指挥或者违章作业。实际上，扩建问题，更多时候因为未经审批且未经出租人同意，一般构成违章建筑，对于违章国家给予了更为严格的管制措施，从民事角度，根据《民法典》的规定，出租人赋有合同解除权。

此时，又延伸出另外一个问题，承租人未经出租人同意装饰装修或者扩建发生的费用，应当如何处理？虽然承租人未经出租人同意装饰装修或者扩建侵犯了出租人的房屋财产权，但在有关费用的承担上，却时有争议。如果房屋租赁合同签订后，承租人未经出租人同意，即在该租赁房屋上进行装饰装修、扩建的行为，一般应被认为违反了合同的约定，构成违约行为，应承担继续履行、采取补救措施或者赔偿损失等违约责任。与此同时，承租人的上述行为，也可能同时构成了对出租人房屋所有权的侵犯。此时将出现承租人的违约行为同时构成侵权行为的情形，即发生民法上最常见的违约责任和侵权责任的竞合。[①] 对此，《城镇房屋租赁合同纠纷案件司法解释》第 11 条规定，承租人未经出租人同意装饰装修或者扩建发生的费用，由承租人负担。出租人请求承租人恢复原状或者赔偿损失的，人民法院应予支持。适用该条内容时，应当注意以下几点：

一是出租人不能同时主张要求承租人恢复原状或者赔偿损失，两者只能选择一种，赔偿损失应当作为恢复原状的一种替代责任承担方式，解决的是不可能恢复原状或者出租人已经自行恢复原状的问题。

二是承租人如果承担了违约金的，则出租人不得再请求承租人恢复原状或者赔偿损失。有的房屋租赁合同中，双方当事人约定承租人擅自装饰装修或者扩建的，承租人承担相应违约金支付责任，此时应当认为违约金的支付相当于恢复原状的替代。

三是关于装饰装修物、扩建物的归属问题。一般认为，出租人愿意接受装饰装修物的，合同解除时，出租人取得该物所有权，出租人不愿意接受装饰装修物的，出租人有权要求承租人恢复原状或者赔偿损失。

四是出租人取得装饰装修物的所有权的，不构成不当得利。如前所述，装饰装修物的价值随着租赁期限的届满实际上已经消失殆尽，且该装饰装修未经出租人同意，构成侵权，因此，本条司法解释规定，承租人未经出租人同意装饰装修或者扩建发生的费用，由承租人负担。

---

① 参见最高人民法院民事审判第一庭编著：《最高人民法院关于审理城镇房屋租赁合同纠纷案件司法解释的理解与适用》，人民法院出版社 2009 年版，第 164 页。

【法官提示74】

承租人擅自变动房屋建筑主体和承重结构或者扩建，出租人请求解除合同并要求赔偿损失的前提，应当是承租人在出租人要求的合理期限内仍不予恢复原状。

3. 经出租人同意的扩建费用的负担。

实践当中，房屋承租人为了实现自身租赁目的需要，一般会对房屋进行扩建，由此引发出租人和承租人之间的纠纷。承租人经出租人同意进行扩建，房屋租赁合同无效或合意解除时，如果处理扩建费用？

如前所述，租赁房屋扩建行为的处理涉及物权法和债权法交织的复杂问题，于物权法领域，涉及物权法上的所有权取得等，于债权法领域，涉及不当得利返还等。同时，房屋的扩建不同于一般的装饰装修，因牵扯利益重大，必须经过主管部门审批，未经审批，不得实施。据此，考虑行政管理需要和公共利益，考虑平衡合同双方权益，根据《城镇房屋租赁合同纠纷案件司法解释》第12条的规定，承租人经出租人同意扩建，但双方对扩建费用的处理没有约定的，人民法院按照下列情形分别处理：一是办理合法建设手续的，扩建造价费用由出租人负担；二是未办理合法建设手续的，扩建造价费用由双方按照过错分担。

建筑活动，是指各类房屋建筑及其附属设施的建造和与其配套的线路、管道、设备的安装活动。房屋扩建行为本质上属于房屋建筑活动，受到《建筑法》《城乡规划法》《建设工程质量管理条例》等法律法规的调整。《城乡规划法》第40条规定，在城市、镇规划区内进行建筑物、构筑物、道路、管线和其他工程建设的，建设单位或者个人应当向城市、县人民政府城乡规划主管部门或者省、自治区、直辖市人民政府确定的镇人民政府申请办理建设工程规划许可证。申请办理建设工程规划许可证，应当提交使用土地的有关证明文件、建设工程设计方案等材料。需要建设单位编制修建性详细规划的建设项目，还应当提交修建性详细规划。对符合控制性详细规划和规划条件的，由城市、县人民政府城乡规划主管部门或者省、自治区、直辖市人民政府确定的镇人民政府核发建设工程规划许可证。城市、县人民政府城乡规划主管部门或者省、自治区、直辖市人民政府确定的镇人民政府应当依法将经审定的修建性详细规划、建设工程设计方案的总平面图予以公布。

通过对建设工程的规划许可：一是可以确认城市中有关建设活动符合法定规划的要求，确保建设主体的合法权益；二是可以作为建设活动进行过程中接受监督检查时的法定依据；三是可以作为城乡建设档案的重要内容。因此，建设工程规划许可证是有关建设工程符合城市规划要求的法律凭证，未取得建设规划审批手续的项目不得建设。未取得建设工程规划许可证或者未按照建设工程规划许可证的规定进行建设的建设工程实际上也是违法建筑。国家法律对违法建筑的评价是否定性，并且具有强制干预的效果。本条司法解释规定的“办理合法建设手续”，指的就是取得建设工程规划许可证。

同时根据上述规定，申请办理了建设工程规划许可证的主体只能是建设单位，即房屋出租人，而具体扩建方案的实施为承租人，也即需要出租人和承租人相互配合，才能办理合法建设手续，才能实施扩建行为。

【法官提示75】

实践当中，扩建部分因未取得建设工程规划许可证，可能是出租人的原因，也可能是承租人的原因，可能是出租人的过错，也可能是承租人的过错，或者是双方的过错以及双方的过错造成。因此，未办理合法建设手续的，扩建造价费用由双方按照过错分担。

【规范指引】

《北京市高级人民法院关于审理房屋租赁合同纠纷案件若干疑难问题的解答》

14. 出租人对承租人的装饰装修或扩建行为未提出异议的，如何认定？

租赁合同约定房屋装饰装修或扩建须经出租人同意，出租人知道或者应当知道承租人对租赁房屋进行装饰装修或扩建，但在合理期限内（一般为六个月）未提出异议，或者在合理期限内提出异议后又继续履行合同或接受承租人履行义务的，可以视为出租人同意装饰装修或扩建，或者放弃再提出异议的权利。

二、装饰装修物的处理原则

（一）合同无效时经同意的装饰装修物的处理

由于房屋租赁市场的规范性有待进一步提升，法律对此未有明确规定，对于无效房屋租赁合同装饰装修物的处理，司法实践中处理不一。《民法典》

第 157 条规定，民事法律行为无效、被撤销或者确定不发生效力后，行为人因该行为取得的财产，应当予以返还；不能返还或者没有必要返还的，应当折价补偿。有过错的一方应当赔偿对方由此所受到的损失；各方都有过错的，应当各自承担相应的责任。法律另有规定的，依照其规定。上述关于无效民事法律行为的法律效果和处理原则，同样适用于房屋租赁合同领域，当然适用于无效的房屋租赁合同。

司法实践中，因房屋租赁合同无效引起的装饰装修纠纷不仅包括铺设地板砖、吊设天花板、墙壁粉刷油漆等一般意义上的装饰装修，而且包括大量的承租人在租赁房屋安装空调、电梯、水电、消防设施设备等增设物。在房屋租赁合同中，承租人为了改善房屋使用功能，满足其使用需求，一般在租赁房屋后都要进行改建或者增设他物。从实践角度来看，应当将这些改建物或增设的他物连同一般装饰装修物一起，作为房屋的添附物处理。因此，房屋租赁合同中承租人对房屋的装饰装修既包括一般意义上的装饰装修，也包括改建和增设他物。[①] 房屋租赁合同纠纷中涉及的装饰装修物，主要是指动产和不动产的附合。按照装饰装修物与房屋的结合程度，可以区分为“形成附合”和“未形成附合”两种形态。比如，地板、天花板、墙壁粉刷油漆等已经与房屋结合，完全融为一体，形成附合；承租人自己购买安装的空调、电视机、热水器等，具有物理上的相对独立性，并未与房屋形成附合。

根据《民法典》第 157 条和《城镇房屋租赁合同纠纷案件司法解释》第 7 条的规定，承租人经出租人同意装饰装修，租赁合同无效时的处理，按照以下原则：

1. 未形成附合的装饰装修物，出租人同意利用的，可折价归出租人所有；不同意利用的，可由承租人拆除。因拆除造成房屋毁损的，承租人应当恢复原状。未形成附合的装饰装修物其所有权属于承租人，原则上可由承租人拆除取回。因拆除造成租赁房屋毁损的，承租人应当恢复原状。

2. 已形成附合的装饰装修物，出租人同意利用的，可折价归出租人所有；不同意利用的，由双方各自按照导致合同无效的过错分担现值损失。在出租

① 参见最高人民法院民事审判第一庭编著：《最高人民法院关于审理城镇房屋租赁合同纠纷案件司法解释的理解与适用》，人民法院出版社 2009 年版，第 118 页。

人同意利用的情形下，说明该装饰装修符合出租人的审美情趣和使用要求，对出租人仍具有使用价值，出租人因此而获取利益，由出租人基于不当得利，对承租人的装饰装修予以折价补偿；在出租人不同意利用的情形下，表明该装饰装修对出租人没有利用价值，出租人并不会因取得该装饰装修而获取利益，装饰装修物的现值作为无效合同的损失，由出租人和承租人按照无效合同的过错分担。①

在房屋租赁合同中，将装饰装修物按照其与房屋的结合程度划分为附合的装饰装修物和未形成附合的装饰装修物的法律意义在于：依照添附理论，对于未形成附合的装饰装修物，不能产生所有权变动的法律后果，其所有权仍属于承租人。在房屋租赁合同无效或者撤销时，承租人有权拆除取回这些设施，出租人主张留用的，应当支付相应的对价，承租人拆除装饰装修物，造成房屋损坏的应恢复原状；对于附合的装饰装修物，为保证充分地实现物的使用价值和效用，在房屋租赁合同无效或者撤销时，出租人取得装饰装修物的所有权。②

【法官提示76】

如果出租人不同意利用装饰装修物，则只能按照房屋租赁合同无效时的现存价值作为无效合同的损失，由出租人和承租人按照各自过错承担。

3. 未经出租人同意的装饰装修物的处理。

经出租人同意的装饰装修属于善意添附，承租人未经出租人同意进行装饰装修，属于恶意添附。根据《民法典》物权编的规定，所有权人对自己的不动产或者动产，依法享有占有、使用、收益和处分的权利。因此，非所有权人包括承租人，在征得所有权人同意之后，方可对租赁房屋进行添附行为，否则属于恶意添附，属于民事侵权行为。承租人根据房屋租赁合同取得的房屋租赁权，本质上属于民法中的债权，承租人对于租赁房屋只有使用权，其

---

① 参见最高人民法院民事审判第一庭编著：《最高人民法院关于审理城镇房屋租赁合同纠纷案件司法解释的理解与适用》，人民法院出版社2009年版，第122页。

② 参见最高人民法院民事审判第一庭编著：《最高人民法院关于审理城镇房屋租赁合同纠纷案件司法解释的理解与适用》，人民法院出版社2009年版，第119页。

未经出租人同意，进行装饰装修甚至改变了房屋形态，实际上构成对出租人的侵害，依法应当承担侵权责任。民法不保护恶意，在恶意侵害他人所有权的情况下，一律不能获得法律的保护，否则违反民法通过制裁不法行为来实现公平正义的价值。

综上，承租人未经出租人同意进行装饰装修，应认定构成侵权，并应承担赔偿责任，承租人无权要求出租人补偿其装饰装修费用，该装饰装修损失由其自己承担。当合同无效时，承租人应当返还房屋，并恢复原状，造成出租人损失的还应当赔偿损失。

【法官提示 77】

在恶意添附的情形下，出租人可以选择取得装饰装修物的所有权而无须补偿，也可以选择依物权请求承租人恢复原状或者赔偿损失，以体现对所有权人最大限度保护的原则。

【规范指引】

《上海市高级人民法院民一庭关于城镇房屋租赁合同纠纷办案要件指南》

第十五条 房屋租赁合同无效或者解除后，承租人主张装饰装修物损失赔偿的，应当举证如下要件事实：

（一）装饰装修行为经过了出租人同意；

（二）装饰装修物与租赁房屋形成了附合关系；

（三）出租人对合同无效、解除负有过错或违约责任。

《北京市高级人民法院关于审理房屋租赁合同纠纷案件若干疑难问题的解答》

15. 房屋租赁合同无效或解除，承租人未要求赔偿装饰装修损失的，如何处理？

房屋租赁合同无效或非因承租人单方违约导致解除，法院应当释明承租人可就装饰装修的现值或残值损失要求赔偿，承租人坚持不主张或只提出抗辩的，就装饰装修损失，法院不予处理，告知承租人可另行起诉。法院判决承租人腾退房屋的，应当告知其可就装饰装修物申请采取必要的证据保全措施。

16. 法院依职权认定房屋租赁合同无效，对合同无效的后果，包括腾退房屋、装饰装修损失等是否一并处理？

当事人就房屋租赁合同的履行或解除发生争议，经审查认定租赁合同无效，法院应当释明当事人变更诉讼请求，尽量引导当事人就合同无效的法律后果一并处理，经释明当事人坚持不变更的，应当判决确认租赁合同无效，并驳回当事人的全部诉讼请求，同时告知当事人可就房屋腾退、装饰装修损失等争议另行主张。

18. 房屋转租合同解除后，次承租人要求出租人赔偿装饰装修损失的，如何处理？

因房屋租赁合同无效、履行期限届满或解除导致转租合同解除，次承租人要求出租人赔偿装饰装修损失的，不予支持，次承租人应当依据合同相对性向承租人主张权利，或者依据《合同法》第73条①的代位权规定处理。

（二）未形成附合的装饰装修物的处理

房屋租赁领域，特别是商业用房租赁，经出租人同意，承租人对房屋进行装饰装修的情形较为普遍，有的当事人对此在合同中作了明确约定，但也有当事人约定不明或者未作约定，此时应当如何处理？《城镇房屋租赁合同纠纷案件司法解释》第8条规定，承租人经出租人同意装饰装修，租赁期间届满或者合同解除时，除当事人另有约定外，未形成附合的装饰装修物，可由承租人拆除。因拆除造成房屋毁损的，承租人应当恢复原状。根据该条规定，适用该条内容，应当重点把握以下三个要点：

1. 承租人经出租人同意装饰装修。如果承租人未经出租人同意进行装饰装修的，则不适用本条规定，而应当适用其他条文规定，此处不再赘述。

2. 租赁期间届满或者合同解除。双方当事人租赁合同有效，租赁期间届满或者合同解除，则发生合同终止效力。当然应当注意不定期租赁合同，该类型合同不会产生租赁期间届满的问题，因为其履行期限不确定，只能由一方或者双方解除合同。关于合同的解除，当事人既可以单方解除合同，也可以双方解除合同，合同解除后，关于未形成附合的装饰装修物的处理，适用本条规定。

3. 装饰装修物未形成附合。如果装饰装修物和房屋结合在一起即构成附合。如果未完全结合或者尚未达到不可分离状态，则应当认定未形成附合。

根据上述司法解释，租赁期间届满或者合同解除时，除当事人另有约定

① 《合同法》已废止，《合同法》第73条对应《民法典》第535条。

外，未形成附合的装饰装修物，可由承租人拆除。承租人经出租人同意装饰装修，因拆除造成房屋毁损的，承租人应当恢复原状。对于该内容的理解，应当重点把握以下四个要点：

1. 承租人拆除不以出租人同意为前提。未形成附合的装饰装修物，其所有权仍然归承租人所有，承租人有权进行处分，可以拆除。

2. 承租人并非必须拆除。未形成附合的装饰装修物，承租人有权进行选择，但如果双方未有约定的情况下，租赁期间届满或者合同解除时，承租人不得要求补偿。

3. 当事人对未形成附合的装饰装修物另有约定的，按照当事人约定处理。意思自治在房屋租赁合同中，不仅体现在可以自主选择合同相对方、协商确定租赁期限、租金及交付方式、违约责任等，还体现在对装饰装修的处理上。这不仅有利于减少交易成本，节约交易时间，而且有利于维护法律关系的稳定性和民事纠纷的解决。①

【法官提示 78】

当事人既可以在房屋租赁合同中约定装饰装修物的处理，也可以在事后达成补充协议，约定处理方式。只要该处理协议合法有效，即应当尊重当事人约定。

4. 因拆除造成房屋毁损的，承租人应当恢复原状。本节规定的内容用以调整未形成附合的装饰装修物，承租人进行拆除时，应当是方便的、安全的，不会造成房屋毁损。当然，首先是承租人应当尽到注意义务，维持房屋整体现状，如果造成房屋毁损的，应当恢复原状，即对房屋进行修复，恢复到原来的状态。

【法官提示 79】

对于“恢复原状”民事责任的承担，在此应当作扩大理解，包括了出租人要求赔偿损失请求，因为有的合同当事人已经互相不信任，承租人难以履行修复义务，出租人自行修复的，可由承租人支付合理对价。

① 参见最高人民法院民事审判第一庭编著：《最高人民法院关于审理城镇房屋租赁合同纠纷案件司法解释的理解与适用》，人民法院出版社 2009 年版，第 134 页。

（三）合同解除时形成附合的装饰装修物的处理

房屋租赁领域，承租人对房屋进行装修，装饰装修物与房屋结合，不可分离的，即为形成附合。根据《城镇房屋租赁合同纠纷案件司法解释》第9条的规定，承租人经出租人同意装饰装修，合同解除时，双方对已形成附合的装饰装修物的处理没有约定的，人民法院按照下列情形分别处理：(1) 因出租人违约导致合同解除，承租人请求出租人赔偿剩余租赁期内装饰装修残值损失的，应予支持。(2) 因承租人违约导致合同解除，承租人请求出租人赔偿剩余租赁期内装饰装修残值损失的，不予支持。但出租人同意利用的，应在利用价值范围内予以适当补偿。(3) 因双方违约导致合同解除，剩余租赁期内的装饰装修残值损失，由双方根据各自的过错承担相应的责任。(4) 因不可归责于双方的事由导致合同解除的，剩余租赁期内的装饰装修残值损失，由双方按照公平原则分担。法律另有规定的，适用其规定。

理解该条文，首先需要理解何为“剩余租赁期内装饰装修残值”。一般认为“剩余租赁期内装饰装修残值”是指房屋租赁合同履行期限届满前解除合同，附合的装饰装修物在剩余的租赁期限内还存在的价值。房屋租赁中，根据租期长短，承租人会进行合理的装修，在租赁期限履行过程中，装饰装修物同时也在不断损耗，直至租赁期限届满，装饰装修物的价值损失殆尽，失去使用价值，出租人对此不需要对承租人进行补偿，即使从装饰装修物本身而言，可能具有一定的价值，当然出租人自愿补偿的除外。实践中，在房屋租赁合同履行期限届满前，双方或者一方解除合同的，剩余租赁期未履行，则此时承租人对装饰装修物的使用同样未达到预期，因此，出现了“剩余租赁期内装饰装修残值”。

司法实践中，如何计算、认定形成附合的剩余租赁期内装饰装修残值？根据上述论断，承租人对装饰装修物的占有、使用期限实际上与租赁期限相同，租赁期限届满，则装饰装修物丧失使用价值，出租人无须补偿。因此，应当在租赁期内分摊装饰装修的费用，计算房屋租赁合同解除时，剩余租赁期限内附合装饰装修物价值。

关于如何处理剩余租赁期限内装饰装修残值，根据房屋租赁合同解除的具体情形，结合司法解释的规定，应当把握以下重点：

1. 因出租人违约导致合同解除，承租人请求出租人赔偿剩余租赁期内装饰装修残值损失的，应予支持。《民法典》第577条规定，当事人一方不履行合同义务或者履行合同义务不符合约定的，应当承担继续履行、采取补救措施或者赔偿损失等违约责任。此条确定了我国民法上的违约责任。按照条文规定，出租人违约导致房屋租赁合同解除的，造成承租人无法按照合同约定租赁期限占有、使用房屋，也就无法享受到装饰装修物的使用价值，对此，出租人应当承担违约责任。

【法官提示80】

出租人违约导致合同解除的，除了赔偿剩余租赁期内装饰装修残值损失以外，如果造成承租人其他损失的，还应承担其他违约责任。

2. 因承租人违约导致合同解除，承租人请求出租人赔偿剩余租赁期内装饰装修残值损失的，不予支持。但出租人同意利用的，应在利用价值范围内予以适当补偿。根据上述《民法典》第577条的规定，承租人违约，亦应承担违约责任。在房屋租赁合同履行期限届满前，因承租人的违约行为造成房屋租赁合同解除，承租人就无法继续占有、使用装饰装修物的价值，但该情况系由承租人自己违约造成，与出租人无关，承租人请求出租人赔偿剩余租赁期内装饰装修残值损失的，不予支持。

【法官提示81】

如果承租人违约造成出租人其他损失的，承租人除了不能享有请求出租人赔偿剩余租赁期内装饰装修残值损失的权利，还应当承担其他损失赔偿责任。

3. 因双方违约导致合同解除，剩余租赁期内的装饰装修残值损失，由双方根据各自的过错承担相应的责任。《民法典》第592条规定，当事人都违反合同的，应当各自承担相应的责任。当事人一方违约造成对方损失，对方对损失的发生有过错的，可以减少相应的损失赔偿额。双方违约是指合同双方当事人均违背了自己的合同义务，当房屋租赁合同因承租人和出租人双方违约行为而导致解除时，承租人和出租人应当分别承担违约责任，即承租人和出租人分别按照各自的过错和违约程度承担相应的违约责任。司法实践中，确定出租人和承租人分担责任时，应当根据双方当事人的违约行为的性质、违约事实、违约原因、主观心态等情节，综合认定双方的过错大小确定，尽可能做到准确、公平、合理。①

4. 因不可归责于双方的事由导致合同解除的，剩余租赁期内的装饰装修残值损失，由双方按照公平原则分担。法律另有规定的，适用其规定。公平原则是指当事人均无过错，以公平考虑作为价值判断标准，根据实际情况和可能，由双方当事人公平地分担损失的归责原则。《民法典》第1186条规定，受害人和行为人对损害的发生都没有过错的，依照法律的规定由双方分担损失。这是公平原则在立法上的体现。司法实践中，不可归责于当事人双方的原因主要是不可抗力。根据《民法典》第180条和第590条的规定，因不可抗力不能履行民事义务的，不承担民事责任。当事人一方因不可抗力不能履行合同的，根据不可抗力的影响，部分或者全部免除责任，但是法律另有规定的除外。因不可抗力不能履行合同的，应当及时通知对方，以减轻可能给对方造成的损失，并应当在合理期限内提供证明。不可抗力是不能预见、不能避免且不能克服的客观情况。

案例索引裁判文书

案例索引24
最高院（2019）最高法执监204号执行裁定书

（四）租赁期间届满时附合装饰装修物的处理

房屋租赁期间，经出租人同意，承租人对房屋进行装饰装修，对于形成附合的装饰装修物，在租赁期间届满时，如何处理？从物权法角度来看，装饰装修物如果形成附合，根据添附原则，房屋出租人取得该装饰装修物的所有权。从债权法角度来看，出租人因添附取得装饰装修物所有权，由此承租人遭受一定的损失，出租人获得不当得利，此时，承租人能否基于不当得利要求出租人补偿装修费用？对此，根据以上论述，装饰装修物于租赁期间届满时损失殆尽，丧失价值，出租人并无获利，承租人无权以不当得利为由要求出租人补偿，装饰装修费用应由承租人自己负担。《城镇房屋租赁合同纠纷案件司法解释》第10条规定，承租人经出租人同意装饰装修，租赁期间届满

① 参见最高人民法院民事审判第一庭编著：《最高人民法院关于审理城镇房屋租赁合同纠纷案件司法解释的理解与适用》，人民法院出版社2009年版，第143页。

时，承租人请求出租人补偿附合装饰装修费用的，不予支持。但当事人另有约定的除外。①

根据《民法典》第 715 条之规定，承租人经出租人同意，可以对租赁物进行改善或者增设他物。承租人未经出租人同意，对租赁物进行改善或者增设他物的，出租人可以请求承租人恢复原状或者赔偿损失。因此，承租人对租赁的房屋进行装修的，必须经出租人同意，因为承租人并未取得房屋所有权，房屋所有权自始至终在出租人手中。

为何承租人请求出租人补偿附合装饰装修费用的，不予支持？主要理由如下：

1. 承租人的装修并未使出租人受益。承租人出于自己占有、使用房屋或者生产经营的需要，对租赁房屋进行个性化装修，一般情况下不会考虑出租人的需求。根据行业惯例和交易习惯，装饰装修物的折旧率为每年 20% 左右。即经过承租人的长时间使用，房屋装饰装修物的价值均已磨损、老化或落后，租赁合同期满后，很难说该物对出租人将来使用房屋还有积极意义上的功效。②

2. 承租人并未遭受损失。承租人对租赁的房屋进行装饰装修，势必综合考虑了租金、租赁期限以及合理范围之内商业风险，尤其对难以拆除的形成附合的装饰装修物，在进行装修时，必定已经预见。在房屋租赁期间届满时，装修费已经逐月分摊至租赁期限，对此，在租赁期内，承租人应该有预见并采取应对措施。

另外，租赁期满，出租人对已经形成附合的装饰装修物无权要求承租人恢复原状或赔偿损失。因为承租人对房屋进行装修，是经过了出租人的同意，具有不可归责性，不能认定为侵权行为。同时，租赁期间届满，除非双方当事人有特别约定，否则出租人取得形成附合的装饰装修物的所有权，此时出租人对此具有处分权，而不能要求承租人进行拆除或者恢复原状。

---

① 案例索引 24：参见最高人民法院（2019）最高法执监 204 号执行裁定书。

② 参见最高人民法院民事审判第一庭编著：《最高人民法院关于审理城镇房屋租赁合同纠纷案件司法解释的理解与适用》，人民法院出版社 2009 年版，第 157 页。

第五节　房屋租赁合同中的优先购买权

优先购买权是指在法律规定的范围内，特定的民事主体在符合特定条件时，优先于某些人购买特定财产的权利。王泽鉴教授认为，优先购买权就是特定的主体依据法律规定或者当事人约定，在财产所有者出卖其动产或者不动产时，享有依照同样条件优先购买的权利。优先购买权的权利主体必须是特定的人；行使优先购买权的依据既可以是法律规定也可以是当事人的约定；优先购买权的义务主体是财产所有者；优先购买权针对的对象既可以是动产也可以是不动产；权利人享有的是在财产所有者出卖该财产时依照同等条件优先购买的权利。

一、优先购买权的类型和行使条件

（一）优先购买权的类型

实践当中，优先购买权主要有以下几种类型：共有人的优先购买权、公司股东的优先购买权、房屋租赁中承租人的优先购买权等。房屋租赁合同履行期间，经常涉及一个普遍性的问题，出租人基于多种原因考虑，出卖租赁房屋，此时，因涉及房屋租赁合同关系，导致该买卖合同具有一定特殊性。在房屋租赁关系中，承租人相较于出租人而言处于弱势地位。为了保障承租人的合法居住权益，维护社会秩序的稳定，承租人的优先购买权制度应运而生。①

案例索引裁判文书

案例索引25
最高院（2019）最高法民申5716号新衡泵公司与恒源公司租赁合同纠纷民事裁定书

在我国，在《合同法》出台之前，承认买卖不破租赁规则的有 1988 年《最高人民法院关于贯彻执行〈中华人民共和国民法通则〉若干问题的意见（试行）》第 119 条第 2 款、《经济合同法》第 23 条第 2 款、《担保法》第 48 条以及《最高人民法院关于适用〈中华人民共和国担保法〉若干问题的解释》第 65 条。《合同法》第 229 条规定：“租赁物在租赁期间发生所有权变动

① 案例索引 25：参见最高人民法院（2019）最高法民申 5716 号新衡泵公司与恒源公司租赁合同纠纷民事裁定书。

的，不影响租赁合同的效力。”至此我国才正式确立了买卖不破租赁规则。2020 年 5 月 28 日颁布的《民法典》第 725 条规定：“租赁物在承租人按照租赁合同占有期间发生所有权变动的，不影响租赁合同的效力。”该条规定对于解决《合同法》第 229 条规定所存在的重大问题具有重要意义，即租赁合同的真实签订时间难以确定，司法实践中出现了大量的倒签租赁合同去损害房屋买受人利益的情形。

（二）承租人优先购买权的行使条件

优先购买权，又称优先承买权、先买权，是指特定人依法律规定或约定而享有的、在出卖人出卖标的物于第三人时，可以同等条件优先于该第三人而购买的权利。优先购买权的存在，并不限制出租人是否转让房屋的自由，但在同等条件下，其选择合同相对人的自由即被限制，出租人只能与优先购买权人订立相同条件的买卖合同。一旦优先购买权人向义务人为购买之意思表示，即可在权利人与义务人之间形成义务人与第三人同等内容的契约，而无须义务人之承诺。这一法律效果是通过优先购买权人对相对人所作的意思表示来完成的。[①] 买卖不破租赁规则的立法目的在于：第一，倾斜保护承租人的利益。如《德国民法典》第 566 条规定就是为了“保护承租人利益”。受德国的影响，为了加强对承租人的保护，《意大利民法典》第 1599 条也规定了买卖不破租赁规则。第二，稳定租赁关系。租赁权虽属于债权，但通过立法赋予租赁权对抗力，能够有效防止租赁权因所有权的变动而发生变动。第三，实现物尽所值。不动产所有人可以将其未使用到的不动产进行租赁，这一方面可以增加该不动产的利用率；另一方面可以增加自己的收入，实现人尽其用，物尽其值。第四，鼓励交易。从有利于承租人对租赁物进行投资和利用角度来说，商业承租人不仅要考虑商铺地理位置、租金、客流量，还要考虑利润等，因此，立法的保障和稳定的租赁关系，可以鼓励交易，鼓励商业承租人对商铺进行较为长期的投资。[②]《民法典》第 726 条规定，出租人出卖租赁房屋的，应当在出卖之前的合理期限内通知承租人，承租人享有以同等条件优先购买的权利；但是，房屋按份共有人行使优先购买权或者出租人

---

① 参见冉克平：《论房屋承租人的优先购买权》，载《法学评论》2010 年第 4 期。

② 参见崔令之、陈鲤婷：《买卖不破租赁规则之法律思考》，载《时代法学》2020 年第 6 期。

将房屋出卖给近亲属的除外。出租人履行通知义务后，承租人在15日内未明确表示购买的，视为承租人放弃优先购买权。《商品房屋租赁管理办法》第13条规定，房屋租赁期间出租人出售租赁房屋的，应当在出售前合理期限内通知承租人，承租人在同等条件下有优先购买权。根据上述法律规定，房屋租赁中的优先购买权，具有以下特征：

1. 行使房屋优先购买权的权利人只能是在出卖房屋时该房屋的承租人，因此，该优先购买权具有法定性，不得通过转让或者继承等转移至他人。

【规范指引】

《北京市高级人民法院关于审理房屋租赁合同纠纷案件若干疑难问题的解答》

29. 承租部分房屋的承租人在出租人整体转让房屋时是否享有优先购买权?

出租人整体转让房屋，该房屋为不可分割或分割明显降低其整体价值，而承租人仅要求对其承租的部分房屋行使优先购买权的；或者承租人虽主张优先购买整体房屋，但其承租面积未达到整体房屋面积50%以上的，对承租人主张行使优先购买权的诉讼请求，不予支持。

31. 拖欠租金的承租人是否享有优先购买权?

承租人对租赁房屋享有优先购买权，并不以其依据租赁合同约定支付租金为前提。但承租人欠付租金已构成法定解除或约定解除租赁合同的条件，且出租人主张解除租赁合同的，承租人不再享有优先购买权。

2. 房屋承租人行使优先购买权的对象仅限于其所租赁的房屋，而不能将这项权利蔓延至出租人拥有的其他房屋。

3. 房屋承租人只能向房屋租赁合同的向对方即房屋出租人主张该项权利，且不能对抗已经取得房屋所有权的善意第三人。

4. 优先购买权受有限制，一方面承租人需要在一定期限内行使该项权利，另一方面出租人在同等条件下选择买受人的权利受到限制。

房屋承租人优先购买权的适用条件包括以下几个方面：

1. 存在合法有效的房屋租赁合同关系。出租人与承租人之间的房屋租赁合同关系依法成立并成效，是承租人行使优先购买权的前提。同时应当明确的是房屋优先购买权应当由实际承租人享有，特别是“一房数租”情形下，对此应当明确，当然其他承租人如有损失的，可以主张违约责任以救济自己的权利。

2. 出租人具有出卖租赁房屋的行为并履行了通知义务。在出租人出卖租赁房屋之前，承租人的优先购买权实际上属于一种期待的可能性。只有在出租人出卖房屋的法律事实出现时，承租人才能行使优先购买权，使此权利由可能性变为现实性。具有下列事实的，可以认定出租人实施了出卖租赁房屋的行为：（1）通常意义上的房屋买卖行为；（2）出租人与抵押权人协议折价、变卖租赁房屋偿还债务的行为；（3）出租人委托拍卖人拍卖租赁房屋的行为。

《城镇房屋租赁合同纠纷案件司法解释》第 15 条规定，出租人与抵押权人协议折价、变卖租赁房屋偿还债务，应当在合理期限内通知承租人。承租人请求以同等条件优先购买房屋的，人民法院应予支持。根据该司法解释之规定，实际上认可了“折价”和“拍卖”属于出租人出售房屋的行为，因此，承租人亦享有优先购买权。

【法官提示 82】

在出现赠与、互易、征收等事实时，承租人不得行使优先购买权，以上情形均不属于“出卖”行为。

关于出租人的通知义务，根据《民法典》的规定，出租人出卖租赁房屋的，应当在出卖之前的合理期限内通知承租人，给承租人考虑是否购买该房屋的时间。关于“通知”的形式，笔者认为，应当以书面通知为原则，以口头通知为例外。同时，根据《民法典》第 727 条的规定，出租人委托拍卖人拍卖租赁房屋的，应当在拍卖 5 日前通知承租人。承租人未参加拍卖的，视为放弃优先购买权。

3. 承租人同意以同等条件购买房屋。优先购买权的立法目的和权利实质应当是在不损害出租人利益的前提下，给承租人优先买受的机会。如要做到不损害出租人的利益，关键是要严格遵守“同等条件”的原则，即承租人的购买条件与其他买受人处于同等情形。所谓“同等条件”，笔者认为，可以参考《最高人民法院关于适用〈中华人民共和国民法典〉物权编的解释（一）》第 10 条的规定，该条对共有人的优先购买权之“同等条件”作了具体规定，该条规定，《民法典》第305条所称的“同等条件”，应当综合共有份额的转让价格、价款履行方式及期限等因素确定。因此，“同等条件”不仅包括转让价格，还包括付款期限、支付方式等，其中，转让价格又是“同等条件”中最基本、最核心的条件，因为出租人出卖房屋，主要是从卖价上考虑，将同等价格条件视为主要条件符合公平原则。

【法官提示83】

承租人对租赁房屋中的一部分享有优先购买权，而出租人将房屋整体出售的，如果承租人愿意购买整体房屋，则可行使优先购买权。如果承租人只愿意购买部分房屋的，不符合“同等条件”的要件。

典型案例25

汇达资产公司与涌鑫鼎洁公司、人行某支行侵权责任纠纷案[①]

典型案例裁判文书

典型案例25

湖北高院（2018）鄂民终566号民事判决书

案情简介：涌鑫鼎洁公司与人行某支行签订《房屋租赁合同》一份，约定人行某支行将房屋的1号楼2楼和3楼出租给涌鑫鼎洁公司经营使用，之后，又签订《房屋租赁合同》一份，约定将房屋的1号楼4楼出租给涌鑫鼎洁公司经营使用。之后，人行某支行与汇达资产公司签订《移交协议》一份，约定将上述房地产移交给汇达资产公司。汇达资产公司与拍卖公司签订委托拍卖合同，委托拍卖上述房产。后，涌鑫鼎洁公司以人行某支行出卖房屋之前未依法通知，侵犯了其作为承租人的优先购买权为由，诉至法院。

裁判规则：租赁部分房屋的承租人无权对出售的全部房屋行使优先购买权。一方面，在多个承租人存在的情形下，会产生有多个优先购买权人而无法行使优先购买权的悖论。另一方面，将承租人的部分房屋的优先购买权扩张到出售房屋的全部，其实质是损害了所有人对房屋完整的物权，在条文含

① 参见湖北省高级人民法院（2018）鄂民终566号民事判决书。

义上，《民法典》第726条所确定的优先购买权系指对租赁物本身在同等条件下的优先购买，在立法本意上，承租人优先购买权的立法本意并非对所有人的物权设置限制或例外条款，因此，部分及于全部的优先购买权主张既不符合法条规定，也不符合立法本意。

【规范指引】

《北京市高级人民法院关于审理房屋租赁合同纠纷案件若干疑难问题的解答》

28. 《合同法》① 第二百三十条规定优先购买权行使的“同等条件”和出租人“通知”义务如何理解？

同等条件主要是指房屋转让的价格、价款支付方式等。出租人通知承租人时，应当告知租赁房屋转让的事实、时间及具体出卖条件。出租人虽然通知承租人出卖租赁房屋的事实，但未告知具体出卖条件或告知内容不真实、不全面，或者在出卖条件发生变化后未及时告知承租人的，应当认定其未履行通知义务。

【法官提示84】

对承租人优先购买权的行使期限加以限制，一方面是基于促进经济正常运转、交易安全，另一方面是保护、平衡合同双方当事人权益。

（三）买卖不破租赁原则

《民法典》第725条规定，租赁物在承租人按照租赁合同占有期限内发生所有权变动的，不影响租赁合同的效力。该条从法律层面规定了买卖不破租赁原则，体现了租赁权的物权化，所谓物权化，是指在承租人依据租赁合同占有房屋期间，承租人对房屋的占有使用可以对抗第三人。

所谓买卖不破租赁原则，是指当出租人在租赁合同有效期内将租赁物的所有权转让给第三人时，租赁合同对新所有权人有效。该条文实际上对新买受人提出了更高的要求，即在签订房屋买卖合同之前，应当履行更高的注意义务，应当充分了解房屋的实际占有使用情况，如果受到租赁权的限制，此时新买受人应当自行承担后果。受让人如果基于取得房屋所有权，则租赁合同并不会影响其权利实现，但如果受让人取得所有权的同时还要求对房屋占有使用的，则从交易角度来看，受让人完全可以放弃对该租赁房屋的受让而

① 《合同法》已废止，《合同法》第230条对应《民法典》第726条。

选择其他房屋。对此，《城镇房屋租赁合同纠纷案件司法解释》第 14 条再强调，租赁房屋在承租人按照租赁合同占有期限内发生所有权变动，承租人请求房屋受让人继续履行原租赁合同的，人民法院应予支持。通过租赁合同效力的维持来保证承租人对租赁物实际占有的合法性具有重要作用和意义，其在实现保护承租人的实际租赁需求、实现对物的价值的充分利用、促进物的流转等目的方面，比通过以维持承租人、出租人之间的租赁合同关系得以实现上述目的，具有简捷和直接的优势。[①]《商品房屋租赁管理办法》第 12 条规定，房屋租赁期间内，因赠与、析产、继承或者买卖转让房屋的，原房屋租赁合同继续有效。

【法官提示 85】

买卖不破租赁，不限于出租人出售房屋的行为，还包括赠与、遗赠、互易等，上述情况均涉及房屋所有权的变动问题。

根据《城镇房屋租赁合同纠纷案件司法解释》第 14 条的规定，所有权变动不破租赁为一般原则，但租赁房屋具有下列情形或者当事人另有约定的除外：

1. 房屋在出租前已设立抵押权，因抵押权人实现抵押权发生所有权变动的。抵押权成立在前，因而具有优先的效力，此后成立的租赁权不得损害抵押权。抵押权的设定不以占有租赁物为条件，因此，其设定一般不会妨害承租人行使租赁权。出租人可以将出租的房屋进行抵押，租赁不影响抵押权人实现其优先受偿权。抵押权的实现也不影响租赁合同的履行，租赁合同的效力及于买受人。总之，先抵押后出租不适用买卖不破租赁原则。[②]

案例索引裁判文书

案例索引26
最高院（2021）最高法民申6584号远东电器公司与交通银行某分行、天翔大酒店管理人案外人执行异议之诉民事裁定书

2. 房屋在出租前已被人民法院依法查封的。查封是人民法院依法采取的财产保全措施，其目的是在判决执行前限制查封标的物不动产的流转或使

---

① 参见最高人民法院民事审判第一庭编著：《最高人民法院关于审理城镇房屋租赁合同纠纷案件司法解释的理解与适用》，人民法院出版社 2009 年版，第 265 页。

② 案例索引 26：参见最高人民法院（2021）最高法民申 6584 号远东电器公司与交通银行某分行、天翔大酒店管理人案外人执行异议之诉民事裁定书。

用，以便人民法院在被执行的当事人不执行判决确定的债务时，对查封标的物予以强制执行。即依法拍卖、变卖查封标的物，以其价款清偿被执行人应当履行的债务。出于这个原因，被人民法院依法查封后出租的房屋，其所有权变动不受租赁关系的限制。[①]

二、限制和妨害优先购买权行使的情形

（一）房屋承租人优先购买权行使的限制情形

如前所述，承租人优先购买权的行使并非毫无限制，除了在收到出租人通知后必须于15日前明确表示以外，还存在以下几个方面的限制情形：

1. 房屋按份共有人行使优先购买权。房屋的共有区分为共同共有和按份共有，按份共有中，经占份额三分之二以上的按份共有人有权决定出卖房屋，因此，将对其他共有人权益产生重大影响。《民法典》第305条规定，按份共有人可以转让其享有的共有的不动产或者动产份额。其他共有人在同等条件下享有优先购买的权利。第306条规定，按份共有人转让其享有的共有的不动产或者动产份额的，应当将转让条件及时通知其他共有人。其他共有人应当在合理期限内行使优先购买权。两个以上其他共有人主张行使优先购买权的，协商确定各自的购买比例；协商不成的，按照转让时各自的共有份额比例行使优先购买权。此时，从表面上看，似乎发生了承租人的优先购买权和按份共有人的优先购买权的冲突，实际上并非如此。按份共有人的优先购买权针对的是其他共有人的共有份额，承租人的优先购买权针对的房屋本身。

2. 出租人将房屋出卖给近亲属。近亲属之间的房屋买卖具有浓厚的人身色彩，与纯粹的买卖关系有很大区别。我国是亲情和人情关系极为浓厚的熟人社会，在社会主义市场经济往来中，人们既注重经济效益，也注重人与人之间的情感关系，出租人将租赁房屋出售给近亲属时同样也会夹杂这种情感关系，其与纯粹意义上的买卖关系之间存在区别，主要体现在低于正常价格出售房屋、延长交易付款期限等，其无法作为承租人优先购买权行使的同等条件。[②] 这里的“近亲属”主要是指配偶、父母、子女、兄弟姐妹、祖父母、

---

① 参见最高人民法院民事审判第一庭编著：《最高人民法院关于审理城镇房屋租赁合同纠纷案件司法解释的理解与适用》，人民法院出版社2009年版，第270页。

② 参见黄薇主编：《中华人民共和国民法典释义》，法律出版社2020年版，第1365页。

外祖父母、孙子女、外孙子女等。

3. 购买房屋的第三人出于善意并已办理登记手续。《民法典》第311条规定了善意取得制度，基本上延续了《物权法》第106条的规定，善意取得是指受让人以财产所有权转移为目的，善意、对价受让且占有该财产，即使出让人无转移所有权的权利，受让人仍然取得其所有权。受让人受让不动产或者动产时，不知道转让人无处分权，且无重大过失的，应当认定受让人为善意。无权处分尚可适用善意取得，出租人的出卖行为作为有权处分，更应予以保护。因此，在第三人善意购买出租房屋，并办理登记手续情形下，可以对抗承租人优先购买房屋的主张。

【规范指引】

《上海市高级人民法院民一庭关于城镇房屋租赁合同纠纷办案要件指南》

第十六条 承租人主张行使优先购买权的，需要举证证明存在如下要件事实：

（一）出租人具有出卖房屋的行为；

（二）承租人同意以同等条件购买房屋；

出租人或先买受人否定承租人主张的，应当举证证明存在限制优先购买权行使的要件事实。

（二）妨害承租人优先购买权的认定

实践中大量存在出租人违背诚实信用原则，毫不顾及承租人利益，擅自出卖租赁物，而承租人明明享有法定权利，却不知如何合法、简便地实现自己的优先购买权，当他最终实现了自己的优先购买权时，往往已经付出了大量的人力、物力，收益与成本相比往往得不偿失。

《民法典》第728条规定，出租人未通知承租人或者有其他妨害承租人行使优先购买权情形的，承租人可以请求出租人承担赔偿责任。但是，出租人与第三人订立的房屋买卖合同的效力不受影响。也就是说，在承租人优先购买权受到妨害时，不应当认定转让合同无效，而应当由承租人请求出租人承担损害赔偿责任。出租人出卖租赁房屋未在合理期限内通知承租人或者存在其他妨害承租人优先购买权情形，承租人请求出租人承担赔偿责任的，人民法院应予支持。

关于承租人请求赔偿的依据和范围，存在不同的观点，有的观点认为，应基于缔约过失责任，赔偿承租人的费用损失，也有的观点认为，应当基于违约责任，赔偿承租人的利润损失。笔者认为，对于侵犯承租人优先购买权的赔偿责任，当事人之间有约定的，则从其约定。若无约定的，出租人则应赔偿由此对承租人造成的损失，包括直接损失和可得利益损失。其中房屋升值损失的确定，应以守约方的请求为基础，结合侵犯承租人优先购买权之日、承租人知悉或应当知悉权利被侵害之日等的房屋市场成交价格变化等情况，还应综合考虑承租人是否已采取必要措施防止损失扩大等因素予以合理确定。立法者也认为，赔偿范围是实际损失，即优先购买权人要获得类似房屋所多支出的价款损失，以及在购买房屋过程中支出的费用损失。这些损失都是因为出租人侵害承租人优先购买权而造成的，所以出租人应当赔偿。

【规范指引】

《上海市高级人民法院民一庭关于城镇房屋租赁合同纠纷办案要件指南》

承租人以优先购买权受到侵害为由，要求出租人承担赔偿责任的，应当提供存在实际损害的要件事实。

（三）转租情形下优先购买权的认定

《民法典》第716条和第718条规定了承租人可以在征得出租人明确同意的情况下或者在推定出租人同意的情况下将房屋转租给他人。即法律赋予了承租人转租权，然而并未明确规定转租关系中的次承租人是否享有优先购买权。笔者认为，根据优先购买权的设置目的和依据，应仅限于实际占有、使用房屋的次承租人享有该权利，否则极易造成该项权利被架空，特别是在多手转租情形下，如果赋予相关承租人、次承租人均具有优先购买权，反而使权利混乱、实际承租人的权利反而得不到保障，也违背了立法目的。

【规范指引】

《北京市高级人民法院关于审理房屋租赁合同纠纷案件若干疑难问题的解答》

30. 转租房屋的优先购买权行使主体如何确定？

承租人经出租人同意转租租赁房屋的，承租人不再享有优先购买权，次承租人要求行使优先购买权的，应予支持；未经出租人同意转租租赁房屋，承租人或者次承租人要求行使优先购买权的，均不予支持。

第六节　涉疫房屋租赁纠纷的审理

为依法妥善审理涉新冠肺炎疫情民事案件，维护人民群众合法权益，维护社会和经济秩序，维护社会公平正义，依照法律、司法解释相关规定，结合审判实践经验，最高人民法院相继下发多个司法文件，对相关案件的审判、执行工作提出意见，其中对合同纠纷亦提出了具体指引。司法实践中，各地人民法院立足统筹推进疫情防控和经济社会发展工作大局，根据上述司法解释和各地实际，对包括房屋租赁合同纠纷在内诸多纠纷作出规范、调整。

一、涉疫房屋租赁合同处理原则

根据《民法典》和《最高人民法院关于依法妥善审理涉新冠肺炎疫情民事案件若干问题的指导意见（一）》等法律司法解释的规定，人民法院在审理涉疫房屋租赁合同纠纷时，应当注意把握以下几个方面：

（一）依法准确适用不可抗力规则

人民法院审理涉疫情民事案件，要准确适用不可抗力的具体规定，严格把握适用条件。疫情或者疫情防控措施直接导致合同不能履行的，依法适用不可抗力的规定，根据疫情或者疫情防控措施的影响程度部分或者全部免除责任。当事人对于合同不能履行或者损失扩大有可归责事由的，应当依法承担相应责任。因疫情或者疫情防控措施不能履行合同义务，当事人主张其尽到及时通知义务的，应当承担相应举证责任。

【规范指引】

《四川省高级人民法院民事审判第一庭关于涉新冠肺炎疫情相关民事案件审理的法官会议纪要》

1. 关于房屋租赁合同的当事人援引不可抗力主张免责的问题。

在房屋租赁合同中，出租人的主要义务是交付租赁物，承租人的主要义务是支付租金。出租人主张因疫情全部或部分免责的，应当审查其不能按约交付租赁房屋的具体原因。出租人因其系抗击疫情的一线医务人员或其他工作人员，或者其因封城、交通管制、政府要求停止装修施工、被采取隔离措施等因素，不能按约交付且不能通过其他方式交付租赁房屋的，可以依照《合同法》第一百一十七条①的规定免除或部分免除其违约责任。承租人的合同义务系金钱给付义务，没有因疫情导致的履行障碍，一般不得免除其违约责任，但承租人因出租人原因未能实际取得租赁房屋的除外。

2. 关于房屋租赁合同当事人援引不可抗力主张解除合同的问题。

疫情及疫情防控措施虽属不可抗力，但并非必然导致合同解除。审查判断合同是否应予解除，应当依照《合同法》第九十四条第一项②关于“因不可抗力致使不能实现合同目的”可以解除合同的规定，结合个案具体情形，分析是否存在不能实现合同目的的情形、疫情防控与不能实现合同目的之间是否存在因果关系。对于因疫情防控导致租赁合同目的不能实现的，当事人主张解除合同的，应予支持。对短期租赁合同，承租人租赁房屋往往具有特定目的且具有时间上的不可变更性，如其因疫情防控无法使用租赁房屋，其合同目的往往已不能实现，上述不可抗力与承租人不能实现合同目的之间形成了直接、全部的因果关系。此等情形下，承租人援引不可抗力要求解除合同的，应予支持。对于受疫情影响暂时不能履行合同，疫情结束后可以继续履行的长期租赁合同，因不可抗力并不当然导致合同目的不能实现，故当事人以不可抗力为由主张解除合同的，一般不予支持。

3. 关于承租人援引情势变更主张减免租金、延长租期或者解除合同的问题。

对此问题，应当根据租赁房屋的性质和用途作区别审查。

对于住宅租赁自住合同，因承租人使用租赁房屋的目的系自住，合同履行并不直接受到疫情发生及疫情防控措施影响，故原则上没有适用情势变更的余地。

对于商业用房租赁合同，因承租人使用租赁房屋的目的是通过对外经营获取经营利润，疫情防控可能导致其经营无法进行、客流稀少、营业收入大幅下降等情形。受不利影响的当事人援引情势变更主张减免租金、延长租期的，要结合租赁房屋所处位置、具体用途、租赁期长短、免租条款、损失与疫情防控的关联度予以综合判定。情势变更事由成立的，要尽力促使双方当事人就租金、租期合理变更等协商解决；不能协商一致的，则应根据当事人的申请判决变更合同或解除合同并对合同进行相应清结。

对于用于科研、办公、生产、仓储等用途的房屋租赁合同，该类租赁合同租

---

① 《合同法》已废止，《合同法》第117条对应《民法典》第590条。
② 《合同法》已废止，《合同法》第94条第1项对应《民法典》第563条第1项。

赁期往往较长，且受疫情影响相对较小，对当事人主张情势变更的，应当审慎认定。

（二）继续履行的适用

疫情或者疫情防控措施仅导致合同履行困难的，当事人可以重新协商；能够继续履行的，人民法院应当切实加强调解工作，积极引导当事人继续履行。当事人以合同履行困难为由请求解除合同的，人民法院不予支持。继续履行合同对于一方当事人明显不公平，其请求变更合同履行期限、履行方式、价款数额等的，人民法院应当结合案件实际情况决定是否予以支持。合同依法变更后，当事人仍然主张部分或者全部免除责任的，人民法院不予支持。因疫情或者疫情防控措施导致合同目的不能实现，当事人请求解除合同的，人民法院应予支持。

【法官提示86】

当事人存在因疫情或者疫情防控措施得到政府部门补贴资助、税费减免或者他人资助、债务减免等情形的，人民法院可以作为认定合同能否继续履行等案件事实的参考因素。

（三）租金减免政策

《最高人民法院关于依法妥善办理涉新冠肺炎疫情执行案件若干问题的指导意见》还从人民法院执行工作角度，对依法执行疫情期间减免租金的政策规定提出要求，人民法院对被执行人的租金债权，可以强制执行。冻结被执行人的租金债权后，承租人在法定期限内提出异议的，依照有关司法解释的规定，人民法院不得对异议部分的租金强制执行。承租人对原租金债权的数额没有异议，但超过法定期限后依照疫情期间对承租国有经营性房屋的中小微企业、个体工商户减免租金的有关政策规定，主张减免租金提出异议，人民法院经审查属实的，应予支持；承租非国有经营性房屋的中小微企业、个体工商户以其与被执行人就疫情期间的租金减免已达成协议为由提出异议，请求对异议部分的租金不予强制执行，人民法院经审查认为租金减免协议真实有效的，应予支持。

二、受疫情影响合同的履行

（一）关于租金、租赁期限及其他

租赁合同的内容一般包括租赁物的名称、数量、用途、租赁期限、租金及其支付期限和方式、租赁物维修等条款。承租人应当按照约定的期限支付租金。承租人无正当理由未支付或者迟延支付租金的，出租人可以请求承租人在合理期限内支付；承租人逾期不支付的，出租人可以解除合同。房屋租赁合同关系中，出租人最大的收益就是获得租金，但是如果因为疫情影响，承租人出现经营困难并未按期足额支付租金的，此时出租人是否可以按照法律规定行使法定解除权？笔者认为，应当区分租赁使用房屋类型，依法认定减免租金和延长租期。根据疫情、疫情防控措施影响大小，合同目的实现程度，区分租赁使用房屋类型处理。对于经营性用房，审查疫情、疫情防控措施对经营的具体影响程度、因果关系，依据公平原则酌情减免部分费用或延长租期；对于经营影响较小或属于正常商业风险，一般不予减免或延长；对于居住型房屋，疫情未实际影响居住使用，不予减免或延长，因受疫情人员防控、交通防控措施等影响，实际影响房屋使用，可依据公平原则，酌情减免部分租金或延长租期。

《最高人民法院关于依法妥善审理涉新冠肺炎疫情民事案件若干问题的指导意见（二）》第5条规定，承租房屋用于经营，疫情或者疫情防控措施导致承租人资金周转困难或者营业收入明显减少，出租人以承租人没有按照约定的期限支付租金为由请求解除租赁合同，由承租人承担违约责任的，人民法院不予支持。同时，还规定，为展览、会议、庙会等特定目的而预订的临时场地租赁合同，疫情或者疫情防控措施导致该活动取消，承租人请求解除租赁合同，返还预付款或者定金的，人民法院应予支持。第6条规定，承租国有企业房屋以及政府部门、高校、研究院所等行政事业单位房屋用于经营，受疫情或者疫情防控措施影响出现经营困难的服务业小微企业、个体工商户等承租人，请求出租人按照国家有关政策免除一定期限内的租金的，人民法院应予支持。承租非国有房屋用于经营，疫情或者疫情防控措施导致承租人没有营业收入或者营业收入明显减少，继续按照原租赁合同支付租金对其明显不公平，承租人请求减免租金、延长租期或者延期支付租金的，人民法院可以引导当事人参照有关租金减免的政策进行调解；调解不成的，应当结合案件的实际情况，根据公平原则变更合同。

【法官提示87】

疫情防控期间，房屋租赁合同未到期，出租人以承租人系从外地返回等可能存在疫情风险为由，要求承租人迁出或解除房屋租赁合同，不予支持；出租人采取封门、强制搬迁等不当行为给承租人造成损失，承租人要求出租人承担相应责任，应予支持。

【规范指引】

《天津市高级人民法院民事审判第一庭关于审理涉新冠肺炎疫情相关民事案件的法官会议纪要（一）》

12. 承租人因受新冠肺炎疫情及防控工作直接影响，暂时无法使用租赁房屋而主张延长租期、减免租金的，案件审理中，应当结合所属地区新冠肺炎疫情及防控工作的实际影响进行综合考量。经审查，如确属不可归责于当事人的原因所致，可以考虑采取适当延长租期或者适当减免租金的方式，由当事人合理分担损失。

《广西壮族自治区高级人民法院民一庭关于妥善审理涉新冠肺炎疫情相关民事纠纷的指导意见》

经营性房屋租赁合同，如受疫情影响房屋无法正常使用，承租人以此要求出租人减免房租的，一般可予支持。如疫情并未影响承租人实际占有使用房屋，仅基于疫情期间客流减少等原因造成承租人营业收益受到影响的，一般不免除承租人的租金给付义务；如对承租人营收产生重大减损的，可依据公平原则酌情调整租金。承租人以此要求解除合同的，一般不予支持。

非经营性房屋租赁合同，可结合合同约定的租期及履行方式、房屋实际占有使用情况、疫情影响程度等综合考量，按照公平原则妥善处理。如因出租人主动限制或房屋所在地采取管控措施等导致承租人实际无法使用房屋，承租人提出减免租金请求的，予以支持。如疫情不影响承租人居住使用房屋，且承租人不存在感染新冠肺炎住院治疗或被隔离等无法使用房屋的客观情形，承租人提出减免租金请求的，一般不予支持。

承租人因疫情防控和治疗需要而被采取强制性隔离措施，无法及时足额支付租金的，出租人以此主张解除租赁合同的，一般不予支持。

《南京市中级人民法院关于妥善审理涉新冠肺炎疫情房地产案件的若干意见》

6. 合理考量疫情防控对支付租金的影响。房屋租赁合同履行期内，承租人确因住院治疗、观察等原因未能按合同约定期限支付租金及其他费用的，可不视为违约。但上述情形消失后的合理期间内，承租人应当及时支付租金和其他费用、履行其他合同义务。

（二）关于房屋租赁合同的解除

房屋租赁合同作为一种继续性合同，其履行呈持续状态。在疫情背景下，疫情及疫情防控措施对于正在生效的房屋租赁合同的履行极易造成影响，现实中出现了不能履行以及继续履行明显不公平的合同困境。对于房屋租赁合同当事人要求解除合同的，结合合同约定的租期及履行方式、受疫情影响程度等因素综合考量，而非“一刀切”地按照不可抗力解除合同来处理。另外，衡平当事人利益。对于因疫情防控需要无法使用房屋的，承租人提出减免租金请求的，一般予以支持。对于因疫情原因无法正常使用房屋的，结合具体情况，按照公平原则，酌定租金损失由房屋租赁合同当事人合理分担。房屋租赁合同履行期内，出租人与承租人因疫情影响就租期顺延、租金支付等问题发生纠纷的，应本着互谅互让原则，善加协商。如协商不成、提起诉讼的，人民法院应当综合考虑租赁性质、疫情防控期间、实际产生的损失等因素，考虑是否适用不可抗力与情势变更的相关法律规定，并依照公平原则予以处理，确实不能继续履行，可以判决解除合同。

【法官提示88】

房屋租赁合同履行期间，出租人仅以疫情形势、疫情防控致其不安为由要求承租人迁出、解除租赁合同的，人民法院不予支持；如出租人存在上述情形，应当承担相应的违约责任。

【规范指引】

《天津市高级人民法院民事审判第一庭关于审理涉新冠肺炎疫情相关民事案件的法官会议纪要（一）》

11. 因采取新冠肺炎疫情防控措施直接导致当事人不能履行房屋租赁合同，或者受新冠肺炎疫情及防控工作影响，致使根本不能履行房屋租赁合同，当事人主张解除合同的，一般予以支持。

关于房屋租赁合同到期房屋返还事项。疫情防控期间，房屋租赁合同到期，承租人因疫情、疫情防控措施不能及时返还房屋，鼓励出租人和承租人协商处理；协商不成，审查疫情及防控措施与承租人不能返还房屋之间的因果关系，确因疫情、疫情防控措施造成承租人不能返还房屋，出租人要求承租人承担违约责任，不予支持。出租人强行腾退房屋造成承租人财产损失，承租人要求出租人赔偿，应予支持。但上述事由消失后的合理期限内，承租人应当及时返还房屋，并承担相应的房屋使用费。

【规范指引】

《南京市中级人民法院关于妥善审理涉新冠肺炎疫情房地产案件的若干意见》

8. 合理处理承租房屋归还事宜。房屋租赁合同到期，承租人因疫情防控需要未能按合同约定返还承租房屋的，可不视为违约。但上述情形消失后的合理期间内，承租人应当及时返还房屋，并应支付相应的使用费。使用费的数额认定，可依据本意见第 7 条规定予以处理。

第四章 物业服务合同纠纷

《中共中央、国务院关于加强和完善城乡社区治理的意见》提出要改进社区物业服务管理。加强社区党组织、社区居民委员会对业主委员会和物业服务企业的指导和监督，建立健全社区党组织、社区居民委员会、业主委员会和物业服务企业议事协调机制。探索在社区居民委员会下设环境和物业管理委员会，督促业主委员会和物业服务企业履行职责。探索完善业主委员会的职能，依法保护业主的合法权益。探索符合条件的社区居民委员会成员通过法定程序兼任业主委员会成员。探索在无物业管理的老旧小区依托社区居民委员会实行自治管理。有条件的地方应规范农村社区物业管理，研究制定物业管理费管理办法；探索在农村社区选聘物业服务企业，提供社区物业服务。探索建立社区微型消防站或志愿消防队。

物业管理，是指业主通过选聘物业服务企业或者业主自行对物业管理区域内的建筑物、构筑物及配套的设施设备和相关场地进行维修、养护、管理，维护环境卫生和相关秩序的活动。实践当中，随着城市建设和房地产业快速发展，物业服务行业也迅速发展壮大，一方面加速了住宅小区管理服务的现代化和专业化，另一方面又引发了一些纠纷。建筑物区分所有权和物业服务事关广大人民群众切身利益，也关系到物业服务企业正常经营和健康发展，为切实维护当事人合法权益，妥善化解涉及小区管理、物业服务等纠纷，最高人民法院于2009年同时出台《关于审理建筑物区分所有权纠纷案件具体应用法律若干问题的解释》（以下简称《建筑物区分所有权纠纷司法解释》）和《关于审理物业服务纠纷案件具体应用法律若干问题的解释》（以下简称《物业服务纠纷司法解释》），为各地法院切实做好建筑物区分所有权及物业服务纠纷案件民事审判工作提供遵循。2020年《民法典》正式公布，并于2021年1月1日起施行，其中第6章专门规定了“业主的建筑物区分所有权”、第24

章专门规定了“物业服务合同”。最高人民法院据此也对上述两个司法解释进行了修订，以上法律、司法解释构成了当前人民法院处理该类纠纷的依据，当然还有《物业管理条例》以及诸多地方性法规、规章等，一并对该类事项予以规范调整。2020年12月25日，住房和城乡建设部等部委下发通知，从融入基层社会治理体系、健全业主委员会治理结构、提升物业管理服务水平、推动发展生活服务业、规范维修资金使用和管理、强化物业服务监督管理等六大方面，就加强和改进住宅物业管理工作提出21条举措。因此，不管是从立法还是行政管理角度，都对物业服务业提出了期望和要求。

健康有序的物业服务市场，需要业主组织规范运行，代表全体业主的真实意志；需要物业服务企业依法依规，严格履行物业服务合同；需要市场监管者不越位、不缺位，客观公正开展市场监管工作。新形势下，加快发展物业服务业，推动物业服务向高品质和多样化升级，是满足人民群众不断增长的美好居住生活需要的重要举措。住宅小区是居民生活的主要空间，是基层社会治理的重要内容，是党和政府联系、服务人民群众的“最后一公里”。住宅物业管理事关群众生活品质，事关城市安全运行，事关社会和谐稳定，事关党和国家长治久安。物业管理行业每年提供大量新增就业岗位，对做好“六稳”工作、落实“六保”任务意义重大。住宅物业管理促进居民家庭财产的保值增值，维护住宅小区安定和谐，在社区疫情防控中发挥了重要作用。当前，物业管理行业到了再审视和再定位的发展阶段，加强和改进住宅物业管理工作，是推动物业管理高质量发展的基础和前提。

第一节　物业服务合同

物业管理是指业主通过选聘物业服务企业，由业主和物业服务企业按照物业服务合同约定，对房屋及配套的设施设备和相关场地进行维修、养护、管理。所谓“物业”，是指各类建筑物以及配套的设施设备。因此，物业服务企业与业主之间有关权利义务系通过物业服务合同确定。

根据《民法典》第937条第1款的规定，物业服务合同是物业服务人在物业服务区域内，为业主提供建筑物及其附属设施的维修养护、环境卫生和相关秩序的管理维护等物业服务，业主支付物业费的合同。考察物业服务合同的来源，应当从建筑物区分所有权展开。随着商品楼的住宅化，业主对建筑物内的住宅、经营性用房等专有部分享有所有权，对专有部分以外的共有部分享有共有和共同管理的权利。因此，建筑物区分所有权包括了专有部分的所有权、共有部分的共有权及共同管理权。共有部分包括通道、楼梯、大堂等公共通行部分。由于一个住宅小区或者一幢住宅楼内，业主众多，有关物业管理的事项繁多，业主不可能均通过自己进行管理，而需要交给专业的物业服务企业进行管理，物业服务合同由此产生。

1. 委托合同说。委托合同是委托人和受托人约定，由受托人处理委托人事务的合同。委托人可以特别委托受托人处理一项或者数项事务，也可以概括委托受托人处理一切事务。受托人完成委托事务的，委托人应当按照约定向其支付报酬。该说认为物业服务合同是物业服务企业接受业主委托提供劳务，业主支付物业费的合同，因此，物业服务合同属于委托合同。

2. 服务合同说。该说认为，物业服务实际上不是一种事务，而是物业服务企业提供的一种专业的、社会化的有偿服务，有别于委托合同中的“委托事项”。而且从法律后果来看，受托人实施委托行为的法律后果原则上由委托人承担，而物业服务合同中，有关法律后果应当由合同当事人按照过错承担。由此，物业服务合同有别于委托合同，应为服务合同。

3. 混合合同说。该说认为物业服务合同的内容有别于委托合同和服务合同，其包含了诸多要素，涵盖了委托合同、服务合同、代理合同、承揽合同等特征，因此属于混合合同。

除了上述观点以外，实践中还存在雇佣合同说、承揽合同说等观点。鉴于该类合同的重要性，《民法典》将物业服务合同作为有名合同之一并专章以14 条的内容作出规定，具有创新性，也突破了《物权法》《合同法》等法律的规定。

一、物业服务合同的性质和特征

（一）合同主体

根据《民法典》第 937 条第 1 款有关物业服务合同的定义可知，物业服务合同当事人为业主和物业服务人，物业服务人包括物业服务企业和其他管理人，当然主要是物业服务企业。关于物业服务企业，在 2018 年国务院修改

《物业管理条例》以及住建部废止《物业服务企业资质管理办法》之前，物业服务企业应当具备一定的资质要求，不符合要求的，不得从事物业服务，不得签订物业服务合同。随着2018年条例的修改和办法的废止，我国全面取消了物业服务企业的资质认定和物业服务人员的资格限制，企业和有关人员从事物业服务活动不再需要经过主管部门审批或者取得职业资格证书。当然，作为专业的提供物业服务的企业，应当具有与业主物业服务需求相匹配的业务能力。

实践中，有的地方性法规中对物业服务企业作了一些要求，比如《天津市物业管理条例》和《江苏省物业管理条例》均规定，物业服务企业应当具有独立的法人资格。《北京市物业管理条例》第62条还规定，接受委托提供物业服务的企业应当具有独立法人资格，拥有相应的专业技术人员，具备为业主提供物业管理专业服务的能力，有条件在物业管理区域设立独立核算的服务机构。

物业服务合同中物业服务企业的合同相对方，理论和实务界均有较大争议。有的认为是业主大会，比如《天津市物业管理条例》第55条规定，物业服务企业接受委托从事物业管理服务活动，应当与业主大会签订物业服务合同。物业服务合同，对物业服务企业和全体业主具有约束力。有的认为是业主委员会，比如《江苏省物业管理条例》第44条规定，业主委员会应当与业主大会选聘的物业服务企业签订物业服务合同。《山东省物业管理条例》第57条规定，业主委员会经业主大会授权，与通过招投标或者协议方式选聘的物业服务人签订物业服务合同。有的认为是单个业主，即使业主并未逐个与物业服务企业签订物业服务合同，但每个业主均享有合同中的权利并承担了合同中的义务，均是物业服务企业的劳务提供对象。

业主可以设立业主大会，选举业主委员会。业主大会、业主委员会成立的具体条件和程序，依照法律、法规的规定。但是业主大会、业主委员会是业主集体行使权利和维护全体业主在物业管理活动中合法权益的组织，由物业管理区域内全体业主组成，不具有民事主体资格，不具有诉讼主体资格，亦非常设机构，不能对外独立承担责任，不能成为合同当事人享有权利和承担义务，因此，不是物业服务合同相对方。业主委员会虽然经常出面与物业服务企业签订书面合同，但其系接受业主大会的授权而签订合同，业主委员会是业主大会的执行机构，业主委员会由业主大会会议选举产生，应当执行业主大会的决定，接受业主大会和业主的监督，业主委员会依照国家有关法律、法规和业主大会的授权开展活动。但是业主委员会并非独立的民事主体，不能对外独立承担责任，不能成为合同当事人享有权利和承担义务，同样不是物业服务合同的相对方。

因此，物业服务合同的主体应当是业主，而且是全体业主。虽然与物业服务人签订物业服务合同的可能是业主，也可能是业主委员会甚至是建设单位，但是物业服务合同的当事人是全体业主，由全体业主享有物业服务合同的权利，承担合同义务。合同一旦成立，因为全体业主都是合同当事人，合同就对每个业主都发生效力，业主不得以没有直接参与合同订立为由拒绝接受合同约束。[①]《民法典》第939条规定，建设单位依法与物业服务人订立的前期物业服务合同，以及业主委员会与业主大会依法选聘的物业服务人订立的物业服务合同，对业主具有法律约束力。

典型案例26

张某与万科物业公司物业服务合同纠纷案[②]

典型案例裁判文书

典型案例26

辽宁省鞍山市中级人民法院（2022）辽03民终666号民事判决书

案情简介：万科物业系为小区提供物业服务的物业公司，张某系该小区业主，建筑面积138.12平方米。万科房开公司（甲方）与万科物业（乙方）签订《前期物业服务合同》，合同约定：物业服务费由业主按其拥有物业的建筑面积按住宅1.7元/月/平方米缴纳物业服务费。业主应自甲方交付使用通知书约定的房屋交付之日起缴纳物业服务费（如实际交付时间早于交付使用通知书约定的交付时间，业主应自实际交付之日起缴纳物业服务费）。张某合计欠缴物业费2817.6元（1.7元×12个月×138.12平方米）。

---

① 参见黄薇主编：《中华人民共和国民法典释义》，法律出版社2020年版，第1667页。

② 参见辽宁省鞍山市中级人民法院（2022）辽03民终666号民事判决书。

裁判规则：万科房开公司（甲方）与万科物业（乙方）签订的《前期物业服务合同》，合法有效，对张某具有法律约束力。张某关于其未与物业公司签订物业服务合同的抗辩无事实及法律依据，不予支持。万科物业已经提供了基本的物业服务，即使万科物业提供的物业服务存在瑕疵，亦不应成为张某拒绝缴纳物业服务费的理由。

【规范指引】

《北京市高级人民法院关于审理物业管理纠纷案件的意见（试行）》

16. 业主委员会代表业主与物业管理企业签订物业服务合同后，单个业主或部分业主要求解除物业服务合同的，不予支持。

实践中，有的业主购买了房产以后，并非用于自己居住，而是为了出租、出借等，由此承租人、借用人成为物业使用人，物业使用人虽然不是物业服务合同的签订主体，但其于物业服务区域内生活，享受物业服务企业提供的服务，也应当遵守物业管理规约，因此，《物业服务纠纷司法解释》第4条规定，因物业的承租人、借用人或者其他物业使用人实施违反物业服务合同，以及法律、法规或者管理规约的行为引起的物业服务纠纷，人民法院可以参照关于业主的规定处理。

（二）合同客体

物业服务合同的客体是物业服务企业提供的物业服务，比如小区保洁工作等。物业服务合同注重彼此之间的人身信任关系，一旦此种信任关系不存在，合同的履行将会面临困难，这也可能成为当事人解除合同的法定事由。[①]因此，《民法典》第941条规定，物业服务人将物业服务区域内的部分专项服务事项委托给专业性服务组织或者其他第三人的，应当就该部分专项服务事项向业主负责。物业服务人不得将其应当提供的全部物业服务转委托给第三人，或者将全部物业服务支解后分别转委托给第三人。上述法律规定，也就意味着物业服务合同的履行，应当遵循亲自履行原则，即物业服务合同双方当事人必须以自己的行为履行合同所约定的义务，不能由他人代为履行。

① 参见黄薇主编：《中华人民共和国民法典释义》，法律出版社2020年版，第1668页。

典型案例27

友润公司、光耀城公司与黄某霞物业服务合同纠纷案[1]

典型案例裁判文书

典型案例27

广东省惠州市中级人民法院（2021）粤13民终1913号民事判决书

案情简介：案涉小区开发商光耀城房地产公司、光大置业公司共同出具《关于众望光耀城设立项目公司进行日常物业管理服务的公示》，告知业主"开发商光耀城房地产公司、光大置业公司与光耀物业服务公司、光耀城物业服务公司签订众望光耀城项目的前期物业服务合同，光耀城物业服务公司是光耀物业服务公司的全资控股子公司，由光耀城物业服务公司专门实施众望光耀城的日常物业管理服务。公示期为15天，如没收到业主的不同意见，开发商将与上述两公司签订前期物业服务合同"。

裁判规则：《物业管理条例》第33条、第39条规定，一个物业管理区域由一个物业服务企业实施物业管理，物业服务企业可以将物业管理区域内的专项服务业务委托给专业性服务企业，但不得将该区域内的全部物业管理一并委托给他人。再结合《民法典》第941条第2款规定，物业服务人不得将其应当提供的全部物业服务转委托给第三人，或者将全部物业服务支解后分别转委托给第三人。由上述规定可知，一个物业管理区域应由一个物业服务人实施物业管理，且该物业服务人仅仅可将其部分专项服务业务委托给专业性服务企业，法律限制物业服务人转委托事项的范围。友润公司、光耀城公司主张其两物业公司在涉案小区联合管理、共同经营，显然与法不符。

【法官提示89】

亲自履行是物业服务的特点和物业服务合同的特点所要求的，因为物业服务合同的签订，是双方当事人协商一致的结果。业主选择该物业服务企业，看重的就是该单位的履职能力以及能否符合业主的要求。

---

① 参见广东省惠州市中级人民法院（2021）粤13民终1913号民事判决书。

【规范指引】

《北京市高级人民法院关于审理物业管理纠纷案件的意见（试行）》

14. 物业管理企业与业主委员会签订物业服务合同后，违规将物业服务全部转托给其他物业管理企业的，如果该转托行为已经公告且业主接受了物业服务的，应依公平原则确定业主向实际提供物业服务的物业管理企业支付适当的物业服务费用。

（三）服务内容

物业服务的内容比较复杂，体现于小区管理的各个方面，体现于对物的管理，也体现于对人的管理，包括了小区卫生、消防安全等诸多方面。《民法典》第942条对此作了原则性的规定，即物业服务人应当按照约定和物业的使用性质，妥善维修、养护、清洁、绿化和经营管理物业服务区域内的业主共有部分，维护物业服务区域内的基本秩序，采取合理措施保护业主的人身、财产安全。对物业服务区域内违反有关治安、环保、消防等法律法规的行为，物业服务人应当及时采取合理措施制止、向有关行政主管部门报告并协助处理。《山东省物业管理条例》第56条规定，物业服务内容主要包括下列事项：物业共用部位及共用设施设备的使用、管理和维护；公共绿化的维护；公共区域环境卫生的维护；公共区域的秩序维护、安全防范等事项的协助管理服务；物业使用中对禁止行为的制止、报告等义务；物业维修、更新、改造费用的账务管理；物业服务档案和物业档案的保管；其他物业服务事项。

二、物业服务合同的内容

合同是民事主体之间设立、变更、终止民事法律关系的协议。合同的内容由当事人约定，一般包括下列条款：当事人的姓名或者名称和住所；标的；数量；质量；价款或者报酬；履行期限、地点和方式；违约责任；解决争议的方法。当事人应当按照约定全面履行自己的义务。因此，合同内容实际上合同当事人有关权利义务的约定，物业服务合同也不例外，实际上就是物业服务企业与业主之间有关物业服务方面权利义务的约定，只要不违反法律法规的强制性规定，均为有效，双方当事人均应当按照约定享有权利履行义务。

《民法典》第938条第1款规定，物业服务合同的内容一般包括服务事项、服务质量、服务费用的标准和收取办法、维修资金的使用、服务用房的管理和使用、服务期限、服务交接等条款。《物业管理条例》第 34 条第 2 款规定，物业服务合同应当对物业管理事项、服务质量、服务费用、双方的权利义务、专项维修资金的管理与使用、物业管理用房、合同期限、违约责任等内容进行约定。上述规定为物业服务企业和业主签订物业服务合同提供了基本的要求。各地在实践中，有的规定了更为具体的合同内容，比如《天津市物业管理条例》第 55 条第 2 款规定物业服务合同主要包括下列内容：业主大会和物业服务企业的名称；物业管理区域的范围；服务的内容；服务的标准；服务的费用；合同的期限；违约责任；合同的解除条件；双方需要约定的其他事项。又如《山东省物业管理条例》第 57 条规定，物业服务合同应当对物业服务内容、服务标准、收费标准、物业服务用房、专项维修资金的管理与使用、合同期限以及双方的权利义务、违约责任等内容进行约定。物业服务合同应当对物业服务人在有关业主、物业使用人人身、财产安全防范方面的义务和责任作出约定。综上，物业服务合同的主要条款包括：

（一）物业服务事项

《民法典》第 942 条规定，物业服务人应当按照约定和物业的使用性质，妥善维修、养护、清洁、绿化和经营管理物业服务区域内的业主共有部分，维护物业服务区域内的基本秩序，采取合理措施保护业主的人身、财产安全。对物业服务区域内违反有关治安、环保、消防等法律法规的行为，物业服务人应当及时采取合理措施制止、向有关行政主管部门报告并协助处理。该法律条文只是对物业服务涉及的一般事项作了列举式的规定，当事人可以在合同中对此进行细化，亦可就其他事项进行具体的约定。《天津市物业管理条例》第 56 条规定，物业服务合同中约定的物业管理服务，应当包括下列主要内容：共用部位和共用设施设备的使用、维修、养护和管理；电梯、智能系统等设备的运行服务；环境卫生清扫保洁和绿地、树木、绿化设施的养护、管理；物业装饰装修的管理；车辆行驶和停放秩序的服务、管理；物业管理区域内公共秩序的服务、管理；物业资料的查询服务和管理；双方约定的其他物业管理服务内容。

（二）物业服务质量

关于物业服务质量，法律并无明确规定，一般由当事人在合同中作出约定。服务质量的高低，一方面与服务费用的高低成正比，另一方面服务质量可以由当事人就具体管理服务事项作出约定以作体现，比如要求门卫室 24 小时值班，要求小区物业提供快递的收寄服务等。

（三）物业服务费用

物业管理实行有偿服务。物业服务收费应当遵循合理、公开以及费用与服务水平相适应的原则，区别不同物业的性质和特点，由业主和物业服务企业按照国务院价格主管部门会同国务院建设行政主管部门制定的物业服务收费办法，在物业服务合同中约定。业主应当根据物业服务合同的约定缴纳物业服务费用，物业服务人为业主或者物业使用人提供物业服务合同约定以外的专项服务的，其收费标准可以另行约定。物业管理服务费可以采取包干制或者酬金制等形式，包干制是指由业主向物业服务企业支付固定物业管理服务费，盈余或者亏损均由物业服务企业享有或者承担的物业管理服务计费方式；酬金制是指在预收的物业管理服务费中按约定比例或者约定数额提取酬金支付给物业服务企业，其余部分全部用于物业服务合同约定的物业服务支出，结余或者不足均由业主享有或者承担的物业管理服务计费方式。物业服务收费应当区分不同物业的性质和特点，遵循合理、公开、服务质量和价格相符的原则确定，实行政府指导价和市场调节价。物业服务人违反规定及物业服务合同，擅自扩大收费范围、提高收费标准、重复收费的，业主委员会或者业主有权拒绝。

（四）维修资金的使用

维修资金，是指由业主缴纳的，专项用于物业服务区域内建筑物的共有部分、共用设施设备保修期满后的维修和更新、改造的资金。住宅专项维修资金属于业主所有，专项用于国家规定的保修期届满后物业共用部分、共用设施设备的维修、更新和改造，不得挪作他用。《民法典》第 281 条规定，建筑物及其附属设施的维修资金，属于业主共有。经业主共同决定，可以用于电梯、屋顶、外墙、无障碍设施等共有部分的维修、更新和改造。建筑物及其附属设施的维修资金的筹集、使用情况应当定期公布。紧急情况下需要维修建筑物及其附属设施的，业主大会或者业主委员会可以依法申请使用建筑物及其附属设施的维修资金。为了加强对住宅专项维修资金的管理，保障住宅共用部位、共用设施设备的维修和正常使用，维护住宅专项维修资金所有者的合法权益，2007 年，建设部和财政部联合发布《住宅专项维修资金管理办法》，对商品住宅、售后公有住房住宅专项维修资金的交存、使用、管理和监督作出具体规定。

（五）物业服务用房

建筑区划内的物业服务用房，属于业主共有，未经业主大会同意，物业服务企业不得改变物业管理用房的用途。《山东省物业管理条例》第 12 条规定，物业服务用房的配置应当符合下列规定：建筑面积按照建设工程项目总建筑面积的千分之三至千分之五配置，最少不低于 100 平方米；具备水、电、采光、通风等正常使用功能。业主委员会办公用房从物业服务用房中调剂，其建筑面积不低于 20 平方米。物业服务用房由建设单位无偿提供，属于全体业主共有。《江苏省物业管理条例》第 35 条规定，新建住宅物业管理区域内，建设单位应当按照不低于地上地下总建筑面积千分之四的比例配置物业服务用房，低于 100 平方米的按照 100 平方米配置，并无偿移交。第 36 条规定，物业服务用房应当是地面以上的房屋，由建设单位装修，具备独立、正常使用功能，相对集中安排在住宅小区中心区域或者住宅小区出入口附近。物业服务用房设置在住宅楼内的，应当具有独立的通道。物业服务用房不计入分摊公用建筑面积，其所有权属于全体业主。建设单位在申请办理房屋所有权初始登记时，应当注明物业服务用房并申请登记。从以上规定可以看出，物业服务用房系物业服务企业履职所必需的场所，没有物业服务用房，物业服务企业亦无法为业主提供必要的服务。同时，物业服务用房的用途是特定的，不得擅自改变用途，如出租给他人等。物业服务合同终止时，物业服务企业应当将物业管理用房还给业主委员会。

（六）物业服务期限

双方当事人应当在合同中约定物业服务企业提供物业服务的期限。物业服务期限届满后，业主没有依法作出续聘或者另聘物业服务人的决定，物业服务人继续提供物业服务的，原物业服务合同继续有效，但是服务期限为不定期。

【规范指引】

《北京市高级人民法院关于审理物业管理纠纷案件的意见（试行）》

15. 物业服务合同期限内，当事人一方擅自解除合同的，另一方可以要求其承担相应的民事责任。

物业服务合同到期后，双方没有解除合同并继续履行合同的，视为合同自动延续。

《浙江省高级人民法院民一庭关于审理物业服务合同纠纷案件适用法律若干问题的意见（试行）》

第十五条 物业服务合同期限届满后未续签，物业服务人继续提供物业服务，且业主委员会不能证明已明确拒绝接受服务的，应当认定构成事实物业服务合同关系，双方权利义务可参照原物业服务合同确定；但双方可以随时终止该事实物业服务合同关系，并参照浙江省住房和城乡建设厅公布的《浙江省物业项目服务退出管理办法（试行）》的有关规定，提前90日通知对方。

（七）物业服务交接

《物业管理条例》第38条第2款规定，物业服务合同终止时，业主大会选聘了新的物业服务企业的，物业服务企业之间应当做好交接工作。《民法典》第949条规定，物业服务合同终止的，原物业服务人应当在约定期限或者合理期限内退出物业服务区域，将物业服务用房、相关设施、物业服务所必需的相关资料等交还给业主委员会、决定自行管理的业主或者其指定的人，配合新物业服务人做好交接工作，并如实告知物业的使用和管理状况。具体的交接任务主要包括以下几个方面：移交占用的物业共用部分、由前期物业管理开办费购买的物业办公设备等固定资产；移交相关资料；移交物业服务期间形成的物业和设施设备使用、维护、保养、定期检验等技术资料，运行、维护、保养记录；结清预收、代收和预付、代付的有关费用；法律、法规规定和物业服务合同约定的其他事项。

（八）有利于业主的服务承诺

《民法典》第938条第2款规定，物业服务人公开作出的有利于业主的服务承诺，为物业服务合同的组成部分。实践当中，有的物业服务企业为了能够中标，或者出于提升企业知名度等目的，会在宣传中公开作出一定的承诺，承诺在提供物业服务过程中达到某种服务标准，对此，为了规范物业服务企业的行为，充分保护业主权益，应当认定该承诺为物业服务合同的组成部分。物业服务人的服务承诺，是物业服务人从有利于业主和物业实际使用人，提高服务质量和社区生活品质及自律行为的角度考虑，作出的单方意思表示。

物业服务人员公开作出的有利于业主的服务承诺，只要是其真实意思表示，就应当对物业服务人具有法律约束力，物业服务人员就应当履行其承诺，否则将构成违约而要承担相应的责任。[①]

从上述法律规定来看，物业服务人公开作出的有利于业主的服务承诺，作为物业服务合同的组成部分，应当具备以下条件：（1）物业服务企业的承诺必须是公开作出的，如果只是对个别业主的承诺，则不属于公开作出。（2）物业服务企业承诺的内容系真实意思表示。（3）承诺的内容应当有利于业主，而非为业主增加负担和义务。

（九）物业服务合同的形式

当事人订立合同，可以采用书面形式、口头形式或者其他形式。书面形式是合同书、信件、电报、电传、传真等可以有形地表现所载内容的形式。鉴于物业服务合同的复杂性和专业性，《民法典》第938条第3款规定，物业服务合同应当采用书面形式。《物业管理条例》第34条重申，业主委员会应当与业主大会选聘的物业服务企业订立书面的物业服务合同。

（十）合同订立程序的特殊性

如前所述，虽然在物业服务合同中，物业服务企业的合同向对方是业主，但实践当中，物业服务企业不可能逐一与业主签订协议，因此，法律规定由业主委员会代表全体业主与物业服务企业签订合同，并且，根据《民法典》第278条的规定，选聘和解聘物业服务企业或者其他管理人的，应当由专有部分面积占比三分之二以上的业主且人数占比三分之二以上的业主参与表决，并且应当经参与表决专有部分面积过半数的业主且参与表决人数过半数的业主同意。

三、业主合同解除权和续聘相关事项

合同解除，是指在合同有效成立后，因一方或双方当事人的意思表示，使合同关系终了，未履行的部分不必继续履行，已履行的部分依具体情形进行清算的制度，它是合同特有的终止原因。关于合同的解除，可以分为当事人协商解除、行使约定解除权和行使法定解除权。物业服务合同订立之后，

---

① 参见黄薇主编：《中华人民共和国民法典释义》，法律出版社2020年版，第1674页。

双方当事人可以协商一致，解除合同；双方当事人可以约定一方解除合同的事由，解除合同的事由发生时，解除权人可以解除合同；双方当事人还有法定解除权，根据《民法典》第563条的规定，有下列情形之一的，当事人可以解除合同：因不可抗力致使不能实现合同目的；在履行期限届满前，当事人一方明确表示或者以自己的行为表明不履行主要债务；当事人一方迟延履行主要债务，经催告后在合理期限内仍未履行；当事人一方迟延履行债务或者有其他违约行为致使不能实现合同目的；法律规定的其他情形。

（一）业主一方的任意解除权

关于解除权的行使，有任意解除权和非任意解除权之分。物业服务合同中，是否赋予当事人任意解除权，观点纷呈。为了保护业主的合法权益，构建和谐物业服务关系，《民法典》赋予了业主一方的任意解除权。《民法典》第946条规定，业主依照法定程序共同决定解聘物业服务人的，可以解除物业服务合同。决定解聘的，应当提前60日书面通知物业服务人，但是合同对通知期限另有约定的除外。依据前款规定解除合同造成物业服务人损失的，除不可归责于业主的事由外，业主应当赔偿损失。根据上述法律规定，业主一方享有任意解除权，必须满足以下条件：

第一，必须依照法定程序，才能解除物业服务合同。根据《民法典》第278条之规定，选聘和解聘物业服务企业或者其他管理人的，应当由业主共同决定。“共同决定”是指应当由专有部分面积占比三分之二以上的业主且人数占比三分之二以上的业主参与表决，并应当经参与表决专有部分面积过半数的业主且参与表决人数过半数的业主同意。

第二，应当提前60日书面通知物业服务人。《民法典》第565条规定，当事人一方依法主张解除合同的，应当通知对方。合同自通知到达对方时解除；通知载明债务人在一定期限内不履行债务则合同自动解除，债务人在该期限内未履行债务的，合同自通知载明的期限届满时解除。鉴于物业服务合同涉及的权利义务复杂，解除合同，物业服务企业退出物业用房、移交资料等一系列后续工作均需要一定时间，因此，本条规定了60天的期限。当然，物业服务合同当事人可以根据实际情况，另行约定通知期限，法律对此并无禁止性规定。《山东省物业管理条例》第58条规定，解除或者终止物业服务合同，应当依法履行提前通知义务。

第三，造成物业服务企业损失的，业主应当赔偿损失。法律上虽然允许业主一方行使任意解除权，但客观上势必给物业服务企业造成一定损失，如果在维护业主合法权益的同时，不考虑物业服务企业的损失，有失公允。当然，如果损失的发生不可归责于业主，甚至合同的解除是因为物业服务企业造成，则业主不承担赔偿责任。

《民法典》赋予业主任意解除权，能够更好地保护业主在物业服务合同存续期间的权利，提升业主自我救济的有效性，确保物业服务企业市场“优胜劣汰”，有效减少物业服务企业不作为、不履职的情况。

【法官提示90】

业主一方的任意解除权，该业主并非指业主个体，而是指全体业主。

【规范指引】

《江苏省物业管理条例》

第五十五条　业主依照法定程序共同决定解聘物业服务企业的，可以解除物业服务合同。决定解聘的，应当提前六十日书面通知物业服务企业，但是合同对通知期限另有约定的除外。

依据前款规定解除合同造成物业服务企业损失的，除不可归责于业主的事由外，业主应当赔偿损失。

（二）关于物业服务企业的续聘

1. 物业服务期限届满前续聘事项。《民法典》第947条第1款规定，物业服务期限届满前，业主依法共同决定续聘的，应当与原物业服务人在合同期限届满前续订物业服务合同。物业服务期限届满前，不管是业主还是物业服务企业，均有权选择是否续订物业服务合同。如果业主选择继续由该物业服务企业提供服务的，则应当续订合同续聘该物业服务企业。该续聘应当由业主共同决定，由专有部分面积占比三分之二以上的业主且人数占比三分之二以上的业主参与表决，并应当经参与表决专有部分面积过半数的业主且参与表决人数过半数的业主同意。法律强调在物业服务期限届满前续订合同，主要还是确保物业服务不留空白，维护双方当事人合法权益。

实践中，也有的物业服务企业不愿意续订合同不愿意续聘的，此时，根据《民法典》第947条第2款的规定，物业服务期限届满前，物业服务人不同意续聘的，应当在合同期限届满前90日书面通知业主或者业主委员会，但是合同对通知期限另有约定的除外。法律给予物业服务人通知义务，并应提前90日，目的在于确保业主有充足的时间另行考察、选择别的物业服务企业。

【法官提示91】

90日的规定，并非不可变动，如果双方另有约定的，尊重双方之约定。

2. 物业服务期限届满后续聘事项。实践中，因为种种原因，在物业服务期满后，业主没有订立新的物业服务合同，也没有与物业服务企业约定延长服务期限的，原则上物业服务合同终止。但如果此时物业服务企业依然按照合同约定提供物业服务的，则应当如何处理？从维护全体业主合法权益角度，从鼓励物业服务企业诚信经营角度，此时，应当认为原物业服务合同继续有效，但服务期限变为不定期。《民法典》第948条规定，物业服务期限届满后，业主没有依法作出续聘或者另聘物业服务人的决定，物业服务人继续提供物业服务的，原物业服务合同继续有效，但是服务期限为不定期。当事人可以随时解除不定期物业服务合同，但是应当提前60日书面通知对方。此时，业主和物业服务企业均有权随时解除合同，但需要提前60日通知对方，以期给对方充足的准备时间。

【规范指引】

《江苏省物业管理条例》

第五十六条 物业服务合同期限届满九十日前，业主委员会应当组织召开业主大会会议，决定续聘或者另聘物业服务企业，并将决定书面通知原物业服务企业，但是合同对通知期限另有约定的除外；同时书面告知物业所在地的县（市、区）物业管理行政主管部门和街道办事处（乡镇人民政府），并在物业管理区域显著位置公告。

物业服务企业决定不再续签物业服务合同的，应当在物业服务合同期限届满九十日前书面通知业主或者业主委员会，但是合同对通知期限另有约定的除外；同时书面告知物业所在地的县（市、区）物业管理行政主管部门和街道办事处（乡镇人民政府），并在物业管理区域显著位置公告。

业主依法共同决定续聘的，业主委员会应当在物业服务合同期限届满前与原物业服务企业续签物业服务合同。

物业服务合同期限届满，业主没有依法作出续聘或者另聘决定，物业服务企业继续提供物业服务的，原物业服务合同继续有效，但是服务期限为不定期。当事人可以随时解除不定期物业服务合同，但是应当提前六十日书面通知另一方当事人；同时书面告知物业所在地的县（市、区）物业管理行政主管部门、街道办事处（乡镇人民政府），并在物业管理区域显著位置公告。

《天津市物业管理条例》

第五十八条 物业服务期限届满前，业主委员会应当组织召开业主大会，决定续聘或者另聘物业服务企业，并将决定书面通知物业服务企业。业主大会决定续聘且物业服务企业接受的，业主委员会与物业服务企业应当在合同期限届满前续订物业服务合同。

物业服务期限届满前，物业服务企业不同意续聘的，应当在合同期限届满前九十日书面通知业主或者业主委员会，但是合同对通知期限另有约定的除外。物业服务企业应当书面告知街道办事处或者乡镇人民政府以及物业所在地的区物业管理行政主管部门后，在物业管理区域内公告。

物业服务期限届满后，业主大会没有依法作出续聘或者另聘物业服务企业决定，物业服务企业按照原合同继续提供物业服务的，原合同继续有效，但是服务期限为不定期。在原合同继续有效期间，任何一方可以随时解除不定期物业服务合同，但是应当提前六十日书面通知对方。

《北京市物业管理条例》

第七十五条 物业服务合同期限届满前六个月，业主委员会或者物业管理委员会应当组织业主共同决定续聘或者另聘物业服务人，并将决定书面告知原物业服务人。原物业服务人接受续聘的，双方应当在物业服务合同届满前重新签订物业服务合同。物业服务人不接受续聘的，应当提前九十日书面告知业主委员会或者物业管理委员会。

物业服务合同期限届满、业主没有共同作出续聘或者另聘物业服务人决定，物业服务人按照原合同继续提供服务的，原合同权利义务延续。在合同权利义务延续期间，任何一方提出终止合同的，应当提前六十日书面告知对方。

3. 物业服务合同终止后物业服务企业的义务。物业服务合同终止后，物业服务企业应当在合理期限内退出物业服务区域，但是在实际生活中，屡见原物业服务企业无正当理由拒不退出，新物业服务企业无法顺利进驻的问题，甚至业主与原物业服务企业之间、新老物业服务企业之间爆发冲突，影响社会稳定。

债权债务终止后，当事人应当遵循诚信等原则，根据交易习惯履行通知、协助、保密、旧物回收等义务。同样地，物业服务合同终止后，当事人负有一定的后合同义务。根据《民法典》第949条的规定，物业服务合同终止的，原物业服务人应当在约定期限或者合理期限内退出物业服务区域，将物业服务用房、相关设施、物业服务所必需的相关资料等交还给业主委员会、决定自行管理的业主或者其指定的人，配合新物业服务人做好交接工作，并如实告知物业的使用和管理状况。原物业服务人违反前款规定的，不得请求业主支付物业服务合同终止后的物业费；造成业主损失的，应当赔偿损失。因此，物业服务合同终止后，物业服务企业负有以下义务：一是退出物业服务区域。此时物业服务企业及其工作人员已经没有任何约定的或者法定的正当理由继续留在物业服务区域。二是履行交接义务。物业服务企业应当将物业服务用房、相关设施、物业服务所必需的相关资料等交还给业主委员会、决定自行管理的业主或者其指定的人，配合新物业服务人做好交接工作。三是如果告知物业的使用和管理状况。此处的告知对象，不仅包括业主，也包括新的物业服务企业。

典型案例28

隆德物业公司与隆盛园业委会排除妨害纠纷案[①]

案情简介：隆盛园业委会任期自2020年10月19日起至2024年10月19日止。隆盛园业委会与隆德物业公司自认双方于2021年1月1日终止物业服务合同关系。2021年1月11日，隆盛园业委会与白山市华晨物业服务有限公

① 参见吉林省白山市中级人民法院（2022）吉06民终146号民事判决书。

司签订《物业服务合同》，约定由白山市华晨物业服务有限公司为隆盛园小区提供物业管理服务，管理期限5年，自2021年1月11日起至2025年12月31日止。隆德物业公司自认占用隆盛园小区东门2号楼南侧门卫房至今。

典型案例裁判文书

典型案例28
吉林省白山市中级人民法院（2022）吉06民终146号民事判决书

裁判规则： 权利人的物权受法律平等保护，任何组织或者个人不得侵犯。隆盛园小区内物业用房，归全体业主共有，隆盛园业委会代表全体业主对小区内物业用房享有管理的权利。隆盛园业委会与隆德物业公司之间的物业服务合同关系已经终止，隆德物业公司无权继续占有隆盛园小区内物业用房，法院对隆盛园业委会请求隆德物业公司返还物业用房的诉请予以支持，于法有据。

【规范指引】

《江苏省物业管理条例》

第五十七条　物业服务合同终止的，原物业服务企业应当按照约定期限，没有约定期限的应当在物业服务合同终止之日起十五日内，退出物业管理区域，并向业主委员会、决定自行管理的业主或者其指定的人履行下列交接义务：

（一）移交占用的物业共用部分、由前期物业管理开办费购买的物业办公设备等固定资产；

（二）移交本条例第四十条第二款规定的相关资料；

（三）移交物业服务期间形成的物业和设施设备使用、维护、保养、定期检验等技术资料，运行、维护、保养记录；

（四）结清预收、代收和预付、代付的有关费用；

（五）法律、法规规定和物业服务合同约定的其他事项。

物业服务合同终止后，在业主或者业主大会选聘的新物业服务企业或者决定自行管理的业主接管之前，原物业服务企业应当继续处理物业服务事项，维持正常的物业管理秩序，并可以请求业主支付该期间的物业费。

《北京市物业管理条例》

第七十六条　业主共同决定解聘物业服务人的，物业服务人应当自接到通知之日起三十日内履行下列交接义务，并且退出物业管理区域：

（一）移交物业共用部分；

（二）移交本条例第二十一条、第七十一条规定的档案和资料；

（三）结清预收、代收的有关费用；

（四）物业服务合同约定的其他事项。

原物业服务人不得以业主欠交物业费、对业主共同决定有异议等为由拒绝办理交接，不得以任何理由阻挠新物业服务人进场服务。原物业服务人拒不移交有关资料或者财物的，或者拒不退出物业管理区域的，业主委员会或者物业管理委员会可以向街道办事处、乡镇人民政府、区住房和城乡建设或者房屋主管部门报告，并向辖区内公安机关请求协助，或者依法向人民法院提起诉讼，要求原物业服务人退出物业管理区域。物业所在地的街道办事处、乡镇人民政府、区住房和城乡建设或者房屋主管部门应当加强对物业服务人交接工作的监管。

原物业服务人应当在办理交接至退出物业管理区域期间，维持正常的物业管理秩序。

新物业服务人不得强行接管物业，按照约定承接物业时，应当对共用部位、共用设施设备进行查验。

《天津市物业管理条例》

第五十九条 物业服务企业依照有关规定履行退出程序，并在合同终止之日起十日内，除向业主委员会移交本条例第四十四条规定的资料外，还应当同时移交下列资金、物品和资料：

（一）预收的物业管理服务费、场地占用费和收取的利用物业共用部位、设施和场地经营所得的收益余额；

（二）物业管理用房和属于业主共有的场地、设施设备；

（三）物业管理项目的档案资料；

（四）实行酬金制的，应当移交管理期间的财务资料。

未成立业主委员会的，在区物业管理行政主管部门监督下，向街道办事处或者乡镇人民政府移交。

新物业服务企业确定后，业主委员会或者街道办事处、乡镇人民政府应当将本条第一款所列资金、物品和资料，移交给新的物业服务企业。

同时，物业服务合同终止后，他人接管物业前，原物业服务企业还负有继续提供物业服务的义务。因为此时如果允许原物业服务企业即刻退场，而新的物业服务企业尚未进场，将导致物业服务区域陷入无人管理的境地，损害全体业主的权益。据此，《民法典》第950条规定，物业服务合同终止后，在业主或者业主大会选聘的新物业服务人或者决定自行管理的业主接管之前，原物业服务人应当继续处理物业服务事项，并可以请求业主支付该期间的物业费。因此，在物业服务企业继续提供物业服务、业主实际接受物业服务的情形下，业主应当支付相应的物业费。

四、前期物业服务合同

（一）前期物业服务合同的签订

《物业管理条例》第 21 条规定，在业主、业主大会选聘物业服务企业之前，建设单位选聘物业服务企业的，应当签订书面的前期物业服务合同。前期物业服务合同是指在物业区域内的业主或者业主大会选聘物业服务企业之前，由房地产开发建设单位与物业服务企业之间订立的，双方约定由物业服务企业提供物业服务，对前期的物业服务事项进行处理的合同。从建设单位开发建设好住宅项目，经竣工验收并交付业主，一直到召开业主大会选聘物业服务企业，由于小区入住业主较少，还不能达到召开业主大会并成立业主委员会的条件，因此，只能先由建设单位与物业服务企业签订前期物业服务合同，以满足业主生活需要，并维持小区正常运行。前期物业服务合同应当对物业服务内容、服务标准、收费标准、收费方式及收费起始时间、合同终止情形等内容进行约定；涉及物业买受人共同利益的，其约定应当一致。

【规范指引】

《北京市物业管理条例》

第十九条 建设单位承担前期物业服务责任。建设单位销售房屋前，应当选聘前期物业服务人，签订前期物业服务合同。

前期物业服务合同由建设单位和物业服务企业签订，因此，在业主入住之前，建设单位受到合同约束，应当按照合同约定享有权利并承担义务，该义务包括建设单位应当支付物业费。关于签订前期物业服务合同情形下，何时由业主开始支付物业费的问题，实践当中颇有争议，也由此产生纠纷诉至法院。笔者认为，房屋出售且交付给业主后，业主就应当负担相应的物业费，未交付房屋的物业费仍由建设单位负担。而物业服务人是前期物业服务合同的一方当事人，毫无疑问应当受到合同的约束，有权依据前期物业服务合同主张权利，并履行相应义务。物业服务人在履行义务的同时，也享有按照约定收取物业费的权利，应当依据前期物业服务合同对业主提供物业服务，不得违规收费，也不得任意解除合同。[①]

由于前期物业服务合同是由建设单位与物业服务企业签订，因此，有的业主认为其未参加合同的订立，不应受到前期物业服务合同的约束。但是实际上，《物业管理条例》第25条规定，建设单位与物业买受人签订的买卖合同应当包含前期物业服务合同约定的内容。因此，前期物业服务合同应当就前期物业服务是否收费、服务内容以及收费标准进行约定，约定的内容作为房屋买卖合同的附件或者直接纳入房屋买卖合同。对此，《民法典》第939条规定，建设单位依法与物业服务人订立的前期物业服务合同，以及业主委员会与业主大会依法选聘的物业服务人订立的物业服务合同，对业主具有法律约束力。不管该业主入住于前期物业服务合同签订之前还是之后，均受到合同约束。[②]

案例索引裁判文书

案例索引27

广州中院（2022）粤01民终2889号宏铧公司与黄某容物业服务合同纠纷民事裁定书

典型案例29

郭某喜与欣嘉和物业公司物业服务合同纠纷案[③]

典型案例裁判文书

典型案例29

辽宁省沈阳市中级人民法院（2021）辽01民终21250号民事判决书

案情简介：欣嘉和物业公司（乙方）与涉案房产所在园区业主委员会（甲方）签订《小区物业服务合同》。合同约定，甲方选聘欣嘉和物业公司为小区（二期）提供物业管理服务。现原告欣嘉和物业公司为涉案房产所在园区提供了物业服务，郭某喜未缴纳相关物业费，故原告起诉至法院。

裁判规则：本案中，涉诉小区业委会与郭某喜签订的物业服务合同系当

① 参见黄薇主编：《中华人民共和国民法典释义》，法律出版社2020年版，第1678页。

② 案例索引27：参见广东省广州市中级人民法院（2022）粤01民终2889号宏铧公司与黄某容物业服务合同纠纷民事裁定书。

③ 参见辽宁省沈阳市中级人民法院（2021）辽01民终21250号民事判决书。

事人真实意思表示，内容未违反法律法规强制性规定，合法有效，对小区全体业主具有法律约束力。欣嘉和物业公司作为物业公司履行了服务义务即有权收取业主相应费用；郭某喜作为业主享受了物业公司提供的服务即应履行缴纳相应费用的义务。

【法官提示92】

如果建设单位与物业服务企业签订的前期物业服务合同损害了业主的利益的，此时业主有权确认该损害条款无效，达到召开业主大会条件的，可以解除合同。

【规范指引】

《北京市物业管理条例》

第二十二条　前期物业服务合同生效之日至出售房屋交付之日的当月发生的物业费，由建设单位承担。

出售房屋交付之日的次月至前期物业服务合同终止之日的当月发生的物业费，由业主按照房屋买卖合同的约定承担；房屋买卖合同未约定的，由建设单位承担。

（二）前期物业服务合同的终止

关于前期物业服务合同的终止问题，《物业管理条例》第26条规定，前期物业服务合同可以约定期限；但是，期限未满、业主委员会与物业服务企业签订的物业服务合同生效的，前期物业服务合同终止。根据上述条例规定，前期物业服务合同可以约定期限，实践当中，该期限一般不会太长，比如《北京市物业管理条例》规定，前期物业服务合同期限最长不超过2年，具体期限在前期物业服务合同中约定。当双方约定的服务期限到期后，如果没有续约或者订立新的合同，则该前期物业服务合同终止，此时物业服务企业应当退出服务区域。除了服务期限到期后的终止，还有一种终止原因，即服务期限虽然没有到期，但全体业主通过召开业主大会，选聘新的物业服务企业并订立新的物业服务合同，该合同生效时前期物业服务合同终止。对此，《民法典》第940条规定，建设单位依法与物业服务人订立的前期物业服务合同约定的服务期限届满前，业主委员会或者业主与新物业服务人订立的物业服务合同生效的，前期物业服务合同终止。

第二节　业主和业主委员会

一、业主

业主是《民法典》第2编第6章“业主的建筑物区分所有权”中的基础性概念之一，明确业主身份的界定标准，对贯彻执行《民法典》第2编第6章规定具有重要意义。业主正是基于其享有的“建筑物区分有所有权”，才能在物业服务合同法律关系中享有权利、承担义务，因此，首先必须对业主的身份标准进行界定。

《物业管理条例》第6条规定，房屋的所有权人为业主。关于所有权如何取得?《建筑物区分所有权纠纷司法解释》第1条规定，依法登记取得或者依据《民法典》第229条至第231条规定取得建筑物专有部分所有权的人，应当认定为《民法典》第2编第6章所称的业主。基于与建设单位之间的商品房买卖民事法律行为，已经合法占有建筑物专有部分，但尚未依法办理所有权登记的人，可以认定为《民法典》第2编第6章所称的业主。根据上述规定，依法登记取得、依据法律文书、因继承、因合法建造、因买卖等事实行为取得专有部分所有权的人，可以认定为“业主”。

【规范指引】

《北京市物业管理条例》

第二十五条　房屋的所有权人为业主。

公房尚未出售的，产权单位是业主；已出售的，购房人是业主。

本条例所称业主还包括：

（一）尚未登记取得所有权，但是基于买卖、赠与、拆迁补偿等旨在转移所有权的行为已经合法占有建筑物专有部分的单位或者个人；

（二）因人民法院、仲裁机构的生效法律文书取得建筑物专有部分所有权的单位或者个人；

（三）因继承取得建筑物专有部分所有权的个人；

（四）因合法建造取得建筑物专有部分所有权的单位或者个人；

（五）其他符合法律法规规定的单位或者个人。

（一）业主的建筑物区分所有权

业主的建筑物区分所有权，是指业主对建筑物内的住宅、经营性用房等专有部分享有所有权，对专有部分以外的共有部分享有共有和共同管理的权利。该权利属于特殊的复合性不动产所有权，是关于专有部分的所有权、共有部分的共有权以及因共有关系而产生的管理权的结合。在阐述业主物业服务合同法律关系中的权利义务之前，应当对业主的建筑物区分所有权进行了解，物业服务合同中的诸多权利义务正是基于该项权利而产生。

根据《民法典》第 271 条、第 272 条之规定，业主对建筑物内的住宅、经营性用房等专有部分享有所有权，对专有部分以外的共有部分享有共有和共同管理的权利。业主对其建筑物专有部分享有占有、使用、收益和处分的权利。业主行使权利不得危及建筑物的安全，不得损害其他业主的合法权益。

1. 业主对专有部分的所有权。业主对建筑物内的住宅、经营性用房等专有部分享有所有权。关于专有部分的界定，根据《建筑物区分所有权纠纷司法解释》第 2 条的规定，建筑区划内符合下列条件的房屋，以及车位、摊位等特定空间，应当认定为《民法典》第 2 编第 6 章所称的专有部分：（1）具有构造上的独立性，能够明确区分；（2）具有利用上的独立性，可以排他使用；（3）能够登记成为特定业主所有权的客体。规划上专属于特定房屋，且建设单位销售时已经根据规划列入该特定房屋买卖合同中的露台等，应当认定为前款所称的专有部分的组成部分。本条第 1 款所称房屋，包括整栋建筑物。

业主对其建筑物专有部分享有占有、使用、收益和处分的权利。业主对建筑物内属于自己所有的住宅、经营性用房等专有部分可以直接占有、使用，实现居住或者营业的目的；也可以依法出租，获取收益；还可以出借，解决亲朋好友居住之难；或者在自己的专有部分上依法设定负担。① 虽然业主对其专有部分享有所有权，但该所有权并非不受限制，因专有部分与共有部分不可分离，因此，业主行使专有部分所有权时受有限制，不得危及建筑物的安全，不得损害其他业主的合法权益。比如业主装修时，不得拆毁承重墙等危及住宅安全，不得任意弃置垃圾、排放污染物或者噪声、违反规定饲养动物、违章搭建、侵占通道、拒付物业费等损害其他业主权益。

---

① 参见黄薇主编：《中华人民共和国民法典释义》，法律出版社 2020 年版，第 509 页。

2. 业主对共有部分的所有权。业主对建筑物内的住宅、经营性用房等专有部分以外的共有部分享有共有和共同管理的权利。比如住宅楼内的楼梯、走廊、电梯等，又如物业服务区域内的物业管理用房、道路、活动场所等。根据《民法典》的规定，建筑区划内的道路，属于业主共有，但是属于城镇公共道路的除外。建筑区划内的绿地，属于业主共有，但是属于城镇公共绿地或者明示属于个人的除外。建筑区划内的其他公共场所、公用设施和物业服务用房，属于业主共有。建筑区划内，规划用于停放汽车的车位、车库的归属，由当事人通过出售、附赠或者出租等方式约定。占用业主共有的道路或者其他场地用于停放汽车的车位，属于业主共有。①

案例索引裁判文书

案例索引28
江苏高院（2020）苏民申7176号山景玉园业委会与融鼎公司车位纠纷民事裁定书

关于共有部分的界定。根据《建筑物区分所有权纠纷司法解释》第 3 条的规定，除法律、行政法规规定的共有部分外，建筑区划内的以下部分，也应当认定为《民法典》第 2 编第 6 章所称的共有部分：（1）建筑物的基础、承重结构、外墙、屋顶等基本结构部分，通道、楼梯、大堂等公共通行部分，消防、公共照明等附属设施、设备，避难层、设备层或者设备间等结构部分；（2）其他不属于业主专有部分，也不属于市政公用部分或者其他权利人所有的场所及设施等。建筑区划内的土地，依法由业主共同享有建设用地使用权，但属于业主专有的整栋建筑物的规划占地或者城镇公共道路、绿地占地除外。

业主对建筑物专有部分以外的共有部分，享有权利，承担义务；不得以放弃权利为由不履行义务。业主对共有部分享有的权利包括共有和共同管理，包括对上述共有部分享有占有、使用、收益或者处分的权利，当然为了维护小区整体的正常管理秩序，维护全体业主的合法权益，该权利的行使应当依据法律法规和业主共同约定。同时，业主转让建筑物内的住宅、经营性用房，其对共有部分享有的共有和共同管理的权利一并转让。

（二）业主的权利和义务

1. 业主的权利。在物业服务合同法律关系中，根据《物业管理条例》第

---

① 案例索引 28：参见江苏省高级人民法院（2020）苏民申 7176 号山景玉园业委会与融鼎公司车位纠纷民事裁定书。

6条第2款的规定，业主在物业管理活动中，享有下列权利：（1）按照物业服务合同的约定，接受物业服务企业提供的服务；（2）提议召开业主大会会议，并就物业管理的有关事项提出建议；（3）提出制定和修改管理规约、业主大会议事规则的建议；（4）参加业主大会会议，行使投票权；（5）选举业主委员会成员，并享有被选举权；（6）监督业主委员会的工作；（7）监督物业服务企业履行物业服务合同；（8）对物业共用部位、共用设施设备和相关场地使用情况享有知情权和监督权；（9）监督物业共用部位、共用设施设备专项维修资金的管理和使用；（10）法律、法规规定的其他权利。

【规范指引】

《北京市物业管理条例》

第二十七条 业主在物业管理活动中，享有下列权利：

（一）自行管理物业；

（二）要求物业服务人按照物业服务合同的约定提供服务；

（三）提议召开业主大会，并就物业管理的有关事项提出建议；

（四）提出制定和修改临时管理规约、管理规约、业主大会议事规则的建议；

（五）参加业主大会会议，行使投票权；

（六）选举业主委员会委员，并享有被选举权；

（七）监督业主大会筹备组、业主委员会或者物业管理委员会的工作；

（八）监督物业服务人履行物业服务合同；

（九）对共用部位、共用设施设备和相关场地使用享有知情权、监督权和收益权；

（十）监督专项维修资金的管理和使用；

（十一）法律法规规定的其他权利。

业主行使权利不得危及物业的安全，不得损害其他业主的合法权益。

《天津市物业管理条例》

第十一条 业主享有下列权利：

（一）参加业主大会会议，发表意见，行使表决权；

（二）推选业主代表，选举业主委员会成员，享有被选举权；

（三）监督业主委员会的工作；

（四）提议召开业主大会会议，就物业管理的有关事项提出建议；

（五）提出制定或者修改管理规约、业主大会议事规则的建议；

（六）按照物业服务合同的约定，接受物业服务企业提供的服务；

（七）监督物业服务企业履行物业服务合同；

（八）监督专项维修资金的管理和使用；

（九）对共用部位、共用设施设备和相关场地使用情况的知情权和监督权；

（十）法律、法规规定的其他权利。

同时，根据《民法典》第278条和《物业管理条例》第11条之规定，下列事项由业主共同决定：（1）制定和修改业主大会议事规则；（2）制定和修改管理规约；（3）选举业主委员会或者更换业主委员会成员；（4）选聘和解聘物业服务企业或者其他管理人；（5）使用建筑物及其附属设施的维修资金；（6）筹集建筑物及其附属设施的维修资金；（7）改建、重建建筑物及其附属设施；（8）改变共有部分的用途或者利用共有部分从事经营活动；（9）有关共有和共同管理权利的其他重大事项。

业主共同决定事项，应当由专有部分面积占比三分之二以上的业主且人数占比三分之二以上的业主参与表决。决定前款第6项至第8项规定的事项，应当经参与表决专有部分面积四分之三以上的业主且参与表决人数四分之三以上的业主同意。决定前款其他事项，应当经参与表决专有部分面积过半数的业主且参与表决人数过半数的业主同意。

2. 业主的义务。在物业服务合同法律关系中，根据《物业管理条例》第7条之规定，业主在物业管理活动中，履行下列义务：（1）遵守管理规约、业主大会议事规则；（2）遵守物业管理区域内物业共用部位和共用设施设备的使用、公共秩序和环境卫生的维护等方面的规章制度；（3）执行业主大会的决定和业主大会授权业主委员会作出的决定；（4）按照国家有关规定交纳专项维修资金；（5）按时交纳物业服务费用；（6）法律、法规规定的其他义务。

【法官提示93】

有关业主的义务散见于《民法典》相关条文，或者说《民法典》对《物业管理条例》规定的义务作了个别细化，以便实践当中准确理解和把握。

【规范指引】

《天津市物业管理条例》

第十二条 业主应当履行下列义务：

（一）遵守业主大会议事规则和管理规约；

（二）执行业主大会通过的决定和业主大会授权业主委员会作出的决定；

（三）配合物业服务企业按照物业服务合同和管理规约实施的物业管理活动；

（四）按照物业服务合同的约定，按时交纳物业管理服务费；

（五）维护物业管理区域内公共秩序和环境卫生；

（六）按照规定交存或者续交专项维修资金；

（七）法律、法规规定的其他义务。

关于将住宅改为经营性用房的问题。实践中有的业主出于营利之需或者有的经营主体基于租金考虑，将住宅的用途由居住改为商用，由此引发其他业主争议，导致产生纠纷。根据《物业管理条例》第49条的规定，物业管理区域内按照规划建设的公共建筑和共用设施，不得改变用途。业主依法确需改变公共建筑和共用设施用途的，应当在依法办理有关手续后告知物业服务企业；物业服务企业确需改变公共建筑和共用设施用途的，应当提请业主大会讨论决定同意后，由业主依法办理有关手续。关于“住改商”的问题，《民法典》第279条进一步明确，业主不得违反法律、法规以及管理规约，将住宅改变为经营性用房。业主将住宅改变为经营性用房的，除遵守法律、法规以及管理规约外，应当经有利害关系的业主一致同意。[①] 需要注意的是，此处的有利害关系的业主的“同意”，应该是“一致同意”，而非“多数同意”或者其他。未经一致同意的，根据《建筑物区分所有权纠纷司法解释》第10条的规定，业主将住宅改变为经营性用房，未依据《民法典》第279条的规定经有利害关系的业主一致同意，有利害关系的业主请求排除妨害、消除危险、恢复原状或者赔偿损失的，人民法院应予支持。将住宅改变为经营性用

案例索引裁判文书

案例索引29
河南高院（2020）豫民申3456号心智启航托管中心与一安物业公司财产损害赔偿纠纷民事裁定书

---

① 案例索引29：参见河南省高级人民法院（2020）豫民申3456号心智启航托管中心与一安物业公司财产损害赔偿纠纷民事裁定书。

房的业主以多数有利害关系的业主同意其行为进行抗辩的，人民法院不予支持。何为“有利害关系”?《建筑物区分所有权纠纷司法解释》第 11 条对此作了明确规定，即业主将住宅改变为经营性用房，本栋建筑物内的其他业主为“有利害关系的业主”。建筑区划内，本栋建筑物之外的业主，主张与自己有利害关系的，应证明其房屋价值、生活质量受到或者可能受到不利影响。

典型案例30

何某艳与物业服务公司恢复原状纠纷案①

典型案例裁判文书

典型案例30

辽宁省沈阳市中级人民法院（2022）辽01民终64号民事判决书

案情简介：何某艳系房屋所有人，该房屋性质为住宅。物业服务公司为案涉房屋所在园区物业服务企业。何某艳与物业服务公司签订前期物业服务协议。其中约定业主要遵守本物业的《临时管理规约》《业主手册》。《临时管理规约》第 16 条规定，业主、物业使用人应按规划设计用途使用物业。业主手册亦有类似的规定。案外人刘某经营的超市即本案案涉房屋。

裁判规则：何某艳在承诺书上签字，同意遵守小区临时管理规约。《临时管理规约》第 16 条规定：业主、物业使用人应按规划设计用途使用物业。因特殊情况确需改变物业规划设计用途的，应当经有利害关系的业主书面同意后，报规划、国土资源等有关部门批准，并告知业主委员会和物业服务企业。本案中，何某艳将住宅改变为经营性用房，未取得有利害关系的业主同意，违反了《民法典》的规定，同时也违反了《临时管理规约》的规定。

关于业主遵守法律、法规和管理规约以及相关配合义务。《民法典》第 286 条规定，业主应当遵守法律、法规以及管理规约，相关行为应当符合节约

① 参见辽宁省沈阳市中级人民法院（2022）辽 01 民终 64 号民事判决书。

资源、保护生态环境的要求。对于物业服务企业或者其他管理人执行政府依法实施的应急处置措施和其他管理措施，业主应当依法予以配合。业主首先应当遵守法律、法规，也就是上述的有关业主的义务内容，比如按期足额支付物业费等。其次，业主应当遵守管理规约。制定和修改管理规约由业主共同决定。《物业管理条例》第 17 条规定，管理规约应当对有关物业的使用、维护、管理，业主的共同利益，业主应当履行的义务，违反管理规约应当承担的责任等事项依法作出约定。管理规约应当尊重社会公德，不得违反法律、法规或者损害社会公共利益。管理规约对全体业主具有约束力。

2020 年年初，突发的新冠肺炎疫情使社区治理面临严峻的考验。在抗疫过程中，居民小区管理工作经受住了考验，多年来的完善基层社会治理工作初见成效。从疫情防控工作取得阶段性胜利可以看出，在本次疫情防控中，物业服务企业的作用至关重要。因此，在抗击疫情的背景下，《民法典》为物业服务企业设定了此项责任，为社区治理提供坚实基础。《关于〈中华人民共和国民法典（草案）〉的说明》中提到，结合疫情防控工作，明确物业服务企业和业主的相关责任和义务，增加规定物业服务企业或者其他管理人应当执行政府依法实施的应急处置措施和其他管理措施，积极配合开展相关工作，业主应当依法予以配合。根据《民法典》第 286 条第 3 款的规定，业主或者其他行为人拒不履行相关义务的，有关当事人可以向有关行政主管部门报告或者投诉，有关行政主管部门应当依法处理。

（三）业主大会

业主大会时业主的自治组织，是基于业主的建筑物区分所有权的行使产生的，由全体业主组成，是建筑区划内建筑物及其附属设施的管理机构。根据《民法典》第 277 条和《物业管理条例》相关规定，业主可以设立业主大会。物业管理区域内全体业主组成业主大会。参考《天津市物业管理条例》第 16 条的规定，同一个物业管理区域内业主人数不足 100 人的，全体业主组成业主大会；业主人数在 100 人以上的，可以按照业主总数的一定比例推选业主代表，组成业主代表会，代表业主履行业主大会职责。业主代表会的代表组成，不得少于 35 人。业主代表在行使所代表业主的表决权前，应当事先书面征求其所代表的业主意见，并在业主代表会会议上如实反映所代表业主的意见。业主代表以幢、门、楼层等为单位，由业主推选，并在推选后以书面形式在物业管理区域内公告。

1. 业主大会的筹备。物业管理区域内，已交付的专有部分面积超过建筑物总面积50%时，建设单位应当按照物业所在地的区、县房地产行政主管部门或者街道办事处、乡镇人民政府的要求，及时报送下列筹备首次业主大会会议所需的文件资料：物业管理区域证明；房屋及建筑物面积清册；业主名册；建筑规划总平面图；交付使用共用设施设备的证明；物业服务用房配置证明；其他有关的文件资料。

符合成立业主大会条件的，区、县房地产行政主管部门或者街道办事处、乡镇人民政府应当在收到业主提出筹备业主大会书面申请后60日内，负责组织、指导成立首次业主大会会议筹备组。首次业主大会会议筹备组由业主代表、建设单位代表、街道办事处、乡镇人民政府代表和居民委员会代表组成。筹备组成员人数应为单数，其中业主代表人数不低于筹备组总人数的一半，筹备组组长由街道办事处、乡镇人民政府代表担任。筹备组中业主代表的产生，由街道办事处、乡镇人民政府或者居民委员会组织业主推荐。筹备组应当将成员名单以书面形式在物业管理区域内公告。业主对筹备组成员有异议的，由街道办事处、乡镇人民政府协调解决。建设单位和物业服务企业应当配合协助筹备组开展工作。

筹备组应当做好以下筹备工作：确认并公示业主身份、业主人数以及所拥有的专有部分面积；确定首次业主大会会议召开的时间、地点、形式和内容；草拟管理规约、业主大会议事规则；依法确定首次业主大会会议表决规则；制定业主委员会委员候选人产生办法，确定业主委员会委员候选人名单；制定业主委员会选举办法；完成召开首次业主大会会议的其他准备工作。上述内容应当在首次业主大会会议召开15日前以书面形式在物业管理区域内公告。业主对公告内容有异议的，筹备组应当记录并作出答复。筹备组应当自组成之日起90日内完成筹备工作，组织召开首次业主大会会议。业主大会自首次业主大会会议表决通过管理规约、业主大会议事规则，并选举产生业主委员会之日起成立。

2. 业主大会权利。业主大会应当代表和维护物业管理区域内全体业主在物业管理活动中的合法权益。一个物业管理区域成立一个业主大会。物业管理区域的划分应当考虑物业的共用设施设备、建筑物规模、社区建设等因素。

具体办法由省、自治区、直辖市制定。同一个物业管理区域内的业主，应当在物业所在地的区、县人民政府房地产行政主管部门或者街道办事处、乡镇人民政府的指导下成立业主大会，并选举产生业主委员会。但是，只有一个业主的，或者业主人数较少且经全体业主一致同意，决定不成立业主大会的，由业主共同履行业主大会、业主委员会职责。参考《天津市物业管理条例》第14条的规定，已交付使用的新建物业有下列情形之一的，应当成立业主大会：（1）业主入住率达50%以上；（2）首位业主实际入住达到2年以上。

下列事项由业主大会决定：制定和修改业主大会议事规则；制定和修改管理规约；选举业主委员会或者更换业主委员会委员；制定物业服务内容、标准以及物业服务收费方案；选聘和解聘物业服务企业；筹集和使用专项维修资金；改建、重建建筑物及其附属设施；改变共有部分的用途；利用共有部分进行经营以及所得收益的分配与使用；法律法规或者管理规约确定应由业主共同决定的事项。

【法官提示94】

业主拒付物业服务费，不缴存专项维修资金以及实施其他损害业主共同权益行为的，业主大会可以在管理规约和业主大会议事规则中对其共同管理权的行使予以限制。

3. 业主大会会议形式。业主大会会议可以采用集体讨论的形式，也可以采用书面征求意见的形式；但是，应当有物业管理区域内专有部分占建筑物总面积过半数的业主且占总人数过半数的业主参加。业主可以委托代理人参加业主大会会议。根据《民法典》第278条之规定，业主大会决定筹集和使用专项维修资金、改建、重建建筑物及其附属设施相关事项的，应当由专有部分面积占比三分之二以上的业主且人数占比三分之二以上的业主参与表决。其中，筹集专项维修资金、改建、重建建筑物及其附属设施相关事项的，应当经参与表决专有部分面积四分之三以上的业主且参与表决人数四分之三以上的业主同意。使用建筑物及其附属设施的维修资金等其他事项，应当经参与表决专有部分面积过半数的业主且参与表决人数过半数的业主同意。业主大会决定，对业主具有约束力。业主大会作出的决定侵害业主合法权益的，受侵害的业主可以请求人民法院予以撤销。

业主大会会议分为定期会议和临时会议。业主大会定期会议应当按照业主大会议事规则的规定召开。经20%以上的业主提议，业主委员会应当组织召开业主大会临时会议。召开业主大会会议，应当于会议召开15日以前通知全体业主。住宅小区的业主大会会议，应当同时告知相关的居民委员会。业主委员会应当做好业主大会会议记录。业主大会、业主委员会应当配合公安机关，与居民委员会相互协作，共同做好维护物业管理区域内的社会治安等相关工作。在物业管理区域内，业主大会、业主委员会应当积极配合相关居民委员会依法履行自治管理职责，支持居民委员会开展工作，并接受其指导和监督。住宅小区的业主大会、业主委员会作出的决定，应当告知相关的居民委员会，并认真听取居民委员会的建议。业主大会议事规则应当就业主大会的议事方式、表决程序、业主委员会的组成和成员任期等事项作出约定。

【规范指引】

《北京市物业管理条例》

第三十条 一个物业管理区域内，已交付业主的专有部分达到建筑物总面积百分之五十以上的，百分之五以上的业主、专有部分占建筑物总面积百分之五以上的业主或者建设单位均可以向街道办事处、乡镇人民政府提出成立业主大会的申请，居民委员会、村民委员会也可以组织达到前述条件的业主或者建设单位提出成立业主大会的申请。

第三十四条 业主大会依照法律法规的规定召开，决定下列事项：

（一）制定或者修改管理规约、业主大会议事规则；

（二）选举或者更换业主委员会委员和候补委员；

（三）确定或者调整物业服务方式、服务内容、服务标准和服务价格；

（四）选聘、解聘物业服务人或者不再接受事实服务；

（五）筹集、管理和使用专项维修资金；

（六）申请改建、重建建筑物及其附属设施；

（七）决定共用部分的经营方式，管理、使用共用部分经营收益等共有资金；

（八）确定业主委员会委员津贴或者补助的标准，对业主委员会主任实施任期、离任经济责任审计；

（九）改变或者撤销业主委员会作出的与业主大会决定相抵触的决议；

（十）有关共有和共同管理权利的其他重大物业管理事项。

业主委员会应当就前款规定的决定事项向业主大会提出讨论方案。

第三十七条 业主大会会议依法作出的决定，对本物业管理区域内的全体业主具有约束力。

业主大会会议的决定应当自作出之日起三日内在物业管理区域内显著位置公示。

物业使用人应当依法遵守业主大会会议的决定。物业使用人，是指除业主以外合法占有、使用物业的单位或者个人，包括但是不限于物业的承租人。

二、业主委员会

业主委员会是本建筑物或者建筑区划内所有建筑物的业主大会的执行机构，按照业主大会的决定履行管理的职责。《民法典》第 277 条规定，业主可以选举业主委员会。业主委员会由业主大会依法选举产生，履行业主大会赋予的职责，执行业主大会决定的事项，接受业主的监督。

（一）业主委员会的选举

1. 业主委员会委员资格。根据住房和城乡建设部《业主大会和业主委员会指导规则》相关规定，业主委员会由业主大会会议选举产生，由 5 人至 11 人单数组成。业主委员会委员应当是物业管理区域内的业主，并符合下列条件：（1）具有完全民事行为能力；（2）遵守国家有关法律、法规；（3）遵守业主大会议事规则、管理规约，模范履行业主义务；（4）热心公益事业，责任心强，公正廉洁；（5）具有一定的组织能力；（6）具备必要的工作时间。

【规范指引】

《北京市物业管理条例》

第三十九条 业主是自然人的，应当符合下列条件：

（一）遵纪守法、热心公益事业、责任心强、具有一定组织能力；

（二）具有完全民事行为能力；

（三）符合业主委员会委员候选人产生办法中关于居住期限的要求；

（四）按时足额交纳物业费、不存在欠缴专项维修资金及其他需要业主共同分担费用的情况；

（五）本人、配偶及其直系亲属与物业服务人无直接的利益关系；

（六）未被列为失信被执行人；

（七）未有本条例规定的房屋使用禁止规定的行为；

（八）未有法律法规规定的其他不宜担任业主委员会委员的情形。

第四十条 业主委员会委员候选人通过下列方式产生：

（一）社区党组织推荐；

（二）居民委员会、村民委员会推荐；

（三）业主自荐或者联名推荐。

筹备组根据业主委员会委员候选人产生办法从按照前款方式推荐的人员中确定业主委员会委员候选人名单，报社区党组织。

社区党组织引导和支持业主中的党员积极参选业主委员会委员，通过法定程序担任业主委员会委员。

业主委员会委员实行任期制，每届任期不超过5年，可连选连任，业主委员会委员具有同等表决权。业主委员会应当自选举之日起7日内召开首次会议，推选业主委员会主任和副主任。业主委员会委员应当由热心公益事业、责任心强、具有一定组织能力的业主担任。业主委员会主任、副主任在业主委员会成员中推选产生。业主委员会应当自选举产生之日起30日内，持下列文件向物业所在地的区、县房地产行政主管部门和街道办事处、乡镇人民政府办理备案手续：业主大会成立和业主委员会选举的情况；管理规约；业主大会议事规则；业主大会决定的其他重大事项。

业主委员会办理备案手续后，可持备案证明向公安机关申请刻制业主大会印章和业主委员会印章。业主委员会任期内，备案内容发生变更的，业主委员会应当自变更之日起30日内将变更内容书面报告备案部门。

业主委员会委员不得实施下列行为：阻挠、妨碍业主大会行使职权或者不执行业主大会决定；虚构、篡改、隐匿、毁弃物业管理活动中形成的文件资料；拒绝、拖延提供物业管理有关的文件资料，妨碍业主委员会换届交接工作；擅自使用业主大会、业主委员会印章；违反业主大会议事规则或者未经业主大会授权与物业服务人签订、修改物业服务合同；将业主共有财产借给他人或者设定担保等挪用、侵占业主共有财产；与物业服务人有可能影响其公正履行职务的经济往来或者利益交换；泄露业主信息；侵害业主合法权益的其他行为。

2. 业主委员会委员资格的终止。有下列情况之一的，业主委员会委员资格自行终止：因物业转让、灭失等原因不再是业主的；丧失民事行为能力的；依法被限制人身自由的；法律、法规以及管理规约规定的其他情形。

业主委员会委员有下列情况之一的，由业主委员会三分之一以上委员或者持有20%以上投票权数的业主提议，业主大会或者业主委员会根据业主大会的授权，可以决定是否终止其委员资格：以书面方式提出辞职请求的；不履行委员职责的；利用委员资格谋取私利的；拒不履行业主义务的；侵害他人合法权益的；因其他原因不宜担任业主委员会委员的。

业主委员会委员资格终止的，应当自终止之日起3日内将其保管的档案资料、印章及其他属于全体业主所有的财物移交业主委员会。业主委员会任期内，委员出现空缺时，应当及时补足。业主委员会委员候补办法由业主大会决定或者在业主大会议事规则中规定。业主委员会委员人数不足总数的二分之一时，应当召开业主大会临时会议，重新选举业主委员会。业主委员会任期届满前3个月，应当组织召开业主大会会议，进行换届选举，并报告物业所在地的区、县房地产行政主管部门和街道办事处、乡镇人民政府。业主委员会应当自任期届满之日起10日内，将其保管的档案资料、印章及其他属于业主大会所有的财物移交新一届业主委员会。

【规范指引】

《北京市物业管理条例》

第四十六条　业主委员会委员有下列情形之一的，委员资格自情形发生之日起自然终止，由业主委员会向业主公示，并提请业主大会确认：

（一）不再是本物业管理区域内业主；

（二）以书面形式向业主委员会提出辞职；

（三）因健康等原因无法履行职责且未提出辞职。

业主委员会委员一年内累计缺席业主委员会会议总次数一半以上，或者不再符合本条例第三十九条规定的委员条件的，业主委员会应当提请业主大会罢免其委员资格；业主委员会未提请的，街道办事处、乡镇人民政府可以责令业主委员会提请业主大会罢免有关委员资格。在委员资格被罢免前，业主委员会应当停止该委员履行职责，并向业主公示。

《天津市物业管理条例》

第二十九条 业主委员会成员有下列情形之一的，其业主委员会成员职务自行终止：

（一）不再是本物业管理区域业主或者连续一年以上不在本物业管理区域居住的；

（二）以书面形式提出辞职的；

（三）因身体健康原因丧失工作能力的；

（四）在为本物业管理区域提供服务的物业服务企业中任职的。

业主委员会成员有上述情形之一的，业主委员会应当在物业管理区域内公告。

（二）业主委员会的权利义务

根据《物业管理条例》和《业主大会和业主委员会指导规则》的规定，业主委员会履行以下职责：(1) 执行业主大会的决定和决议；(2) 召集业主大会会议，报告物业管理实施情况；(3) 与业主大会选聘的物业服务企业签订物业服务合同；(4) 及时了解业主、物业使用人的意见和建议，监督和协助物业服务企业履行物业服务合同；(5) 监督管理规约的实施；(6) 督促业主交纳物业服务费及其他相关费用；(7) 组织和监督专项维修资金的筹集和使用；(8) 调解业主之间因物业使用、维护和管理产生的纠纷；(9) 业主大会赋予的其他职责。同时，业主委员会工作经费由全体业主承担。工作经费可以由业主分摊，也可以从物业共有部分经营所得收益中列支。工作经费的收支情况，应当定期在物业管理区域内公告，接受业主监督。工作经费筹集、管理和使用的具体办法由业主大会决定。

业主委员会应当向业主公布下列情况和资料：管理规约、业主大会议事规则；业主大会和业主委员会的决定；物业服务合同；专项维修资金的筹集、使用情况；物业共有部分的使用和收益情况；占用业主共有的道路或者其他场地用于停放汽车车位的处分情况；业主大会和业主委员会工作经费的收支情况；其他应当向业主公开的情况和资料。

【规范指引】

《北京市物业管理条例》

第四十四条 业主委员会应当执行业主大会的决定，接受业主大会和业主的监督，并履行下列职责：

（一）召集业主大会会议，报告年度物业管理的实施情况、业主委员会履职情况；

（二）代表业主与业主大会选聘的物业服务人签订物业服务合同，与解聘的物业服务人进行交接；

（三）拟定共有部分、共有资金使用与管理办法；

（四）监督专项维修资金的使用以及组织专项维修资金的补建、再次筹集；

（五）及时了解业主、物业使用人的意见和建议，督促业主交纳物业费，监督物业服务人履行物业服务合同；

（六）监督管理规约的实施，对业主、物业使用人违反管理规约的行为进行制止；

（七）制作和保管会议记录、共有部分的档案、会计凭证和账簿、财务报表等有关文件；

（八）定期向业主通报工作情况，每半年公示业主委员会委员、候补委员交纳物业费、停车费情况；

（九）协调解决因物业使用、维护和管理产生的纠纷；

（十）在物业管理区域内配合行政执法机关开展执法工作；

（十一）配合、支持居民委员会、村民委员会依法履行职责，并接受其指导和监督；

（十二）业主大会赋予的其他职责。

业主委员会不得擅自决定本条例第三十四条第一款规定事项；业主大会不得授权业主委员会决定本条例第三十四条第一款规定事项。

（三）业主委员会会议的召开

业主委员会应当按照业主大会议事规则的规定及业主大会的决定召开会议。经三分之一以上业主委员会委员的提议，应当在7日内召开业主委员会会议。业主委员会会议由主任召集和主持，主任因故不能履行职责，可以委托副主任召集。业主委员会会议应有过半数的委员出席，作出的决定必须经全体委员半数以上同意。业主委员会委员不能委托代理人参加会议。

业主委员会应当于会议召开7日前，在物业管理区域内公告业主委员会会议的内容和议程，听取业主的意见和建议。业主委员会会议应当制作书面记录并存档，业主委员会会议作出的决定，应当有参会委员的签字确认，并自作出决定之日起3日内在物业管理区域内公告。

业主委员会应当建立工作档案，工作档案包括以下主要内容：业主大会、业主委员会的会议记录；业主大会、业主委员会的决定；业主大会议事规则、管理规约和物业服务合同；业主委员会选举及备案资料；专项维修资金筹集及使用账目；业主及业主代表的名册；业主的意见和建议。业主委员会应当建立印章管理规定，并指定专人保管印章。使用业主委员会印章，应当根据业主委员会会议的决定。

【规范指引】

《山东省物业管理条例》

第三十二条 业主委员会应当按照业主大会的决定及议事规则召开会议。

业主委员会会议由主任或者执行成员负责召集，可以邀请社区居民委员会派人参加会议。

业主委员会会议应当有三分之二以上成员出席，作出决定时应当经全体成员过半数同意。

业主委员会应当自业主大会、业主委员会作出决定之日起三日内，将业主大会、业主委员会的决定以书面形式在物业服务区域内公告。

业主可以查阅业主委员会会议资料，并有权就涉及自身利益的事项向业主委员会提出询问，业主委员会应当予以答复。

《住房和城乡建设部等部门关于加强和改进住宅物业管理工作的通知》

二、健全业主委员会治理结构

（五）优化业主委员会人员配置。街道负责指导成立业主大会筹备组、业主委员会换届改选小组，加强对业主委员会的人选推荐和审核把关。鼓励“两代表一委员”参选业主委员会成员，提高业主委员会成员中党员比例。探索建立业主委员会成员履职负面清单，出现负面清单情形的，暂停该成员履行职责，提请业主大会终止成员资格并公告全体业主。市、县住房和城乡建设部门、街道要加强业主委员会成员法律法规和业务培训，提高业主委员会成员依法依规履职能力。

（六）充分发挥业主委员会作用。业主大会可根据法律法规规定，通过议事规则和管理规约约定，授权业主委员会行使一定额度内业主共有部分经营收益支出、住宅专项维修资金（以下简称维修资金）使用决策权力。业主委员会应当督促业主遵守法律法规、议事规则、管理规约和业主大会决议，对业主违规违约行为进行劝阻。对多次催交仍拖欠物业费的业主，可根据管理规约规定的相应措施进行催交。探索将恶意拖欠物业费的行为纳入个人信用记录。

（七）规范业主委员会运行。业主委员会应当定期召开会议，在决定物业管理有关事项前，应公开征求业主意见，并报告社区党组织和居民委员会。业主大会可授权业主委员会聘请专职工作人员承担日常事务，明确工作职责和薪酬标准。探索建立业主委员会换届审计制度。

（八）加强对业主委员会监督。业主委员会每年向业主公布业主共有部分经营与收益、维修资金使用、经费开支等信息，保障业主的知情权和监督权。业主委员会作出违反法律法规和议事规则、管理规约的决定，街道应当责令限期整改，拒不整改的依法依规撤销其决定，并公告业主。业主委员会不依法履行职责，严重损害业主权益的，街道指导业主大会召开临时会议，重新选举业主委员会。加大对业主委员会成员违法违规行为查处力度，涉嫌犯罪的移交司法机关处理。

（四）业主撤销权

同一个物业管理区域内的业主，应当在物业所在地的区、县人民政府房地产行政主管部门或者街道办事处、乡镇人民政府的指导下成立业主大会，并选举产生业主委员会。物业管理区域内全体业主组成业主大会。业主大会应当代表和维护物业管理区域内全体业主在物业管理活动中的合法权益。业主委员会执行业主大会的决定事项。因此，业主大会作为全体业主的组成机构是物业管理区域内的最高自治机关，全体业主通过业主大会对物业管理区域内的重大事项行使决策权，业主委员会作为业主大会的执行机关，根据业主大会的授权、管理规约以及法律、法规的相关规定履行职责，向业主大会负责并接受业主大会的监督。业主大会、业主委员会应当依法履行职责，不得作出与物业管理无关的决定，不得从事与物业管理无关的活动。业主大会、业主委员会作出的决定违反法律、法规的，物业所在地的区、县人民政府房地产行政主管部门或者街道办事处、乡镇人民政府，应当责令限期改正或者撤销其决定，并通告全体业主。

实践中，不可否认的是，客观上存在业主大会或者业主委员会的决定侵害部分业主权益的情形，此时应当如何救济该部分业主？据此，《民法典》第

案例索引裁判文书

案例索引30
广西壮族自治区高级人民法院（2020）桂民申6234号文华园业委会与蓝某葵业主撤销权纠纷民事裁定书

280条第2款规定，业主大会或者业主委员会作出的决定侵害业主合法权益的，受侵害的业主可以请求人民法院予以撤销。《物业管理条例》第12条第5款同样规定，业主大会或者业主委员会作出的决定侵害业主合法权益的，受侵害的业主可以请求人民法院予以撤销。①

业主行使撤销权的前提是其合法权益受到了业主大会或者业主委员会的侵害。对业主所享有的合法权益的侵害可以分为实体权益的侵害以及程序权益的侵害。所谓实体权益的侵害是指业主的合法权利受到业主大会或者业主委员会决定的侵害。比如业主大会或者业主委员会作出的改建决定，侵害了某业主的专有部分。所谓程序权益受到侵害是指业主大会或者业主委员会的决定虽然未侵害业主实体权利，但超越了其权限范围或者违反了法律规定的程序。根据《建筑物区分所有权纠纷司法解释》第12条的规定，业主以业主大会或者业主委员会作出的决定侵害其合法权益或者违反了法律规定的程序为由，依据《民法典》第280条第2款的规定请求人民法院撤销该决定的，应当在知道或者应当知道业主大会或者业主委员会作出决定之日起1年内行使。

【法官提示95】

需要注意的是，该一年的期限属于除斥期间，不发生中止、中断或者延长的法律效力。

业主撤销权纠纷是业主认为业主大会或者业主委员会作出的决定损害其合法权益，依照法律规定向人民法院提起的撤销业主大会或者业主委员会决定的纠纷。在审判实践中，针对业主所提起的撤销之诉，人民法院首先应当明确业主委员会的诉讼主体资格问题，即便现行法律体制对此问题的规定存在漏洞，也不能顺水推舟对涉及业主委员会的案件作出不予受理的裁定，而是应当综合衡量考虑案件的实际情况准许业主委员会应诉。同时，在现实生活中，由于某些开发商在物业管理区域内仍然持有大量物业，由此导致业主

① 案例索引30：参见广西壮族自治区高级人民法院（2020）桂民申6234号文华园业委会与蓝某葵业主撤销权纠纷民事裁定书。

委员会的决定容易受到开发商的操控，在业主因表决程序违反了法律、法规的强制性规定而提起撤销之诉却因举证能力有限无法提供证据时，可以依据公平原则适当考虑将举证责任倒置给具有举证能力的业主委员会。[①]

（五）业主委员会的诉讼主体资格

业主委员会是本建筑物或者建筑区划内所有建筑物的业主大会的执行机构，按照业主大会的决定履行管理的职责。业主委员会的诉讼主体资格包括了作为原告的诉讼主体资格，也包括了作为被告的诉讼主体资格，有关作为被告的诉讼主体资格问题已作讨论，此处仅涉及作为原告的诉讼主体资格。业主委员会作为原告起诉，分为两类诉讼：一类是以物业服务企业作为被告，另一类是以物业服务企业以外的主体作为被告。其中多数纠纷系业主委员会以物业服务企业为被告提起相关诉讼。

关于业主委员会的诉讼主体资格问题。司法实践当中基本形成统一观点，即在住宅小区业主的共同利益遭受损害时，有权代表全体业主向人民法院提起诉讼，即业主委员会具有民事主体和诉讼主体资格。业主委员会作为当事人，就物业服务有关事项代表全体业主进行诉讼，法律后果由全体业主承担。业主委员会起诉、应诉、提起反诉、上诉、撤诉，变更、放弃或者承认诉讼请求，进行和解、调解等诉讼行为的，应当向人民法院提交业主大会的授权决定。因此，为维护业主的共同权益，业主委员会依照法律规定或者经过业主大会授权，可以以自己的名义提起诉讼。未依法成立业主委员会，或者业主委员会怠于提起诉讼的，经过业主大会授权的业主也可以以自己的名义提起诉讼。经过业主大会授权，业主委员会在诉讼中可以承认、放弃、变更诉讼请求，进行和解，提起反诉或者上诉。业主委员会及经过业主大会授权的业主参加有关诉讼的诉讼风险和后果由全体业主共同承担。

【法官提示96】

业主委员会已经代表全体业主，作为原告提起诉讼的，业主不得再要求作为共同原告参加诉讼。

---

① 参见最高人民法院民事审判第一庭编著：《最高人民法院建筑物区分所有权、物业服务司法解释理解与适用》，人民法院出版社2009年版，第183页。

【规范指引】

《北京市高级人民法院关于审理物业管理纠纷案件的意见（试行）》

7. 业主委员会于下列情形下可作为原告参加诉讼，以其主要负责人（主任或副主任）作为代表人：

（1）物业管理企业违反合同约定损害业主公共权益的；

（2）业主大会决定提前解除物业服务合同，物业管理企业拒绝退出的；

（3）物业服务合同终止时，物业管理企业拒绝将物业管理用房和《物业管理条例》第二十九条第一款规定的资料移交给业主委员会的；

（4）其它损害全体业主公共权益的情形。

业主委员会的成立应当符合法定程序。没有成立业主委员会的，由全体业主行使提起诉讼的权利。

8. 业主委员会作为原告提起诉讼，业主要求作为共同原告参加诉讼的，不予准许。

业主委员会起诉且法院已经受理后，业主又以相同的事实和理由起诉的，不予受理。

9. 物业管理企业侵害的权益仅涉及单个业主或部分业主的，应当由单个业主或部分业主作为原告提起诉讼。

12. 因前期物业服务发生纠纷的，业主应以物业管理企业为被告。没有选聘物业管理企业的，应以实际提供物业服务的单位为被告。

第三节　物业服务企业和物业费

一、物业服务企业

物业服务企业作为市场化的主体，在中国经历了二十多年的发展。《物权法》将物业公司定位为“服务者”，摆正了业主、业主委员会和物业公司之间长期争议不休的地位之争，从管理到服务，改变的不仅是名称，更是法律地位和公司属性。《民法典》延续了“服务”的定性，且规定物业服务人包括物业服务企业和其他管理人。

（一）关于物业服务企业的履责要求

综观中国的物业服务市场：一方面，物业服务企业的社会形象不佳，关于物业不作为甚至欺压业主的报道屡屡见诸媒体；另一方面，物业服务企业的盈利能力十分有限，很多物业服务企业处于亏损状态，市场化的道路走得很艰难。从实践来看，我国物业公司存在的问题主要有：乱收费、高收费、收费标准不统一，卫生环境差、安保不到位、维修不及时，物业服务水平低，档次低、层次低，物业服务类型少，服务项目单一。部分物业公司流动性大，服务人员更换频繁，小区安全性大大降低。近年来，因为物业费收取、小区建筑物相邻权收益分配、物业管理水平等问题，业主和物业公司之间的矛盾一步步激化，引发诉讼对簿公堂甚至打架滋事、扰乱秩序的情况越来越频繁。甚至相当一部分物业公司的服务标准不达标，却通过物业管理的垄断地位，以“断水断电”这一方式迫使业主缴纳相关费用，导致双方的矛盾更加激化。

在此，根据《民法典》和《物业管理条例》等相关法律法规规定，物业服务企业应当履行好以下职责或者义务：

1. 一个物业管理区域由一个物业服务企业实施物业管理。物业管理区域的划分应当符合法律法规的规定，以有利于实施物业管理为原则，综合考虑规划条件、建筑物规模、共用设施设备、业主人数、自然界限、社区布局、社区建设等因素确定。规划行政主管部门在审查住宅建设工程设计方案时，应当听取物业所在地的县（市、区）物业管理行政主管部门对物业管理区域划分的意见。建设单位应当根据物业建设用地规划许可证确定的红线图范围，结合物业的共用设施设备、社区建设等因素划定物业管理区域。物业的配套设施设备共用的，应当划定为一个物业管理区域；配套设施设备能够分割、独立使用的，可以划定为不同的物业管理区域。

物业管理区域内禁止下列行为：擅自改变物业的规划用途；损坏或者擅自变动房屋承重结构、主体结构；违法搭建建筑物、构筑物；损坏或者擅自占用、改建物业共用部分，损坏或者擅自占用、移装共用设施设备；存放易燃、易爆、剧毒、放射性物质或者超负重等违反安全规定的物品；制造超过规定标准的噪声、振动或者影响邻居采光、通风；任意弃置垃圾、排放污水、抛掷杂物和露天焚烧；侵占绿地、毁坏绿化和绿化设施；擅自摆摊设点、占道经营，无序停放车辆；破坏或者擅自改变房屋外观；擅自在建筑物、构筑物上悬挂、张贴、涂写、刻画；法律、法规和管理规约禁止的其他行为。

【法官提示97】

规划城市道路、城市公共绿地、城市河道等公共区域不得划入物业管理区域。

【规范指引】

《山东省物业管理条例》

第八条 物业服务区域的划分，应当以建设用地规划许可证确定的红线图范围为基础，并考虑建筑物规模、共用设施设备、社区建设等因素。

分期开发建设或者两个以上建设单位开发建设的物业，其配套设施设备是共用的，应当划定为一个物业服务区域；配套设施设备能够分割并独立使用的，可以划定为不同的物业服务区域。

2. 禁止将物业服务全部转委托。《民法典》第941条规定，物业服务人将物业服务区域内的部分专项服务事项委托给专业性服务组织或者其他第三人的，应当就该部分专项服务事项向业主负责。物业服务人不得将其应当提供的全部物业服务转委托给第三人，或者将全部物业服务支解后分别转委托给第三人。《物业管理条例》对此亦有强调，该条例第39条规定，物业服务企业可以将物业管理区域内的专项服务业务委托给专业性服务企业，但不得将该区域内的全部物业管理一并委托给他人。

【规范指引】

《北京市物业管理条例》

第六十一条 业主可以自行管理物业，也可以委托他人管理；委托物业服务企业提供物业服务的，一个物业管理区域应当选定一个物业服务企业提供物业服务。

电梯、消防等具有专业技术要求的设施设备的维修和养护，应当由符合资质的专业机构或者人员实施。

第六十二条 接受委托提供物业服务的企业应当具有独立法人资格，拥有相应的专业技术人员，具备为业主提供物业管理专业服务的能力，有条件在物业管理区域设立独立核算的服务机构。

《天津市物业管理条例》

第三十六条 物业服务企业可以将物业管理区域内的专项服务业务委托给专

业服务企业，但不得将全部物业管理委托给他人。

3. 维护业主合法权益。根据《民法典》第942条的规定，物业服务人应当按照约定和物业的使用性质，妥善维修、养护、清洁、绿化和经营管理物业服务区域内的业主共有部分，维护物业服务区域内的基本秩序，采取合理措施保护业主的人身、财产安全。对物业服务区域内违反有关治安、环保、消防等法律法规的行为，物业服务人应当及时采取合理措施制止、向有关行政主管部门报告并协助处理。同时，《物业管理条例》第35条强调，物业服务企业应当按照物业服务合同的约定，提供相应的服务。物业服务企业未能履行物业服务合同的约定，导致业主人身、财产安全受到损害的，应当依法承担相应的法律责任。①

案例索引裁判文书

案例索引31
陕西省西安市中级人民法院（2020）陕01民终13466号和泰物业公司与魏某飞物业服务合同纠纷民事判决书

典型案例31

王某清与徐某芳、王某、大东物业公司财产损害赔偿纠纷案②

案情简介：徐某芳、王某居住在102号房屋，202号房屋由王某清购买使用。大东物业公司为该小区的物业服务公司。大东物业公司接到报修，现场查看发现漏水原因系因排污管道堵塞，致使202号房屋厨房主排污管道返水，导致202号房屋出现积水，最终导致积水渗透至101号房屋，造成101号房屋遭到损害。

典型案例裁判文书

典型案例31
北京市第二中级人民法院（2021）京02民终16863号民事判决书

裁判规则：行为人因过错侵害他人民事权益的，应当承担侵权责任；二人以上分别实施侵权行为造成同一损害，能够确定责任大小的，各自承担相

① 案例索引31：参见陕西省西安市中级人民法院（2020）陕01民终13466号和泰物业公司与魏某飞物业服务合同纠纷民事判决书。

② 参见北京市第二中级人民法院（2021）京02民终16863号民事判决书。

应的责任。物业服务企业应当按照物业服务合同的约定，提供相应的服务；物业服务企业未能履行物业服务合同的约定，导致业主人身、财产安全受到损害的，应当依法承担相应的法律责任。大东物业公司作为物业管理服务的提供方，其负有依约定提供相应的物业管理服务的义务。本案审理中，大东物业公司亦认可，本次返水原因系二层楼体共用的主管道被厨余垃圾堵塞，且本次事故后，经大东物业公司疏通维修，未再出现主管道堵塞问题。大东物业公司作为小区的物业管理方，对房屋共用的排污主管道负有维护和维修的责任，故大东物业公司应对徐某芳、王某因排污管道返水造成的经济损失承担相应的责任。

4. 公开及报告义务。根据《民法典》第943条的规定，物业服务人应当定期将服务的事项、负责人员、质量要求、收费项目、收费标准、履行情况，以及维修资金使用情况、业主共有部分的经营与收益情况等以合理方式向业主公开并向业主大会、业主委员会报告。

5. 及时退出和配合交接义务。根据《民法典》第949条的规定，物业服务合同终止的，原物业服务人应当在约定期限或者合理期限内退出物业服务区域，将物业服务用房、相关设施、物业服务所必需的相关资料等交还给业主委员会、决定自行管理的业主或者其指定的人，配合新物业服务人做好交接工作，并如实告知物业的使用和管理状况。原物业服务人违反前款规定的，不得请求业主支付物业服务合同终止后的物业费；造成业主损失的，应当赔偿损失。同时，《物业管理条例》第38条重申，物业服务合同终止时，物业服务企业应当将物业管理用房和本条例第29条第1款规定的资料交还给业主委员会。物业服务合同终止时，业主大会选聘了新的物业服务企业的，物业服务企业之间应当做好交接工作。

6. 后合同义务。根据《民法典》第950条的规定，物业服务合同终止后，在业主或者业主大会选聘的新物业服务人或者决定自行管理的业主接管之前，原物业服务人应当继续处理物业服务事项，并可以请求业主支付该期间的物业费。

【规范指引】

《北京市物业管理条例》

第六十五条 物业服务人应当按照物业服务合同的约定提供物业服务，并且遵守下列规定：

（一）提供物业服务符合国家和本市规定的标准、规范；

（二）及时向业主、物业使用人告知安全、合理使用物业的注意事项；

（三）定期听取业主的意见和建议，接受业主监督，改进和完善服务；

（四）对违法建设、违规出租房屋、私拉电线、占用消防通道等行为进行劝阻、制止，劝阻、制止无效的，及时报告行政执法机关；

（五）发现有安全风险隐患的，及时设置警示标志，采取措施排除隐患或者向有关专业机构报告；

（六）对业主、物业使用人违反临时管理规约、管理规约的行为进行劝阻、制止，并及时报告 业主委员会或者物业管理委员会；

（七）不得泄露在物业服务活动中获取的业主信息；

（八）履行生活垃圾分类管理责任人责任，指导、监督业主和物业使用人进行生活垃圾分类；

（九）配合街道办事处、乡镇人民政府、行政执法机关和居民委员会、村民委员会做好物业管理相关工作。

（二）解决当前物业纠纷的路径

实践中，因物业服务引发的争议主要集中存在以下问题：物业公司进驻程序违法，未经合法的招投标程序，收费标准未经备案，或未经业主大会选聘的物业服务企业即进驻小区提供服务，业主对物业企业具体情况不知情；物业服务质量不合格，服务不及时，部分物业公司未经法定数量的业主同意动用小区专项维修基金引发业主不满；物业服务合同签约主体问题等。因存在上述问题，业主拒绝缴纳物业费或认为物业费标准过高等现象经常发生。特别是 2017 年物业服务企业资质制度取消后，如何规范物业服务企业、促进物业服务企业优胜劣汰，是行业和主管部门关注的重点问题。司法实践中，物业服务合同案件中涉及的纠纷主要集中于以下难题：物业费收取难、日常管理服务难、车辆入停管理难、违章建筑处理难、公共设施维护难、矛盾纠纷调处难、安全防范落实难等问题。

对此，为了加快发展物业服务业，推动物业服务向高品质和多样化升级，满足人民群众不断增长的美好居住生活需要，住房和城乡建设部等部门印发《关于加强和改进住宅物业管理工作的通知》（建房规〔2020〕10号），从六个方面就加强和改进住宅物业管理工作提出要求，主要内容结合本节内容强调如下：

1. 提升物业管理服务水平。

（1）扩大物业管理覆盖范围。街道要及时积极推动业主设立业主大会，选举业主委员会，选聘物业服务企业，实行专业化物业管理。暂不具备设立业主大会条件的，探索组建由社区居民委员会、业主代表等参加的物业管理委员会，临时代替业主委员会开展工作。结合城镇老旧小区改造，引导居民协商确定老旧小区的管理模式，推动建立物业管理长效机制。鼓励物业服务企业统一管理在管项目周边老旧小区。暂不具备专业化物业管理条件的，由街道通过社区居民委员会托管、社会组织代管或居民自管等方式，逐步实现物业管理全覆盖。

（2）提升物业服务质量。全面落实物业服务企业服务质量主体责任。物业服务企业要健全服务质量保障体系，建立服务投诉快速处理机制，加强人员车辆管理，定期巡检和养护共用部位、共用设施设备，采取合理措施保护业主的人身、财产安全，做好绿化养护，协助规范垃圾投放并及时清扫清运，改善居住环境，提升居住品质，打造优秀物业服务项目。发挥物业行业协会作用，编制物业服务标准，规范从业人员行为。支持物业服务企业兼并重组，推动物业服务规模化、品牌化经营，提升整体服务水平。

（3）完善物业服务价格形成机制。物业服务价格主要通过市场竞争形成，由业主与物业服务企业在物业服务合同中约定服务价格，可根据服务标准和物价指数等因素动态调整。提倡酬金制计费方式。城市住房和城乡建设部门要公布物业服务清单，明确物业服务内容和标准。物业行业协会要监测并定期公布物业服务成本信息和计价规则，供业主和物业服务企业协商物业费时参考。引导业主与物业服务企业通过合同约定物业服务价格调整方式。物业服务价格实行政府指导价的，由有定价权限的价格部门、住房和城乡建设部门制定并公布基准价及其浮动幅度，建立动态调整机制。

（4）提升物业服务行业人员素质。推动物业服务人员职业技能等级认定工作。开展职业技能培训和竞赛，提高从业人员整体素质和技能水平。引导物业服务企业健全薪酬制度和员工激励制度，引入高技能人才和专业技术人才。物业服务企业在保障安全、业主共同决策同意的前提下，可利用闲置房屋用于员工住宿。符合条件的员工优先纳入住房保障范围。组织开展最美物业人宣传选拔活动，增强从业人员荣誉感和归属感。

2. 推动发展生活服务业。

（1）加强智慧物业管理服务能力建设。鼓励物业服务企业运用物联网、云计算、大数据、区块链和人工智能等技术，建设智慧物业管理服务平台，提升物业智慧管理服务水平。采集房屋、设施设备、业主委员会、物业服务企业等数据，共享城市管理数据，汇集购物、家政、养老等生活服务数据，确保数据不泄露、不滥用。依法依规与相关部门实现数据共享应用。

（2）提升设施设备智能化管理水平。鼓励物业服务企业以智慧物业管理服务平台为支撑，通过在电梯、消防、给排水等重要设施设备布设传感器，实现数据实时采集。建立事件部件处置权责清单，明确处置业务流程和规范，实现智慧预警、智慧研判、智慧派单、智慧监督。

（3）促进线上线下服务融合发展。鼓励有条件的物业服务企业向养老、托幼、家政、文化、健康、房屋经纪、快递收发等领域延伸，探索“物业服务＋生活服务”模式，满足居民多样化多层次居住生活需求。引导物业服务企业通过智慧物业管理服务平台，提供定制化产品和个性化服务，实现一键预约、服务上门。物业服务企业开展养老、家政等生活性服务业务，可依规申请相应优惠扶持政策。住房和城乡建设部等部门专门印发《关于推动物业服务企业加快发展线上线下生活服务的意见》，提出推进基于信息化、数字化、智能化的新型城市基础设施建设，对接新型基础设施建设，加快建设智慧物业管理服务平台，补齐居住社区服务短板，推动物业服务线上线下融合发展，满足居民多样化多层次生活服务需求，增强人民群众的获得感、幸福感、安全感。

3. 强化物业服务监督管理。

（1）建立服务信息公开公示制度。物业服务企业应当在街道指导监督下，在物业服务区域显著位置设立物业服务信息监督公示栏，如实公布并及时更新物业项目负责人的基本情况、联系方式以及物业服务投诉电话、物业服务内容和标准、收费项目和标准、电梯和消防等设施设备维保单位和联系方式、车位车库使用情况、公共水电费分摊情况、物业费和业主共有部分经营收益收支情况、电梯维护保养支出情况等信息，可同时通过网络等方式告知业主公示内容。物业服务企业开展家政、养老等服务业务也应对外公示，按双方约定价格收取服务费用。物业服务企业不得收取公示收费项目以外的费用。

【规范指引】

《北京市物业管理条例》

第七十条 物业服务人应当在物业管理区域内显著位置设置公示栏，如实公示、及时更新下列信息，并且可以通过互联网方式告知全体业主：

（一）物业服务企业的营业执照、项目负责人的基本情况、联系方式以及物业服务投诉电话；

（二）物业服务内容和标准、收费标准和方式等；

（三）电梯、消防等具有专业技术要求的设施设备的日常维修保养单位名称、资质、联系方式、维保方案和应急处置方案等；

（四）上一年度物业服务合同履行及物业服务项目收支情况、本年度物业服务项目收支预算；

（五）上一年度公共水电费用分摊情况、物业费、公共收益收支与专项维修资金使用情况；

（六）业主进行房屋装饰装修活动的情况；

（七）物业管理区域内车位、车库的出售和出租情况；

（八）其他应当公示的信息。

业主对公示内容提出异议的，物业服务人应当予以答复。

（2）建立物业服务企业信用管理制度。建立物业服务信用评价制度，制定统一的信用评价标准，建设全国信用信息管理平台。根据合同履行、投诉处理、日常检查和街道意见等情况，采集相关信用信息，实施信用综合评价，依法依规公开企业信用记录和评价结果。依据企业信用状况，由城市住房和城乡建设部门授予信用星级标识，实行信用分级分类监管，强化信用信息在前期物业管理招标投标、业主大会选聘物业服务企业、政府采购等方面的应用。

(3) 优化市场竞争环境。加强物业服务企业登记注册信息部门共享，探索建立健全物业服务合同备案、项目负责人备案制度。完善物业管理招标投标制度，加强招标投标代理机构、评标专家和招标投标活动监管。引导业主委员会通过公开招标方式选聘物业服务企业。住房和城乡建设部门在征求街道意见的基础上，建立物业服务企业红黑名单制度，推动形成优胜劣汰的市场环境。对严重违法违规、情节恶劣的物业服务企业和直接责任人员，依法清出市场。

二、物业费

物业费是指物业服务企业按照物业服务合同的约定，对房屋及配套的设施设备和相关场地进行维修、养护、管理，维护相关区域内的环境卫生和秩序，向业主所收取的费用。国家提倡业主通过公开、公平、公正的市场竞争机制选择物业管理企业；鼓励物业管理企业开展正当的价格竞争，禁止价格欺诈，促进物业服务收费通过市场竞争形成。物业服务收费是维系物业服务企业提供物业服务，小区正常运转的基础。物业管理相关主体应当遵守权责一致、质价相符、公平公开的物业服务市场规则，维护享受物业服务并依法付费的市场秩序，优化市场环境。

（一）物业费的定价

物业服务收费应当遵循合理、公开以及费用与服务水平相适应的原则，区别不同物业的性质和特点，由业主和物业服务企业按照国务院价格主管部门会同国务院建设行政主管部门制定的物业服务收费办法，在物业服务合同中约定。《物业管理条例》《物业服务收费管理办法》专门对此作了具体规定。

物业服务收费应当区分不同物业的性质和特点分别实行政府指导价和市场调节价。物业费实行政府指导价的，有定价权限的人民政府价格主管部门应当会同房地产行政主管部门根据物业管理服务等级标准等因素，制定相应的基准价及其浮动幅度，并定期公布。具体收费标准由业主与物业服务企业根据规定的基准价和浮动幅度在物业服务合同中约定。实行市场调节价的物业服务收费，由业主与物业服务企业在物业服务合同中约定。物业服务企业应当按照政府价格主管部门的规定实行明码标价，在物业管理区域内的显著位置，将服务内容、服务标准以及收费项目、收费标准等有关情况进行公示。物业服务企业在其服务区域内的显著位置或收费地点，可采取公示栏、公示牌、收费表、收费清单、收费手册、多媒体终端查询等方式实行明码标价。物业服务收费明码标价的内容包括：物业管理企业名称、收费对象、服务内容、服务标准、计费方式、计费起始时间、收费项目、收费标准、价格管理形式、收费依据、价格举报电话 12358 等。

为提高政府制定物业服务收费的科学性、合理性，国家发展和改革委员会、住房和城乡建设部于 2007 年制定《物业服务定价成本监审办法（试行）》，该办法适用于政府价格主管部门制定或者调整实行政府指导价的物业服务收费标准，对相关物业服务企业实施定价成本监审的行为。物业服务定价成本由人员费用、物业共用部位共用设施设备日常运行和维护费用、绿化养护费用、清洁卫生费用、秩序维护费用、物业共用部位共用设施设备及公众责任保险费用、办公费用、管理费分摊、固定资产折旧以及经业主同意的其他费用组成。

1. 人员费用是指管理服务人员工资、按规定提取的工会经费、职工教育经费，以及根据政府有关规定应当由物业服务企业缴纳的住房公积金和养老、医疗、失业、工伤、生育保险等社会保险费用。

2. 物业共用部位共用设施设备日常运行和维护费用是指为保障物业管理区域内共用部位共用设施设备的正常使用和运行、维护保养所需的费用。不包括保修期内应由建设单位履行保修责任而支出的维修费、应由住宅专项维修资金支出的维修和更新、改造费用。

3. 绿化养护费是指管理、养护绿化所需的绿化工具购置费、绿化用水费、补苗费、农药化肥费等。不包括应由建设单位支付的种苗种植费和前期维护费。

4. 清洁卫生费是指保持物业管理区域内环境卫生所需的购置工具费、消杀防疫费、化粪池清理费、管道疏通费、清洁用料费、环卫所需费用等。

5. 秩序维护费是指维护物业管理区域秩序所需的器材装备费、安全防范人员的人身保险费及由物业服务企业支付的服装费等。其中器材装备不包括共用设备中已包括的监控设备。

6. 物业共用部位共用设施设备及公众责任保险费用是指物业管理企业购

买物业共用部位共用设施设备及公众责任保险所支付的保险费用，以物业服务企业与保险公司签订的保险单和所交纳的保险费为准。

7. 办公费是指物业服务企业为维护管理区域正常的物业管理活动所需的办公用品费、交通费、房租、水电费、取暖费、通信费、书报费及其他费用。

8. 管理费分摊是指物业服务企业在管理多个物业项目情况下，为保证相关的物业服务正常运转而由各物业服务小区承担的管理费用。

9. 固定资产折旧是指按规定折旧方法计提的物业服务固定资产的折旧金额。物业服务固定资产指在物业服务小区内由物业服务企业拥有的、与物业服务直接相关的、使用年限在一年以上的资产。

10. 经业主同意的其他费用是指业主或者业主大会按规定同意由物业服务费开支的费用。

业主与物业服务企业可以采取以下两种形式约定物业费：

第一，包干制。由业主向物业服务企业支付固定物业服务费用，盈余或者亏损均由物业服务企业享有或者承担的物业服务计费方式。实行包干制的，物业费的构成包括物业服务成本、法定税费和物业管理企业的利润。

第二，酬金制。在预收的物业服务资金中按约定比例或者约定数额提取酬金支付给物业服务企业，其余全部用于物业服务合同约定的支出，结余或者不足均由业主享有或者承担的物业服务计费方式。实行酬金制的，预收的物业服务资金包括物业服务支出和物业服务企业的酬金。实行物业服务费用酬金制的，预收的物业服务支出属于代管性质，为所交纳的业主所有，物业服务企业不得将其用于物业服务合同约定以外的支出。物业服务收费采取酬金制方式，物业服务企业或者业主大会可以按照物业服务合同约定聘请专业机构对物业服务资金年度预决算和物业服务资金的收支情况进行审计。

物业管理服务费应当按照业主拥有物业的建筑面积计算，按月交纳，业主或者物业使用人与物业服务企业另有约定的，从其约定。物业服务成本或者物业服务支出构成一般包括以下部分：管理服务人员的工资、社会保险和按规定提取的福利费等；物业共用部位、共用设施设备的日常运行、维护费用；物业管理区域清洁卫生费用；物业管理区域绿化养护费用；物业管理区域秩序维护费用；办公费用；物业服务企业固定资产折旧；物业共用部位、共用设施设备及公众责任保险费用；经业主同意的其他费用。需要注意的是，物业共用部位、共用设施设备的大修、中修和更新、改造费用，应当通过专项维修资金予以列支，不得计入物业服务支出或者物业服务成本。

【规范指引】

《天津市物业管理条例》

第六十条 物业管理实行有偿服务。物业管理服务费应当按照与物业管理服务内容、服务质量相适应的原则确定。

普通住宅的物业管理服务费，由业主大会、开发建设单位与物业服务企业在政府指导价格范围内协商确定；其他住宅和非住宅的物业管理服务费，由业主大会、开发建设单位与物业服务企业自主协商确定。

《江苏省物业管理条例》

第四十九条 物业服务收费应当区分不同物业的性质和特点，遵循合理、公开、服务质量和价格相符的原则确定，实行政府指导价和市场调节价。普通住宅的前期物业服务收费实行政府指导价，业主大会成立后，物业服务收费是否实行政府指导价由业主大会决定；非普通住宅和非住宅、满足部分业主需要或者接受业主委托开展的特约服务等其他物业服务收费，实行市场调节价。具体物业服务收费标准，由当事人在物业服务合同中约定。

实行政府指导价的，价格行政主管部门应当会同物业管理行政主管部门，综合考虑物业服务平均成本、最低工资标准调整幅度以及消费物价指数变动情况，制定物业服务等级标准以及相应的基准价与浮动幅度，并向社会公布。价格行政主管部门应当每三年内对物业服务等级标准以及相应的基准价与浮动幅度进行评估，并根据评估结果适时调整。

物业服务企业为业主或者物业使用人提供物业服务合同约定以外的专项服务的，其收费标准可以由双方另行约定。

（二）合同双方的权利义务

《民法典》第938条规定，物业服务合同的内容一般包括服务事项、服务质量、服务费用的标准和收取办法、维修资金的使用、服务用房的管理和使用、服务期限、服务交接等条款。因此，物业服务费用属于物业服务合同的法定条款，也是合同双方当事人关注的重点内容之一。

1. 支付物业费系业主法定义务。

《民法典》第944条规定，业主应当按照约定向物业服务人支付物业费。

物业服务人已经按照约定和有关规定提供服务的，业主不得以未接受或者无需接受相关物业服务为由拒绝支付物业费。司法实践中，有部分业主以其并非物业服务的受益者为由或者对物业服务企业提供的物业服务不满意为由拒绝支付物业费，这使很多物业服务企业无法收回前期在安保、清洁、管理等方面垫付的成本，导致严重亏损而撤离小区。《民法典》从法律角度明确规定业主支付物业费的义务，可以在一定程度上保证物业服务人及时回笼资金，形成物业服务质量提高和业主之间关系和谐这样的良性循环。

关于业主何时应当开始支付物业费，实务中涉及以下几个方面的热点问题：

（1）“交付”标准的认定。一般认为，以房屋是否交付为标准，房屋交付给业主之前的物业费由开发商承担，房屋交付给业主之后的物业费由业主承担。

在实践中，客观存在部分业主以房屋存在质量问题或者未达到合同约定交付条件为由，拒绝接收房屋，而开发商则认为符合交付条件的情况，此时，开发商认为业主无正当理由拒不收房的，则“交房之日”开始的物业费不应由其承担。笔者认为，在物业服务合同纠纷法律关系中，应当坚持上述有关“交付”标准，即只要业主尚未领取钥匙未实际占有房屋的，则相关的物业费就应当由开发商承担。如果业主拒绝接收房屋并无“正当理由”，则在解决双方房屋买卖合同纠纷中可以要求返还，此时，并未损害开发商的利益。

（2）空置房的物业费。房屋交付之后，有的业主并非急于入住，对该空置房，是否应当支付物业费？笔者认为，物业管理服务具有公共性，其价值在于在满足公共性服务的同时，提升整个小区的居住环境品质，最终体现在对业主个体的服务价值上。即使房屋空置，物业公司仍需按约定对建筑物及其设备、公用设施、环境卫生、公共秩序等进行日常的维护、修缮、管理等，这种公共性服务不会因为某一个或某几个业主没有入住、不使用而减少管理成本。因此，只要物业公司为全体业主提供了合同约定的物业管理服务，业主就应当按照约定交纳物业服务费。

【法官提示98】

关于空置房的物业费支付，应当坚持上述“交付”的标准，空置房的使用属于业主自主决定范畴，实际上该房屋已经交付，业主就应当支付物业费。

【规范指引】

《北京市高级人民法院关于审理物业管理纠纷案件的意见（试行）》

23. 业主因自身原因未居住房屋并以此为由要求减免物业服务费用的，一般不予支持。

（3）关于物业费的调整。物业服务价格作为物业服务合同的核心条款之一，调整物业服务价格，一方面业主和物业服务企业都非常敏感，另一方面也是物业服务企业能否实质提升物业服务水平的重要影响因素。在实践中，物业服务调价难是行业长期以来的痛点，部分物业服务企业侵占业主公共收益，其中很重要的原因是物业服务成本上涨而物业服务价格调整困难，导致企业入不敷出。物业服务企业应当依据合同约定提供物业服务并收取物业服务费用。收取合同约定以外的费用，缺乏合同依据，不应当支持。但是在遇到物业服务成本上涨的情况下，根据市场变化，也可以申请调整物业收费标准，但物业服务费的调整涉及广大业主利益，应当遵循正当程序原则。确需调整的，物业服务企业应当与业主委员会充分讨论协商，并经业主大会同意；没有成立业主大会的，则需经专有部分占建筑物总面积过半的业主且占总人数过半的业主同意。否则，因调整程序不合法，不能得到法律的支持。

（4）未签订书面物业服务合同的物业费。虽然法律规定，物业服务当事人应当订立书面合同，但实践中客观存在未签订书面合同的情况。物业服务企业与业主委员会或者业主虽未签订书面物业服务合同，但业主事实上已接受了物业服务，物业服务企业请求业主支付相应的物业费的，可予支持。双方没有约定物业费的支付标准和支付方式的，可根据物业服务企业提供的服务项目和服务质量，并参照当地政府部门制定的指导价计算物业费。此亦符合《民法典》第 944 条有关“物业服务人已经按照约定和有关规定提供服务的，业主不得以未接受或者无需接受相关物业服务为由拒绝支付物业费”的规定。

【规范指引】

《北京市高级人民法院关于审理物业管理纠纷案件的意见（试行）》

24. 物业管理企业与业主委员会虽未签订书面的物业服务合同，但业主事实上接受了物业服务的，物业管理企业可以要求业主交纳相应的物业服务费用。

双方当事人没有约定物业服务收费标准的，法院可参照政府规定收费标准或同类物业服务项目收费标准确定应交纳的物业服务费用。

案例索引裁判文书

案例索引32
河南高院（2021）豫民申7145号袁某晓与恒诚公司物业服务合同纠纷民事裁定书

2. 业主对服务质量有异议。业主委员会或业主大会与依法选聘的物业公司签订的物业服务合同，对全体业主具有约束力，物业公司有权要求不动产权利人按物业服务合同约定的标准计付费用。如果业主对于物业公司提供的服务质量有异议的，应当另行主张，但不能成为拒付物业管理服务费的理由。[①] 业主应当按照物业服务合同的约定按时足额交纳物业服务费用或者物业服务资金，如果对于本小区物业公司提供的服务不满意或是认为物业公司没有提供相应的服务，可以向法院起诉物业公司不作为或服务质量较差，或者向小区业主委员会反映情况，并依照法定程序共同决定是否解聘物业公司，而不是采取拒付物业费的不恰当方式。

有的地方为了存进物业服务行业健康有序发展，引入了对物业服务进行第三方评估的机制，《北京市物业管理条例》第 67 条规定，物业管理相关主体可以委托专业评估机构对物业承接和查验、物业服务标准和费用测算、专项维修资金使用方案、物业服务质量等进行评估。具体办法由市住房和城乡建设主管部门制定。专业评估机构应当按照本市相关规定提供专业服务，提供客观、真实、准确的评估报告。第三方评估机制的引入，对于物业服务企业来说，是一种考验更是一种促进，对于平衡合同双方权益具有重要意义。

物业服务企业在物业服务中应当遵守国家的价格法律法规，严格履行物业服务合同，为业主提供质价相符的服务。在管理小区期间，应不断加强服

---

① 案例索引 32：参见河南省高级人民法院（2021）豫民申 7145 号袁某晓与恒诚公司物业服务合同纠纷民事裁定书。

务意识，增进与业主的沟通，诚信履行物业服务合同，营造良好的居住环境。《物业服务纠纷司法解释》第2条规定，物业服务人违反物业服务合同约定或者法律、法规、部门规章规定，擅自扩大收费范围、提高收费标准或者重复收费，业主以违规收费为由提出抗辩的，人民法院应予支持。业主请求物业服务人退还其已经收取的违规费用的，人民法院应予支持。

3. 物业公司的权利救济。业主违反物业服务合同约定逾期不交纳服务费用或者物业服务资金的，业主委员会应当督促其限期交纳；逾期仍不交纳的，物业服务企业可以依法追缴。关于追缴方式，《物业管理条例》第64条进一步明确，违反物业服务合同约定，业主逾期不交纳物业服务费用的，业主委员会应当督促其限期交纳；逾期仍不交纳的，物业服务企业可以向人民法院起诉。《民法典》第944条第2款规定，业主违反约定逾期不支付物业费的，物业服务人可以催告其在合理期限内支付；合理期限届满仍不支付的，物业服务人可以提起诉讼或者申请仲裁。出于保护业主正常生活的角度，对催缴物业费的方法进行了限制，《民法典》第944条第3款规定，物业服务人不得采取停止供电、供水、供热、供燃气等方式催交物业费。

【规范指引】

《北京市高级人民法院关于审理物业管理纠纷案件的意见（试行）》

25. 业主拖欠物业服务费用，物业管理企业依据约定请求一并支付滞纳金的，应予支持。滞纳金数额过高的，可以依据欠费方的请求予以适当调整，调整后的滞纳金一般不应超过欠费金额。

27. 业主拖欠物业服务费用的，物业管理企业可以向有管辖权的基层人民法院申请支付令。

28. 业主拖欠公共性服务或特约服务等物业服务费用，物业管理企业应当通过合法途径进行追索。

物业管理企业采取停止供应电、水、气、热等方式催交物业服务费用给业主造成损失的，业主可以要求物业管理企业承担赔偿责任。

29. 物业管理企业与电、水、气、热等供应部门因代收代缴发生争议，致使供应部门停止电、水、气、热等供应给业主造成损失的，业主有权选择要求物业管理企业履行合同义务，并赔偿损失。

物业管理企业承担赔偿责任后，认为自己没有过错的，有权向有关责任人追偿。

30. 物业管理区域实行整体供热的，部分业主要求停止供热并以此为由拒绝交纳供热费，不予支持。

需要关注的是诉讼或仲裁之前的催告这一前置程序。《民法典》未对物业服务人员的催告形式提出明确要求。实践中，物业服务人员在向业主催缴费用时，通常已实际采用书面的形式予以催收，且为了配合举证的需要，催告多会采用催收函的形式，随着科技的发展，催告也会以电子信息形式展现。[①]

【规范指引】

《浙江省高级人民法院民一庭关于审理物业服务合同纠纷案件适用法律若干问题的意见（试行）》

第十六条 物业服务人未以书面形式向业主催交物业服务费而直接提起诉讼的，应当告知其先行向业主送达催交通知书；物业服务人坚持起诉的，不予受理。

物业服务人向欠费业主送达催交通知书，应当采取直接送达、邮寄送达、留置送达的方式；仍不能送达的，可以采取在欠费业主物业门口和小区内张贴公告的方式送达。

第十七条 经书面形式催交后，业主无正当理由拒绝交纳或者在催告的合理期限内仍未交纳物业服务费的，物业服务人可以依法向有管辖权的基层人民法院申请支付令。

欠费业主对债权债务关系没有异议，仅对清偿能力、清偿期限、清偿方式等提出异议的，不影响支付令的效力。

业主与物业使用人约定由物业使用人交纳物业服务费用或者物业服务资金的，从其约定，业主负连带交纳责任。

纳入物业管理范围的已竣工但尚未出售，或者因开发建设单位原因未按时交给物业买受人的物业，物业服务费用或者物业服务资金由开发建设单位全额交纳。物业管理区域内，供水、供电、供气、供热、通信、有线电视等

① 参见王利明：《物业服务合同立法若干问题探讨》，载《财经法学》2018 年第 3 期。

单位应当向最终用户收取有关费用。物业管理企业接受委托代收上述费用的，可向委托单位收取手续费，不得向业主收取手续费等额外费用。利用物业共用部位、共用设施设备进行经营的，应当在征得相关业主、业主大会、物业管理企业的同意后，按照规定办理有关手续。业主所得收益应当主要用于补充专项维修资金，也可以按照业主大会的决定使用。

物业服务企业已接受委托实施物业服务并相应收取服务费用的，其他部门和单位不得重复收取性质和内容相同的费用。物业服务企业根据业主的委托提供物业服务合同约定以外的服务，服务收费由双方约定，其收费标准在双方约定后应当以适当的方式向业主进行明示。物业发生产权转移时，业主或者物业使用人应当结清物业服务费用或者物业服务资金。同时，根据《物业服务纠纷司法解释》第 3 条的规定，物业服务合同的权利义务终止后，业主请求物业服务人退还已经预收，但尚未提供物业服务期间的物业费的，人民法院应予支持。

物业费收不上来，直接影响物业企业的积极性，制约了物业管理服务水平，影响了小区基础设施的正常维护，并且使物业服务质量和物业收费陷入恶性循环的怪圈：不交物业费导致物业服务质量降低，物业服务质量降低又使居民更不愿意交物业费。长此以往，物业服务的水平越来越低，物业企业的经营越来越困难，拉锯的结果是物业企业撤出，小区没有物业，小区管理越来越差。缴纳物业费最大的受益者是业主自己，拒绝缴纳物业费实际上损害的是其他业主的共同利益，短期内会导致物业服务水平下降，业主的生活质量下降，长期来看导致房屋价值贬损，最大的受害者还是业主自己。即使物业服务企业根本违约，业主可以将其解聘更换物业公司或者自行管理，在这种情况下也是需要缴纳物业费的。

三、专项维修资金

住宅专项维修资金，是指专项用于住宅共用部位、共用设施设备保修期满后的维修和更新、改造的资金。随着住房制度改革的不断深入，居民个人拥有住宅的比例越来越高，住宅的维修管理责任也转移到居民个人承担。建筑物及其附属设施事关群众生命财产安全，及时、顺利进行维修，关系建筑物的正常使用和业主安全，关乎社会和谐稳定。1998 年，国务院印发《关于进一步深化城镇住房制度改革加快住房建设的通知》，提出要建立住房专项维修资金制度。2000年，建设部印发《关于进一步深化国有企业住房制度改革加快解决职工住房问题的通知》，对出售公有住房建立维修基金制度提出要求。2007年，为了加强对住宅专项维修资金的管理，保障住宅共用部位、共用设施设备的维修和正常使用，维护住宅专项维修资金所有者的合法权益，建设部和财政部印发《住宅专项维修资金管理办法》，对商品住宅、售后公有住房住宅专项维修资金的交存、使用、管理和监督提出要求。

（一）专项维修资金的归属

《物业管理条例》第53条规定，住宅物业、住宅小区内的非住宅物业或者与单幢住宅楼结构相连的非住宅物业的业主，应当按照国家有关规定交纳专项维修资金。专项维修资金属于业主所有，专项用于物业保修期满后物业共用部位、共用设施设备的维修和更新、改造，不得挪作他用。房屋所有权转让时，业主应当向受让人说明住宅专项维修资金交存和结余情况并出具有效证明，该房屋分户账中结余的住宅专项维修资金随房屋所有权同时过户。受让人应当持住宅专项维修资金过户的协议、房屋权属证书、身份证等到专户管理银行办理分户账更名手续。房屋灭失的，按照以下规定返还住宅专项维修资金：（1）房屋分户账中结余的住宅专项维修资金返还业主。（2）售房单位交存的住宅专项维修资金账面余额返还售房单位；售房单位不存在的，按照售房单位财务隶属关系，收缴同级国库。

住宅共用部位，是指根据法律、法规和房屋买卖合同，由单幢住宅内业主或者单幢住宅内业主及与之结构相连的非住宅业主共有的部位，一般包括：住宅的基础、承重墙体、柱、梁、楼板、屋顶以及户外的墙面、门厅、楼梯间、走廊通道等。共用设施设备，是指根据法律、法规和房屋买卖合同，由住宅业主或者住宅业主及有关非住宅业主共有的附属设施设备，一般包括电梯、天线、照明、消防设施、绿地、道路、路灯、沟渠、池、井、非经营性车场车库、公益性文体设施和共用设施设备使用的房屋等。

下列物业的业主应当交存住宅专项维修资金：一是住宅，但一个业主所有且与其他物业不具有共用部位、共用设施设备的除外；二是住宅小区内的非住宅或者住宅小区外与单幢住宅结构相连的非住宅。根据《住宅专项维修资金管理办法》第7条的规定，商品住宅的业主、非住宅的业主按照所拥有物业的建筑面积交存住宅专项维修资金，每平方米建筑面积交存首期住宅专项维修资金的数额为当地住宅建筑安装工程每平方米造价的5%至8%。直辖市、市、县人民政府建设（房地产）主管部门应当根据本地区情况，合理确定、公布每平方米建筑面积交存首期住宅专项维修资金的数额，并适时调整。同时该办法第9条重申，业主交存的住宅专项维修资金属于业主所有。《民法典》在《物权法》的基础上，吸收上述政策、规章的规定，在第281条第1款规定，建筑物及其附属设施的维修资金，属于业主共有。

典型案例32

上海市虹口区久乐大厦小区业主大会诉上海环亚实业总公司业主共有权纠纷案[①]

典型案例裁判文书

典型案例32

最高人民法院指导案例65号

案情简介：2004年3月，被告上海环亚实业总公司（以下简称环亚公司）取得上海市虹口区久乐大厦底层、二层房屋的产权，底层建筑面积691.36平方米、二层建筑面积910.39平方米。环亚公司未支付过上述房屋的专项维修资金。2010年9月，原告久乐大厦小区业主大会（以下简称久乐业主大会）经征求业主表决意见，决定由久乐业主大会代表业主提起追讨维修资金的诉讼。久乐业主大会向法院起诉，要求环亚公司就其所有的久乐大厦底层、二层的房屋向原告缴纳专项维修资金57,566.9元。被告环亚公司辩称，其于2004年获得房地产权证，至本案诉讼有6年之久，原告从未主张过维修资金，该请求已超过诉讼时效，不同意原告诉请。

裁判规则：专项维修资金是专门用于物业共用部位、共用设施设备保修期满后的维修和更新、改造的资金，属于全体业主共有。缴纳专项维修资金是业主为维护建筑物的长期安全使用而应承担的一项法定义务。业主拒绝缴

---

① 参见最高人民法院指导案例65号。

纳专项维修资金，并以诉讼时效提出抗辩的，人民法院不予支持。

（二）专项维修资金的使用

专项维修资金的使用属于物业服务合同法定内容之一，专项用于物业保修期满后物业共用部位、共用设施设备的维修和更新、改造，不得挪作他用。

1. 专项维修资金的使用由业主共同决定。住宅专项维修资金的使用，应当遵循方便快捷、公开透明、受益人和负担人相一致的原则。根据《民法典》第 278 条的规定，使用建筑物及其附属设施的维修资金和筹集建筑物及其附属设施的维修资金均由业主共同决定。商品住宅之间或者商品住宅与非住宅之间共用部位、共用设施设备的维修和更新、改造费用，由相关业主按照各自拥有物业建筑面积的比例分摊。

【规范指引】

《北京市物业管理条例》

第八十一条 物业买受人应当遵守国家有关专项维修资金制度，按照规定足额交纳专项维修资金。

业主转让物业、办理转移登记后，转让物业的专项维修资金余额随物业一并转让，业主无权要求返还；因征收或者其他原因造成物业灭失的，专项维修资金余额归业主所有。

已售公房的业主转让公房前，应当按照届时适用的商品房标准补足公房的专项维修资金；因继承、赠予、执行生效法律文书而发生已售公房产权人变更的，继承人、受赠人、受偿人应当按照届时适用的商品房标准补足专项维修资金。

2. 专项维修资金的用途具有特定性。维修资金是全体业主的共同财产，关系到业主的切身利益，其筹集和使用均有严格的条件。建筑物及其附属设施的维修资金，经业主共同决定，可以用于电梯、屋顶、外墙、无障碍设施等共有部分的维修、更新和改造。住宅共用部位、共用设施设备维修和更新、改造，涉及尚未售出的商品住宅、非住宅或者公有住房的，开发建设单位或者公有住房单位应当按照尚未售出商品住宅或者公有住房的建筑面积，分摊维修和更新、改造费用。

专项维修资金由业主共同出资形成，属于业主共有，只能用于特定目的，不能用于物业服务过程中的其他支出。根据《住宅专项维修资金管理办法》第25条的规定，下列费用不得从住宅专项维修资金中列支：依法应当由建设单位或者施工单位承担的住宅共用部位、共用设施设备维修、更新和改造费用；依法应当由相关单位承担的供水、供电、供气、供热、通信、有线电视等管线和设施设备的维修、养护费用；应当由当事人承担的因人为损坏住宅共用部位、共用设施设备所需的修复费用；根据物业服务合同约定，应当由物业服务企业承担的住宅共用部位、共用设施设备的维修和养护费用。同时，根据该办法第26条的规定，在保证住宅专项维修资金正常使用的前提下，可以按照国家有关规定将住宅专项维修资金用于购买国债。利用住宅专项维修资金购买国债，应当在银行间债券市场或者商业银行柜台市场购买一级市场新发行的国债，并持有到期。利用业主交存的住宅专项维修资金购买国债的，应当经业主大会同意；未成立业主大会的，应当经专有部分占建筑物总面积三分之二以上的业主且占总人数三分之二以上业主同意。禁止利用住宅专项维修资金从事国债回购、委托理财业务或者将购买的国债用于质押、抵押等担保行为。下列资金应当转入住宅专项维修资金滚存使用：（1）住宅专项维修资金的存储利息；（2）利用住宅专项维修资金购买国债的增值收益；（3）利用住宅共用部位、共用设施设备进行经营的，业主所得收益，但业主大会另有决定的除外；（4）住宅共用设施设备报废后回收的残值。《物业管理条例》第60条规定，违反本条例的规定，挪用专项维修资金的，由县级以上地方人民政府房地产行政主管部门追回挪用的专项维修资金，给予警告，没收违法所得，可以并处挪用数额2倍以下的罚款；构成犯罪的，依法追究直接负责的主管人员和其他直接责任人员的刑事责任。

【规范指引】

《北京市物业管理条例》

第八十五条 专项维修资金属于业主共有，应当专项用于共用部位、共用设施设备保修期满后的维修、更新和改造，不得挪作他用。

第八十六条 维修、更新和改造共用部位、共用设施设备，需要使用专项维修资金的，应当按照下列规定分摊：

（一）商品住宅之间或者商品住宅和非住宅之间共用部位、共用设施设备的维修、更新和改造费用，由相关业主按照各自专有物业建筑面积比例分摊。

（二）售后公房之间共用部位、共用设施设备的维修、更新和改造费用，由相关业主和售房单位按照所交存专项维修资金的比例分摊；其中，应当由业主承担的，再由相关业主按照各自专有物业建筑面积的比例分摊。

（三）售后公房与商品房住宅或者非住宅之间共用部位、共用设施设备的维修、更新和改造费用，先按照建筑面积比例分摊到各相关物业，再按照第（一）项、第（二）项的规定比例分摊。

共用部位、共用设施设备需要维修、更新和改造，但是没有专项维修资金的，维修、更新和改造费用按照前款的规定由业主共同分摊。

《江苏省物业管理条例》

第七十五条　住宅物业和住宅小区内的非住宅物业的业主，应当在办理房屋入住手续或者房屋所有权登记时，将首期住宅专项维修资金存入住宅专项维修资金专户。在国家规定的保修期届满后未出售的物业，由建设单位先行交存住宅专项维修资金。

住宅专项维修资金属于业主所有，专项用于国家规定的保修期届满后物业共用部分、共用设施设备的维修、更新和改造，不得挪作他用。

3. 专项维修资金的筹集、使用情况应当定期公布。根据《民法典》第281条、第943条的规定，为了便于业主及时了解建筑物及其附属设施维修资金的筹集情况，依法监督维修资金的使用，物业服务人应当定期将维修资金使用情况以合理方式向业主公开并向业主大会、业主委员会报告。根据《住宅专项维修资金管理办法》第30条的规定，直辖市、市、县人民政府建设（房地产）主管部门，负责管理公有住房住宅专项维修资金的部门及业主委员会，应当每年至少一次与专户管理银行核对住宅专项维修资金账目，并向业主、公有住房售房单位公布下列情况：（1）住宅专项维修资金交存、使用、增值收益和结存的总额；（2）发生列支的项目、费用和分摊情况；（3）业主、公有住房售房单位分户账中住宅专项维修资金交存、使用、增值收益和结存的金额；（4）其他有关住宅专项维修资金使用和管理的情况。业主、公有住房售房单位对公布的情况有异议的，可以要求复核。另外，根据《建筑物区分所有权纠纷司法解释》第13条的规定，业主请求公布、查阅下列应当向业主公开的情况和资料的，人民法院应予支持：建筑物及其附属设施的维修资金的筹集、使用情况。

住房和城乡建设部等部门《关于加强和改进住宅物业管理工作的通知》要求健全维修资金管理制度，提高维修资金管理机构专业化、规范化管理水平。采用公开招标方式，综合存款利率、资产规模和服务效能等因素，择优确定专户管理银行，控制专户管理银行数量。探索委托专业机构运营维修资金，提高资金收益水平，并将收益分配给业主。加快维修资金管理信息系统建设，方便业主实时查询。每年披露资金管理和使用情况，接受社会监督。加强维修资金监管，严肃查处侵占挪用资金等违法违规行为。

4. 紧急情况下专项维修资金的使用。根据《民法典》第 281 条第 2 款的规定，紧急情况下需要维修建筑物及其附属设施的，业主大会或者业主委员会可以依法申请使用建筑物及其附属设施的维修资金。但是对于何种情形属于紧急情况，法律未作明确规定。笔者认为，可以参考比较成熟的地方性法规予以把握。比如《江苏省物业管理条例》第 77 条规定，发生下列危及房屋安全情形之一，需要立即对住宅物业共用部分、共用设施设备进行应急维修、更新和改造的，业主大会或者业主委员会可以申请使用建筑物及其附属设施的维修资金，提出应急处置方案，经住宅专项维修资金代管部门复核后进行应急处置：（1）屋面防水损坏造成渗漏的；（2）电梯故障危及人身安全的；（3）公共护（围）栏破损严重，危及人身安全的；（4）楼体单侧外立面有脱落危险的；（5）专用排水设施因坍塌、堵塞、爆裂等造成功能障碍，危及人身、财产安全的；（6）危及房屋安全的其他情形。应急维修费用向业主公示后，从相关业主的住宅专项维修资金分户账中按照专有面积分摊列支；其中涉及已售公有住房的，从公有住房住宅专项维修资金中列支。《住房和城乡建设部等部门关于加强和改进住宅物业管理工作的通知》对提高维修资金使用效率提出工作要求，要求优化维修资金使用流程，简化申请材料，缩短审核时限。建立紧急维修事项清单，符合清单内容的，业主委员会可直接申请使用维修资金，尚未产生业主委员会的，由街道组织代为维修，并从维修资金中列支相关费用。因供水、排水、消防、电梯等紧急事项使用维修资金的，维修工程竣工后，应当公开维修资金使用数额。探索维修资金购买电梯安全责任保险。

关于如何列支的问题，《住宅专项维修资金管理办法》第 24 条规定，发生危及房屋安全等紧急情况，需要立即对住宅共用部位、共用设施设备进行维修和更新、改造的，按照以下规定列支住宅专项维修资金：（1）住宅专项维修资金划转业主大会管理前，按照本办法第22条第4项、第5项、第6项的规定办理；（2）住宅专项维修资金划转业主大会管理后，按照本办法第23条第4项、第5项、第6项和第7项的规定办理。发生前款情况后，未按规定实施维修和更新、改造的，直辖市、市、县人民政府建设（房地产）主管部门可以组织代修，维修费用从相关业主住宅专项维修资金分户账中列支；其中，涉及已售公有住房的，还应当从公有住房住宅专项维修资金中列支。

5. 专项资金的使用程序。（1）住宅专项维修资金划转业主大会管理前，需要使用住宅专项维修资金的，按照以下程序办理：物业服务企业根据维修和更新、改造项目提出使用建议；没有物业服务企业的，由相关业主提出使用建议；物业服务企业或者相关业主组织实施使用方案；物业服务企业或者相关业主持有关材料，向所在地直辖市、市、县人民政府建设（房地产）主管部门申请列支；其中，动用公有住房住宅专项维修资金的，向负责管理公有住房住宅专项维修资金的部门申请列支；直辖市、市、县人民政府建设（房地产）主管部门或者负责管理公有住房住宅专项维修资金的部门审核同意后，向专户管理银行发出划转住宅专项维修资金的通知；专户管理银行将所需住宅专项维修资金划转至维修单位。（2）住宅专项维修资金划转业主大会管理后，需要使用住宅专项维修资金的，按照以下程序办理：物业服务企业提出使用方案，使用方案应当包括拟维修和更新、改造的项目、费用预算、列支范围、发生危及房屋安全等紧急情况以及其他需临时使用住宅专项维修资金的情况的处置办法等；业主大会依法通过使用方案；物业服务企业组织实施使用方案；物业服务企业持有关材料向业主委员会提出列支住宅专项维修资金；其中，动用公有住房住宅专项维修资金的，向负责管理公有住房住宅专项维修资金的部门申请列支；业主委员会依据使用方案审核同意，并报直辖市、市、县人民政府建设（房地产）主管部门备案；动用公有住房住宅专项维修资金的，经负责管理公有住房住宅专项维修资金的部门审核同意；直辖市、市、县人民政府建设（房地产）主管部门或者负责管理公有住房住宅专项维修资金的部门发现不符合有关法律、法规、规章和使用方案的，应当责令改正；业主委员会、负责管理公有住房住宅专项维修资金的部门向专户管理银行发出划转住宅专项维修资金的通知；专户管理银行将所需住宅专项维修资金划转至维修单位。

第四节　民事责任的承担

一、装修管理引发的纠纷

（一）关于业主装修的相关规定

《物业管理条例》第 52 条规定，业主需要装饰装修房屋的，应当事先告知物业服务企业。物业服务企业应当将房屋装饰装修中的禁止行为和注意事项告知业主。国家对住宅的装修给予了重点关注。《建筑法》第 49 条规定，涉及建筑主体和承重结构变动的装修工程，建设单位应当在施工前委托原设计单位或者具有相应资质条件的设计单位提出设计方案；没有设计方案的，不得施工。为加强住宅室内装饰装修管理，保证装饰装修工程质量和安全，维护公共安全和公众利益，住房和城乡建设部出台《住宅室内装饰装修管理办法》，切实加强了对住宅室内装饰装修活动的监督管理，其中第 5 条规定，住宅室内装饰装修活动，禁止下列行为：未经原设计单位或者具有相应资质等级的设计单位提出设计方案，变动建筑主体和承重结构；将没有防水要求的房间或者阳台改为卫生间、厨房间；扩大承重墙上原有的门窗尺寸，拆除连接阳台的砖、混凝土墙体；损坏房屋原有节能设施，降低节能效果；其他影响建筑结构和使用安全的行为。第 6 条规定，装修人从事住宅室内装饰装修活动，未经批准，不得有下列行为：搭建建筑物、构筑物；改变住宅外立面，在非承重外墙上开门、窗；拆改供暖管道和设施；拆改燃气管道和设施。同时，对于住宅室内装饰装修超过设计标准或者规范增加楼面荷载的、改动卫生间、厨房间防水层的等提出明确要求。装饰装修企业从事住宅室内装饰装修活动，应当遵守施工安全操作规程，按照规定采取必要的安全防护和消防措施，不得擅自动用明火和进行焊接作业，保证作业人员和周围住房及财产的安全。装修人和装饰装修企业从事住宅室内装饰装修活动，不得侵占公共空间，不得损害公共部位和设施。因此单个业主的住宅装修，不仅涉及该业主个人事项，同时涉及住宅安全、其他业主权益、小区管理规范等，因此，行政法规规定了业主的事先报告制度。

实践中，物业服务企业应当提示业主或者物业使用人在装饰装修住宅时注意下列事项：允许施工的时间；废弃物的清运与处置；住宅外立面设施及防盗设施的安装要求；禁止行为；按照管理规约、临时管理规约的规定交纳装修保证金；需要注意的其他事项。业主或者物业使用人在住宅装饰装修工程开工前，应当告知相邻业主。物业服务企业对住宅装饰装修活动进行必要的现场检查时，业主或者物业使用人应当配合。对物业管理区域内违反有关物业装饰装修和使用等方面法律、法规规定的行为，物业服务企业应当制止，并及时向有关行政管理部门报告。

【规范指引】

《北京市物业管理条例》

第七十九条 业主、物业使用人装饰装修房屋的，应当事先告知物业服务人，与物业服务人签订装饰装修服务协议，并配合其进行必要的现场检查。协议应当包括装饰装修工程的禁止行为、垃圾堆放和清运要求以及费用、施工时间等内容。

业主、物业使用人或者物业服务人应当将装饰装修的时间、地点等情况在拟装饰装修的物业楼内显著位置公示。

物业服务人应当加强对装饰装修活动的巡查和监督。业主或者物业使用人未签订装饰装修服务协议或者违反相关规定及装饰装修服务协议的，物业服务人应当及时劝阻；拒不改正的，物业服务人应当及时向有关主管部门报告。

（二）擅自封闭阳台、搭建阳光房等违章建设

根据《建筑物区分所有权纠纷司法解释》第15条的规定，业主或者其他行为人违反法律、法规、国家相关强制性标准、管理规约，或者违反业主大会、业主委员会依法作出的决定，实施下列行为的，可以认定为《民法典》第286条第2款所称的其他“损害他人合法权益的行为”：损害房屋承重结构，损害或者违章使用电力、燃气、消防设施，在建筑物内放置危险、放射性物品等危及建筑物安全或者妨碍建筑物正常使用；违反规定破坏、改变建筑物外墙面的形状、颜色等损害建筑物外观；违反规定进行房屋装饰装修；违章加建、改建，侵占、挖掘公共通道、道路、场地或者其他共有部分。

住宅装修领域，除了极个别损坏房屋承重结构等违反房屋装饰装修规定情形外，更多的是违章搭建建筑物和构筑物、私开门窗等违反规划规定的行为，还有侵占、损坏楼道、绿地等物业共用部位、共用设施设备等违反物业管理规定的行为等。当前，毁绿扩院、占用平台、搭建阳光房等违规行为及其带来的安全隐患是各地住宅小区普遍存在的现象。小区内违章建设屡禁不止，私搭乱建、乱堆乱放，毁坏绿地种菜、抢占公共空间私用等，破坏小区整体环境，还引起邻居之间产生纠纷。同时，由于物业服务企业没有执法权，处理这些问题十分吃力。并且，私搭乱建一旦形成，违章认定、违建拆除程序复杂，涉及部门多、时间长，重新恢复的难度极大，社会影响十分恶劣。

【规范指引】

《山东省物业管理条例》

第三十七条 业主或者物业使用人封闭阳台以及安装空调外机、太阳能热水器、防盗网、遮阳罩等设施的，应当遵守管理规约、临时管理规约和物业管理的有关规定，保持物业的整洁、美观。

业主利用屋面安装太阳能热水器等设施的，不得破坏屋面，影响房屋安全，物业顶层的业主和物业服务人应当予以配合。

业主应当按照垃圾分类收集的有关规定倾倒垃圾。

《天津市物业管理条例》

第四十七条 业主和物业使用人使用物业，应当遵守法律、法规和规章的规定，在供水、排水、通风、采光、通行、维修、装饰装修、环境卫生、环境保护等方面，按照有利于物业安全使用、外观整洁以及公平合理、不损害公共利益和他人利益的原则，处理相邻关系。

对此，《民法典》第286条规定，业主应当遵守法律、法规以及管理规约，相关行为应当符合节约资源、保护生态环境的要求。业主大会或者业主委员会，对任意弃置垃圾、排放污染物或者噪声、违反规定饲养动物、违章搭建、侵占通道、拒付物业费等损害他人合法权益的行为，有权依照法律、法规以及管理规约，请求行为人停止侵害、排除妨碍、消除危险、恢复原状、赔偿损失。业主或者其他行为人拒不履行相关义务的，有关当事人可以向有关行政主管部门报告或者投诉，有关行政主管部门应当依法处理。比如，《天津市物业管理条例》第49条规定，业主大会和业主委员会，对任意弃置垃圾、排放污染物或者噪声、违反规定饲养动物、违章搭建、擅自改变住宅房屋使用用途、随意占用共用部位、损坏共用设施设备、侵占或者毁坏绿地树木和绿化设施、侵占通道、拒交物业管理服务费和专项维修资金等损害他人合法权益的行为，有权依照法律、法规和管理规约，要求行为人停止侵害、消除危险、排除妨害、赔偿损失。业主对侵害自己合法权益的行为，可以依法向人民法院提起诉讼。业主大会对侵害业主共同利益的行为，可以依法向人民法院提起诉讼。

1. 物业服务企业能否自行拆除的问题。需要注意的是，法律并未赋予物业服务企业行政执行权，《物业管理条例》第45条规定，对物业管理区域内违反有关治安、环保、物业装饰装修和使用等方面法律、法规规定的行为，物业服务企业应当制止，并及时向有关行政管理部门报告。有关行政管理部门在接到物业服务企业的报告后，应当依法对违法行为予以制止或者依法处理。例如《北京市物业管理条例》第65条规定，物业服务人应当按照物业服务合同的约定提供物业服务，并且遵守下列规定：对违法建设、违规出租房屋、私拉电线、占用消防通道等行为进行劝阻、制止，劝阻、制止无效的，及时报告行政执法机关；对业主、物业使用人违反临时管理规约、管理规约的行为进行劝阻、制止，并及时报告业主委员会或者物业管理委员会。

因此，如果物业服务企业擅自拆除业主违章建筑，则可能面临承担民事赔偿责任。实践当中，物业服务企业遇到业主违建等问题，首先要加强监管检查，及时予以制止。行为人不听劝的，向行政执法部门进行投诉；其次要加大宣传力度，让业主意识到擅自占用公共区域不仅损害了他人的利益，也会造成隐患；还要建议业委会和业主大会发挥自治监督作用，及时劝阻违规业主。

物业服务企业与业主之间并非单纯的委托关系，其中很重要的一个方面就是全体业主将维护物业服务区域秩序的服务管理权交给物业服务企业。该权利行使的主要途径是对业主实施“人”的服务和管理。业主实施妨害行为，既有可能是违反物业服务合同的违约行为，也可能是一种侵权行为。赋予物业服务企业请求，实施妨害行为的业主承担恢复原状、停止侵害、排除妨害等相应的民事责任，并未超出其对业主服务管理权的行使边界，并且可以及时有效地制止不法行为。[①] 因此，《物业服务纠纷司法解释》第1条规定，业主违反物业服务合同或者法律、法规、管理规约，实施妨碍物业服务与管理的行为，物业服务人请求业主承担停止侵害、排除妨碍、恢复原状等相应民事责任的，人民法院应予支持。

【法官提示99】

对于业主的违建行为，物业服务企业并不具有拆除违建的权力，其应当根据法律法规的规定，进行制止、报告，擅自拆除造成业主损失的，应当予以赔偿。

2. 其他业主能否以小区存在违建为由拒交物业费。在物业服务企业起诉要求业主交纳物业费的案件当中，有的业主抗辩认为，小区内存在违建，物业服务企业不作为，据此主张不予交纳物业费。对此，笔者认为其他业主的主张不能成立，物业服务企业并无行政执法权，且发现违建可以制止、报告，但对于违建的处置并非其职权范围，因此，该理由非业主拒交物业费的“正当理由”。

所谓的“正当理由”，应当限定于物业服务企业不履行物业服务合同，或者履行合同有重大瑕疵，或者因履行职责过程中严重过错导致物业小区内公共财产、私人财产受到损害，或者业主不交物业费是基于其他正当、合理的理由。由此可见，部分业主违章装修和搭建等被认为是拒交物业费的正当理由实属不妥。[②]

二、安全保障义务

安全保障义务通常是在当事人之间没有合同约定的情形下而产生的一种要求一方为了另一方的人身安全和财产安全而积极作为的义务，因违反安全保障义务而产生的责任是不作为责任。一方面，此义务要求对行为人提供之物有安全保证，亦即安全保障义务人应当提供安全环境、可靠的硬件设施等。

① 参见最高人民法院民事审判第一庭编著：《最高人民法院建筑物区分所有权、物业服务司法解释理解与适用》，人民法院出版社2009年版，第285页。

② 参见李洁、方婧：《拒付物业费应遵循诚实信用原则》，载《人民法院报》2021年10月18日，第3版。

另一方面，此义务要求对人的安全保障上的要求。

（一）安全保障义务的认定

《侵权责任法》出台之前，我国尚未有法律对安全保障义务进行规定。2003年，最高人民法院颁布《关于审理人身损害赔偿案件适用法律若干问题的解释》，其中第6条规定，从事住宿、餐饮、娱乐等经营活动或者其他社会活动的自然人、法人、其他组织，未尽合理限度范围内的安全保障义务致使他人遭受人身损害，赔偿权利人请求其承担相应赔偿责任的，人民法院应予支持。因第三人侵权导致损害结果发生的，由实施侵权行为的第三人承担赔偿责任。安全保障义务人有过错的，应当在其能够防止或者制止损害的范围内承担相应的补充赔偿责任。安全保障义务人承担责任后，可以向第三人追偿。赔偿权利人起诉安全保障义务人的，应当将第三人作为共同被告，但第三人不能确定的除外。这是我国以司法解释的形式第一次对安全保障义务作出规定。2009年《侵权责任法》在总结司法实践的基础上，于第37条规定，宾馆、商场、银行、车站、娱乐场所等公共场所的管理人或者群众性活动的组织者，未尽到安全保障义务，造成他人损害的，应当承担侵权责任。因第三人的行为造成他人损害的，由第三人承担侵权责任；管理人或者组织者未尽到安全保障义务的，承担相应的补充责任。

《民法典》第1198条规定，宾馆、商场、银行、车站、机场、体育场馆、娱乐场所等经营场所、公共场所的经营者、管理者或者群众性活动的组织者，未尽到安全保障义务，造成他人损害的，应当承担侵权责任。因第三人的行为造成他人损害的，由第三人承担侵权责任；经营者、管理者或者组织者未尽到安全保障义务的，承担相应的补充责任。经营者、管理者或者组织者承担补充责任后，可以向第三人追偿。该条规定了特定主体负有安全保障义务以及违反该义务的责任承担，其基本沿用了《侵权责任法》第37条的规定。不涉及第三人侵权，安全保障义务人违反安保义务的，适用该条第1款，承担自己责任；涉及第三人侵权，安全保障义务人违反安保义务的，则适用该条第2款，仅承担补充责任，并享有对第三人的追偿权。

如何判断是否尽到安全保障义务？笔者认为，应该以一个理性的善良人的标准进行衡量，可以从大陆法系的善良管理人标准加以借鉴。善良管理人只是法律上的一种虚拟，是以行为人从事的职业或者参加的社会活动结合行为人自身的因素进行的一种塑造。这一标准是判断过失的一般标准，在适用时需要结合行为人的职业特征、自身因素进行判断。对于实践中需要确定义务人应当负有的具体安全保障义务的内容，进而判断安全保障义务人是否已经尽到安全保障义务的，可以参考该安全保障义务人所在行业的普遍情况、所在地区的具体条件、所组织活动的规模等各种因素，从侵权行为的性质和力度、义务人的保安能力以及发生侵权行为前后所采取的防范、制止侵权行为的状况等方面，根据实际情况综合判断。①

典型案例33

李某月等诉广州市花都区梯面镇红山村村民委员会违反安全保障义务责任纠纷案②

典型案例裁判文书

典型案例33
最高人民法院指导案例140号

案情简介：红山村景区为国家AAA级旅游景区，不设门票。广东省广州市花都区梯面镇红山村村民委员会（以下简称红山村村民委员会）系景区内情人堤河道旁杨梅树的所有人，其未向村民或游客提供免费采摘杨梅的活动。2017年5月19日下午，吴某私自上树采摘杨梅不慎从树上跌落受伤。后红山村村民李某1自行开车送吴某到广州市花都区梯面镇医院治疗。吴某于当天转至广州市中西医结合医院治疗，后因抢救无效于当天死亡。

红山村曾于2014年1月26日召开会议表决通过《红山村村规民约》，该村规民约第2条规定：每位村民要自觉维护村集体的各项财产利益，每个村民要督促自己的子女自觉维护村内的各项公共设施和绿化树木，如有村民故意破坏或损坏公共设施，要负责赔偿一切费用。

裁判规则：公共场所经营管理者的安全保障义务，应限于合理限度范围内，与其管理和控制能力相适应。完全民事行为能力人因私自攀爬景区内果

① 参见黄薇主编：《中华人民共和国民法典释义》，法律出版社2020年版，第2325页。

② 参见最高人民法院指导案例140号。

树采摘果实而不慎跌落致其自身损害，主张经营管理者承担赔偿责任的，人民法院不予支持。

（二）物业服务企业安全保障义务的认定

物业服务企业应当按照物业服务合同的约定，提供相应的服务。物业服务企业未能履行物业服务合同的约定，导致业主人身、财产安全受到损害的，应当依法承担相应的法律责任。除了上述《民法典》的规定，物业服务企业安全保障义务主要由《物业管理条例》规定，该条例第45条规定，对物业管理区域内违反有关治安、环保、物业装饰装修和使用等方面法律、法规规定的行为，物业服务企业应当制止，并及时向有关行政管理部门报告。有关行政管理部门在接到物业服务企业的报告后，应当依法对违法行为予以制止或者依法处理。第46条规定，物业服务企业应当协助做好物业管理区域内的安全防范工作。发生安全事故时，物业服务企业在采取应急措施的同时，应当及时向有关行政管理部门报告，协助做好救助工作。物业服务企业雇请保安人员的，应当遵守国家有关规定。保安人员在维护物业管理区域内的公共秩序时，应当履行职责，不得侵害公民的合法权益。物业服务企业的安全保障义务具体范围，可以由当事人自行约定，但应在一定合理正常范围之内。

【规范指引】

《江苏省物业管理条例》

第四十七条 物业服务企业应当按照物业服务合同中关于安全防范的约定，落实安全防范措施，做好物业管理区域内的安全防范工作。物业服务企业未履行物业服务合同义务或者履行合同义务不符合约定，导致业主人身、财产受到损害的，应当依法承担相应的法律责任。

物业管理区域内发生安全事故等突发事件时，物业服务企业应当采取应急措施，及时向有关主管部门报告，并协助做好救助工作。

根据上述法律法规的规定，物业服务企业违反安全保障义务承担责任的类型主要涉及以下两类：

一是物业服务企业明确违反物业服务合同或者法律法规规定的安全保障义务时所承担的直接侵权责任。该类直接责任不涉及第三人主体的参与，业主的人身、财产损失是由于物业服务企业的不作为而造成的，此时物业服务企业应当自己承担全部侵权责任。

二是第三人侵权使业主权益遭受损失的情形下，物业服务企业未尽到安全保障义务应承担相应的法律责任。在第三人侵权的情况下，物业服务企业并不是直接侵权人，应当承担相应的补充责任。

第三人的侵权责任和物业服务企业的补充责任有先后顺序，先由第三人承担侵权责任，在无法找到第三人或者第三人没有能力全部承担赔偿责任时，才由物业服务企业承担补充责任，如果第三人已经全部承担侵权责任，则物业服务企业不再承担责任。

【规范指引】

《浙江省高级人民法院民一庭关于审理物业服务合同纠纷案件适用法律若干问题的意见（试行）》

第十九条 物业服务人违反物业服务合同约定或者法律、法规规定以及相关行业规范确定的义务，造成业主人身、财产损失，业主依法请求其承担相应赔偿责任的，应予支持。

业主的损害系由第三人侵权造成的，应由该第三人承担侵权责任；物业服务人确有明显过错的，可以根据其过错程度、物业服务收费标准、安保能力等情况，综合确定其承担相应的补充赔偿责任。物业服务人承担责任后，可以向第三人追偿。业主起诉物业服务人承担侵权责任的，应当将第三人作为共同被告，但第三人不能确定的除外。

物业服务合同中物业服务人的安全保障义务主要是为物业使用创造方便安全的条件，以及对物业服务区域内的公共秩序和公共安全提供防范性服务，在性质上是一种行为义务，而非结果义务。这种义务更多的是一种注意、警戒、防范义务，它并不能完全保证业主财产和人身权益不受损害，而只能减低这种风险发生的可能性和概率。当然，物业服务人采取的保护业主的财产安全的措施也必须符合物业管理行业的要求，即合理。如果物业服务人已经履行了安全保障义务，即使小区业主有人身和财产损害，其也不应承担民事赔偿责任。[①] 但是在司法实践中，存在部分业主以物业公司未尽到安全保障义务导致让人身损害、财物失窃为由要求物业公司赔偿损失或以此拒付相应的物业费的情况，在审理过程中，如何界定物业公司的安全保障义务成为一个难点问题。笔者认为，结合上述法律规定和善良管理人的认定标准出发，如果物业公司确有明显过错的，可以根据其过错程度、物业服务收费标准、安保能力等情况，综合确定其承担相应的补充赔偿责任。[②]

案例索引裁判文书

案例索引33
最高院（2018）最高法民再206号赵某华与万鑫公司、中一公司财产损害赔偿纠纷民事判决书

【规范指引】

《山东省高级人民法院关于印发全省民事审判工作会议纪要的通知》（鲁高法〔2011〕297号）

（六）关于物业服务中发生的机动车损害或者人身伤害如何处理问题

业主将机动车辆停放在住宅小区内，发生机动车辆丢失或者毁损的，应按照业主或者业主委员会与物业服务企业签订的物业服务合同中有关机动车辆服务管理的约定确定物业服务企业的赔偿责任；业主或者业主委员会没有与物业服务企业签订机动车辆服务管埋协议的，机动车辆发生丢失或者毁损的，可以根据物业服务企业在物业服务合同约定中所承担的安全保障义务，结合其过错程度、物业服务费收取标准等因素确定物业服务企业应当承担的赔偿责任。

因物业服务企业的过错导致住宅小区内的公共设施等物件造成业主财产或者人身损害的，物业服务企业应当承担相应的赔偿责任。

在物业服务区域内，因第三人侵权造成业主人身或者财产损害的，受害人请求物业服务企业承担赔偿责任的，可根据物业服务企业是否履行相应职责或者履行职责是否存在过错确定物业服务企业应当承担的相应赔偿责任。

三、高空抛物

高层住宅小区人口密度大、结构复杂，随着城市化进程加快，高层建筑

① 参见方大明、吴志华：《物业服务纠纷判例梳理与实务指引》，法律出版社2021年版，第120页。

② 案例索引33：参见最高人民法院（2018）最高法民再206号赵某华与万鑫公司、中一公司财产损害赔偿纠纷民事判决书。

的日益增多，城市高层住宅建筑高空抛物事件日益增多，公共安全风险随之增大，严重危及人民群众生命财产安全，给城市管理和人民群众生命财产带来的安全隐患日益增加，高空抛物问题不断引起社会广泛关注。常见高空抛物行为表现形式为：素质较低的邻居，习惯性往室外扔生活垃圾；心怀侥幸的民众，借着高层建筑隐蔽性的特点，往建筑物外抛下钉子、棍子、刀具等危险物品；疏于管教的未成年人，监护人日常没有对未成年人进行高空抛物的安全教育，导致未成年人随意往室外扔生活物品。

《侵权责任法》[①] 第 87 条规定，从建筑物中抛掷物品或者从建筑物上坠落的物品造成他人损害，难以确定具体侵权人的，除能够证明自己不是侵权人的外，由可能加害的建筑物使用人给予补偿。但是对于该条的理解一直存在不同观点，导致实践中对该类案件的处理存在一定差异。高空抛物、坠物行为损害人民群众人身、财产安全，极易造成人身伤亡和财产损失，引发社会矛盾纠纷。近年来，高空抛物、坠物事件不断发生，从“重庆烟灰缸案”到“山东济南菜板案”，再到“深圳‘好莱居’高空抛物案”，严重危害公共安全，侵害人民群众合法权益，影响社会和谐稳定，高空抛物坠物一直以来都被称为“悬在城市上空的痛”。

（一）司法解释的规定

为充分发挥司法审判的惩罚、规范和预防功能，依法妥善审理高空抛物、坠物案件，切实维护人民群众“头顶上的安全”，保障人民安居乐业，维护社会公平正义，依据《刑法》《侵权责任法》等相关法律，最高人民法院于 2019 年出台《关于依法妥善审理高空抛物、坠物案件的意见》（法发〔2019〕25 号），要求充分认识高空抛物、坠物行为的社会危害性、准确认定高空抛物犯罪，同时，坚持司法为民、公正司法，依法妥善审理高空抛物、坠物民事案件。

《关于依法妥善审理高空抛物、坠物案件的意见》第 12 条规定，依法确定物业服务企业的责任。物业服务企业不履行或者不完全履行物业服务合同约定或者法律法规规定、相关行业规范确定的维修、养护、管理和维护义务，造成建筑物及其搁置物、悬挂物发生脱落、坠落致使他人损害的，人民法院依法判决其承担侵权责任。有其他责任人的，物业服务企业承担责任后，向

---

① 《侵权责任法》（已废止）。

其他责任人行使追偿权的，人民法院应予支持。物业服务企业隐匿、销毁、篡改或者拒不向人民法院提供相应证据，导致案件事实难以认定的，应当承担相应的不利后果。

（二）法律规定

《民法典》第1254条规定，禁止从建筑物中抛掷物品。从建筑物中抛掷物品或者从建筑物上坠落的物品造成他人损害的，由侵权人依法承担侵权责任；经调查难以确定具体侵权人的，除能够证明自己不是侵权人的外，由可能加害的建筑物使用人给予补偿。可能加害的建筑物使用人补偿后，有权向侵权人追偿。物业服务企业等建筑物管理人应当采取必要的安全保障措施防止前款规定情形的发生；未采取必要的安全保障措施的，应当依法承担未履行安全保障义务的侵权责任。发生本条第1款规定的情形的，公安等机关应当依法及时调查，查清责任人。该条就是关于从建筑物中抛掷物品或者从建筑物上坠落的物品造成他人损害责任的规定。[①]

案例索引裁判文书

案例索引34
辽宁省沈阳市中级人民法院（2021）辽01民终14328号顺佳物业公司与兰某违反安全保障义务责任纠纷民事裁定书

该规定表明物业服务企业等建筑物管理人承担此等法律责任是侵权责任而不是违法合同的违约责任，此等责任是由法律直接加以规定的，不依赖于物业服务合同是否有约定。根据法律规定，对于高空抛物致人损害的，应当重点把握以下几个方面：

1. 禁止从建筑物中抛掷物品。民事法律中罕见地使用了“禁止”一词，这是从保护民事主体的合法权益、预防侵权行为发生的角度作出一个强制性的义务性规范，表明了法律的基本立场。这一禁止性规定，是对高空抛物行为的严厉谴责。

2. 在能够确认侵权人的情况下，首先由侵权人依法承担侵权责任。这是按照侵权法理论过错责任追责原则确认责任人，在理论和实践中并无争议，只有难以确定侵权人的，才使用补充条款。

3. 经调查难以确定具体侵权人的，除能够证明自己不是侵权人的外，由

---

① 案例索引34：参见辽宁省沈阳市中级人民法院（2021）辽01民终14328号顺佳物业公司与兰某违反安全保障义务责任纠纷民事裁定书。

可能加害的建筑物使用人给予补偿。与侵权责任法相比，本条规定增加了“经调查”的程序性规定，此处的调查义务机关并非局限于公安机关，对物业服务企业同样提出了要求。

如果按照社会生活实践经验、科学手段、监控手段、侦查措施等其他方法，可以推测认为抛掷物、坠落物有可能是从某人使用的建筑物中抛掷或者坠落的，则该使用人就是本条所说的“可能加害的建筑物使用人”。当然，这种可能性必须在一定的合理范围内。[①] 建筑物使用人包括使用建筑物的所有权人、承租人、借用人以及其他使用建筑物的人。“除能够证明自己不是侵权人的外”，说明本条采用的是举证责任倒置原则，在无法确定具体侵权人时，建筑物使用人应当举证证明自己不是侵权人，如果不能举证证明的，则应对受害人的损失予以补偿。

【法官提示 100】

“可能加害的建筑物使用人”应当特指侵权行为发生时建筑物的实际使用人。

4. 可能加害的建筑物使用人补偿后，有权向侵权人追偿。建筑物使用人对受害人的补偿是一种按份责任，各建筑物使用人之间不承担连带责任，受害人也无权要求某一个建筑物使用人承担全部责任，某一个建筑物使用人承担责任以后，也无权要求其他建筑物使用人要求分担责任。但发现真正侵权人之后，承担了补偿责任的建筑物使用人有权向真正侵权人追偿。

5. 物业服务企业的等建筑物管理人的义务。物业服务企业等建筑物管理人未采取必要的安全保障措施防止此类行为的发生，应当依法承担未履行安全保障义务的侵权责任。作为小区建筑物和生活秩序的实际管理者，物业服务企业在高空抛物坠物侵权案件中承担一定的责任，不仅是物业服务合同的约定义务，也是法律规定的强制性义务，其承担责任的具体范围则要依据物权理论为基础的与物业管理制度相关法律明确界定。

《民法典》第 942 条规定，物业服务人应当按照约定和物业的使用性质，妥善维修、养护、清洁、绿化和经营管理物业服务区域内的业主共有部分，

---

① 参见黄薇主编：《中华人民共和国民法典释义》，法律出版社 2020 年版，第 2455 页。

维护物业服务区域内的基本秩序，采取合理措施保护业主的人身、财产安全。对物业服务区域内违反有关治安、环保、消防等法律法规的行为，物业服务人应当及时采取合理措施制止、向有关行政主管部门报告并协助处理。该法律条文规定了物业服务企业的主要义务，其中保护业主的人身和财产安全时物业服务合同对物业服务企业的基本要求，也可以说是最为重要的内容。人身、财产安全是业主得以生存的基础，业主之所以聘请物业服务企业来提供服务、管理物业，其中最重要的目的就是让自己的人身和财产安全能够得到保护。所以，规定物业服务企业负有安全保障义务，具有一定的法理基础，也符合现实需要。如果物业服务企业应当采取必要的安全保障措施防止高空抛物或者坠物的发生，未采取必要的安全保障措施的，应当依法承担未履行安全保障义务的侵权责任。

6. 公安机关的及时调查义务。立法者在《民法典》侵权责任编编纂过程中，经过调研和收集有关案例，发现凡是公安机关立案侦查的从建筑物中抛掷物品或者从建筑物上坠落的物品造成他人损害的案件，基本上能查到具体侵权人。[①] 人民法院在处理高空抛物、坠物民事案件时，要充分认识此类案件中侵权行为给人民群众生命、健康、财产造成的严重损害，把维护人民群众合法权益放在首位。针对此类案件直接侵权人查找难、影响面广、处理难度大等特点，要创新审判方式，坚持多措并举，依法严惩高空抛物行为人，充分保护受害人。

【规范指引】

《北京市高级人民法院关于审理物业管理纠纷案件的意见（试行）》

17. 物业管理企业依据物业服务合同行使管理权。业主违反规定妨害物业管理秩序的，物业管理企业可予以制止，并要求其承担民事责任。

39. 第三人侵权造成业主人身或财产损害，受害人起诉要求物业管理企业赔偿损失的，可根据物业管理企业是否履行保安职责或履行保安职责是否存在过错确定物业管理企业应否承担相应的赔偿责任。

---

① 参见黄薇主编：《中华人民共和国民法典释义》，法律出版社 2020 年版，第 2456 页。